Detlev Peukert
Die Edelweißpiraten

Geschichte der Arbeiterbewegung
Texte – Biographien – Dokumente

Detlev Peukert

Die Edelweißpiraten

Protestbewegungen jugendlicher Arbeiter
im Dritten Reich

Eine Dokumentation

Bund-Verlag

CIP-Kurztitelaufnahme der Deutschen Bibliothek

Die Edelweißpiraten : Protestbewegungen jugendl. Arbeiter im Dritten Reich ; e. Dokumentation / Detlev Peukert. – Köln : Bund-Verlag, 1980. –
(Geschichte der Arbeiterbewegung)
ISBN 3-7663-0399-6
NE: Peukert, Detlev [Hrsg.]

Lektorat: Gunther Heyder
Herstellung: Heinz Biermann
Umschlag: Heiser + Tsortanidis, Köln
Druck: Georg Wagner, Nördlingen
ISBN 3-7663-0399-6
Printed in Germany 1980

Für Amir

Inhalt

Abkürzungsverzeichnis

BA	Bundesarchiv, Koblenz
DAF	Deutsche Arbeitsfront
DJ	Deutsches Jungvolk
dj 1.11.	Deutsche Jugend des 1.11. (Bündische Gruppe)
EP	Edelweißpiraten
Gestapo	Geheime Staatspolizei
HJ	Hitler-Jugend
HstA–Dü–G	Hauptstaatsarchiv Düsseldorf, Gestapo
JF d. Dt. R.	Jugendführer des Deutschen Reiches
Jg	Junggenosse
KDF	Kraft durch Freude
KLV	Kinder-Landverschickung
KOS	Kriminalobersekretär
KP	Kittelbachpiraten
KS	Kriminalsekretär
NSRL	Nationalsozialistischer Reichsverband für Leibesübungen
NSV	Nationalsozialistische Volksfürsorge
ÖStG	Österreichisches Strafgesetzbuch
OKW	Oberkommando der Wehrmacht
OLG	Oberlandesgericht
Pg	Parteigenosse
RAD	Reichsarbeitsdienst
RdErl	Runderlaß
RFSSuChdDtPol	Reichsführer SS und Chef der Deutschen Polizei (H. Himmler)
RJGG	Reichsjugendgerichtsgesetz
RJM	Reichsjustizministerium
RStGB	Reichsstrafgesetzbuch
SD	Sicherheitsdienst (der SS)
SS	Schutzstaffel
UK-Stellung	Unabkömmlich-Stellung
VM-Meldung	Vertrauensmann (Spitzel)-Meldung
VO	Verordnung
V-Personen	Vertrauens-Personen (Spitzel)
WE-Lager	Wehrertüchtigungs-/Wehrerziehungs-Lager

1. Eine vergessene Protestbewegung

Bei vielen Zeitgenossen stellen sich unter dem Stichwort »Jugend im Dritten Reich« entweder Bilder marschierender HJ-Kolonnen mit gläubig-begeistertem Gesichtsausdruck ein, wie sie die nationalsozialistischen Wochenschauen (und manche Dokumentarfilmer der Nachkriegszeit) schätzten, oder sie denken an den Widerstand einzelner Intellektueller wie der Geschwister Scholl. Seltener schon finden die illegalen Gruppen junger Sozialdemokraten und Kommunisten, christlicher Jugendlicher beider Konfessionen oder der bündischen Jugend Erwähnung. Aber wer erinnert sich schon an die Edelweißpiraten? Dabei waren sie, auch unter Namen wie Kittelbachpiraten, Navajos, Ruhrpiraten, Kanalpiraten oder Fahrtenstenze, im Rheinland und im Ruhrgebiet weit verbreitet. Ihre Anhänger, fast ausschließlich junge Arbeiter, scheuten keine Auseinandersetzung mit der HJ und wurden deshalb vom nationalsozialistischen Staat erbittert verfolgt.

Daß eine Protestbewegung, die viele tausend Jugendliche in der zweiten Hälfte der dreißiger Jahre und den Kriegsjahren erfaßt hatte, nahezu völlig vergessen wurde, ist nicht so merkwürdig, wie es zunächst vielleicht aussieht. Im offiziellen Geschichtsbewußtsein der Bundesrepublik war für lange Jahre kaum Platz für eine Geschichte von unten. Aber auch unter den Interessengruppen der politisch sowie religiös Verfolgten fanden sich kaum Edelweißpiraten. Ihre Bewegungen entstanden spontan und zerfielen spontan, wenn die Gestapo sie nicht vorher zerschlug. Sie besaßen keine ausgebildete Ideologie und traten nach 1945 auch nicht wieder organisiert auf (wenn man einmal von verschiedenen Banden absieht, die sich noch in den frühen Nachkriegswirren betätigten).

Erst eine Bürgerinitiative in Köln brachte das Thema Edelweißpiraten kürzlich wieder in die Öffentlichkeit. Sie setzt sich dafür ein, den damals sechzehnjährigen Barthel Schink und seine Kameraden in Ehrenfeld, die dort 1944 öffentlich ohne Gerichtsurteil von der

Gestapo erhängt wurden, als Widerstandskämpfer zu ehren. Diesem Ansinnen verweigern sich die Behörden, weil die politischen Motive der hingerichteten Edelweißpiraten nicht hinlänglich eindeutig gewesen seien und weil ihnen auch kriminelle Aktionen, vor allem Diebstähle zur Last gelegt werden können.[1]

Dem läßt sich entgegenhalten, daß man von sechzehnjährigen Jugendlichen keine ausgearbeiteten politischen Bekenntnisse, zumal in den Vernehmungen der Gestapo, erwarten kann, und daß der Vorwurf der »Kriminalität« falsch in den Ohren klingt, wenn man bedenkt, was alles durch Gesetze und Verordnungen im Dritten Reich als »kriminell« abgestempelt wurde. Jeder machte sich strafbar, wenn er sich illegal organisierte, wenn er geflüchtete ausländische Zwangsarbeiter und Kriegsgefangene versorgen wollte (und sich dafür auch Lebensmittel »besorgen« mußte), erst recht, wenn er der Gestapo und der SS mit Waffen entgegentrat.

Es scheint uns aber nützlich, zunächst einmal die Kölner Kontroverse beiseite zu lassen, zum einen, weil die partisanenähnlichen Kämpfe in der Kölner Trümmerwüste des Jahres 1944 einen späten Höhepunkt in einer längeren Entwicklung darstellen (siehe dazu die Dokumente in Kapitel 3 und 9), zum anderen, weil die Kontroverse, ob es sich bei den Edelweißpiraten um politisch bewußte Widerstandskämpfer oder um jugendliche Kriminelle, Opfer kriegsbedingter Verwahrlosung, handelt, den Blick dafür verstellt, welche alltäglichen Erfahrungen eigentlich vierzehn- bis achtzehnjährige Jugendliche mitten im Krieg dazu gebracht haben, mit der HJ zu brechen, sich in eigenen Gruppen zusammenzufinden, und diesen Freiraum energisch und unter Inkaufnahme von Verfolgungen zu behaupten.

Wenn man bedenkt, wie gründlich die Edelweißpiraten vergessen worden sind, wundert es doch, wie viele Quellen sich über ihr Tun erhalten haben. Da sind zunächst Erinnerungen einzelner ehemaliger Edelweißpiraten, sodann Zeitungsnotizen aus den dreißiger und vierziger Jahren, vor allem aber zahlreiche Akten der Geheimen Staatspolizei und der Justiz. Aus ihnen läßt sich ein detailliertes und anschauliches Bild dieser Protestbewegung zeichnen. Die Dokumente sprechen für sich und jeder kann sich bei ihrer Lektüre sein

1 Peter Finkelgruen: Freunde von gestern – und Feinde von heute (oder was mich ein jüdischer Edelweißpirat lehrte), in: Henryk M. Broder u. Michel R. Lang (Hg.): Fremd im eigenen Land. Juden in der Bundesrepublik. Frankfurt (Fischer Taschenbuch) 1979, S. 116–131; Matthias von Hellfeld: Zur Bewertungsproblematik von Widerstand im »III. Reich« – Das Beispiel der Ehrenfelder Edelweißpiraten in Köln. Unveröff. Manuskript. Köln 1979. (Eine Publikation ist für 1981 vorgesehen.)

eigenes Bild machen. Allerdings muß man beim Lesen bedenken, daß solche Texte nicht objektive, ausgewogene Darstellungen durch einen Historiker sind, sondern daß sie in einer Auseinandersetzung entstanden, in der es der einen Seite darum ging, die nationalsozialistische Ordnung mit aller Gewalt durchzusetzen, während für die anderen, die Verfolgten, Gesundheit, Freiheit oder sogar das Leben eventuell von Nuancen einer Aussage abhingen. Die Verfolger betonten also die belastenden, die Verfolgten die entlastenden Aspekte. Außerdem war für die Nationalsozialisten jede Aktion gegen einen Gegner ein Weltanschauungskampf, in dem herabsetzende Wortwahl, Diffamierung als »kriminell« oder »asozial« und ungeprüfte Einstufung als Staatsfeind und Kommunist oftmals die fehlenden Argumente ersetzten. Nicht zuletzt finden sich in den papierenen Niederschlägen von Polizeiaktionen, Vernehmungen oder Justizentscheiden nur noch Spurenelemente jener Atmosphäre drohender oder praktizierter Gewaltsamkeit, die die Erfahrung der Verfolgten oft für das ganze weitere Leben prägten. Aber wenn auch vieles nur zwischen den Zeilen steht, so drängt es sich bei der kritischen Lektüre doch in klaren Bildern auf.
Trotz solcher Anforderungen an den Leser scheint es mir notwendig, vor allem die Dokumente selbst sprechen zu lassen; denn sie eröffnen einen Blick auf jene Alltagsatmosphäre im Dritten Reich, jene vielfältige Kontrolle, Bedrohung und Zwangsrekrutierung für die Zwecke des Regimes, die viele Arbeiterjugendliche an Rhein und Ruhr so erbitterten, daß sie zu den Edelweißpiraten gingen, wie dies die Düsseldorfer Gestapo in ihren Akten als »Erzählung eines E.P.« (= Edelweißpiraten) 1942 festhielt:

Erzählung eines E.P.: »Die E.P. sind ein Wanderklub, der sich im Ostpark zu Kameradschaftsabenden zusammenfindet. Führer 32 Jahre alt. Ewiger Krieg gegen die HJ. Edelweißpiraten tragen als Waffe ein Messer und ihr Führer einen Revolver. Die E.P. sind wie die HJ in Gruppen eingeteilt. Viele Angehörige der E.P. sind ehemalige HJ-Führer.
Dieses ist die HJ selbst schuld. Bei fast jedem Befehl, den ich bekam, war eine Drohung (Jugendarrest usw.). Auch werden Jg. wegen Kleinigkeiten aus der HJ entlassen.«

Die folgende Dokumentation kann nur einen kleinen Ausschnitt aus dem umfangreichen Quellenmaterial vorstellen. Wie jede Auswahl sind ihre Kriterien nicht ganz frei von Willkür. Damit sich die Leser dennoch ein eigenes Bild machen können, wurden einige repräsentative zusammenfassende Berichte und Analysen vollständig (oder zumindest in jenen Teilen, die sich auf die Edelweißpiraten beziehen) abgedruckt.

Mit den Erinnerungen des Oberhausener Edelweißpiraten Günter O., die mein Kollege Michael Zimmermann 1977 aufnahm, gibt ein Beteiligter eine anschauliche und gleichzeitig kritisch reflektierte Darstellung. Hingegen sind die folgenden Texte zeitgenössisch und parteiisch: Die Düsseldorfer Gestapo und die Kölner Justiz gaben 1937 und 1943/44 interne Analysen an ihre vorgesetzten Behörden, in denen sie versuchen, die Edelweißpiratenbewegung zu deuten (und damit Strategien ihrer effektiveren Bekämpfung zu finden).
Es folgen in mehreren Kapiteln einzelne Daten, Zitate, Aktenauszüge, die die Verbreitung der Edelweißpiratenbewegung, ihr Auftreten in den Cliquen, auf der Fahrt, ihre Lieder und charakteristischen Äußerungen und die wesentlichen Konflikte, die sie mit NS-Behörden zu bestehen hatten, verdeutlichen.
Es ließen sich sicher zahlreiche weitere abdruckenswerte Vernehmungsprotokolle nennen, besonders fehlen auch die vielen polizeilichen Ermittlungsberichte, Anklageschriften oder Urteile für die verschiedenen Edelweißpiratengruppen in einzelnen Orten. Aber der Raum ist begrenzt und läßt nur den Abdruck exemplarischer Zeugnisse zu.
Weitere Dokumente zur Verfolgung durch den Nationalsozialismus schildern den Weg von der Denunziation eines Edelweißpiraten über die vielfältigen Bestrafungsformen, die ein Erlaß des Reichsführers SS und Chefs der deutschen Polizei im Oktober 1944 noch einmal zusammenfaßte, bis zur Endstation Jugend-KZ, das selbst in dem beschönigenden Report eines Essener Richters von 1944 mit seinen Schrecken faßbar wird.
Nachdem die Edelweißpiraten-Bewegung durch Quellen aus unterschiedlicher Perspektive beleuchtet worden ist, versuche ich im 11. Kapitel eine systematischere Deutung der »Subkulturen und des Protestverhaltens von Jugendlichen im Dritten Reich« zu geben. Es zeigt sich nämlich, daß die Protestgruppen in gewisser Weise für ein in weiten Teilen der Jugend verbreitetes Alltagsbewußtsein charakteristisch sind. Sie symbolisieren, daß die nationalsozialistische Volksgemeinschaftspropaganda auch bei der Jugend, die ihr von klein auf ausgesetzt war, auf Skepsis stieß.
Zum Schluß soll eine interne Denkschrift der nationalsozialistischen Reichsjugendführung von 1942 eine Vorstellung über die Verbreitung weiterer oppositioneller Jugendgruppen in Deutschland geben und damit erlauben, das Phänomen der Edelweißpiraten genauer einzuordnen.
Die Dokumente werden weitgehend unverändert abgedruckt; denn

oftmals liefern auch Schreibfehler und entstellte Wiedergaben von Aussagen Informationen über die Haltung der Autoren. Kürzungen sind vor allem bei Wiederholungen oder dort angewandt worden, wo sich der Text anderen Fragen zuwendet. Sie sind mit (. . .) gekennzeichnet. In der Regel werden aus Gründen des Persönlichkeitsschutzes nur die Vornamen und die Anfangsbuchstaben des Familiennamens genannt. Aus dem gleichen Grunde sind in den Abbildungen Namen mit schwarzen Balken abgedeckt.

Die Dokumente entstammen dem Bundesarchiv und dem Düsseldorfer Hauptstaatsarchiv. Den Herren Dr. Henke und Dr. Ziegahn, die mich dort bei der Suche freundlich unterstützten, sei herzlich gedankt. Mein Dank gilt auch Franz und Edith Ropenus von der Essener Arbeiterfotografie, die mir die Reproduktionen für die Abbildungen besorgten, und Gabi Wüllenweber, die das Manuskript abgeschrieben hat. Viele Freunde und Kollegen haben mit Geduld zugehört, wenn ich von den Edelweißpiraten erzählt habe, Skizzen und Manuskripte gelesen und zahlreiche Ideen und Ratschläge beigesteuert. Genannt seien vor allem Franz Brüggemeier, Dirk Blasius, Falko Grunau, Ernst Schmidt und Michael Winter. Ihnen sei ebenfalls gedankt.

Diese Dokumentation versteht sich als ein erster Versuch, einem solchen vielschichtigen Phänomen wie dem spontanen Jugendprotest im Dritten Reich näherzukommen. Das soll sie nicht notwendiger Kritik entziehen. Gerade weil es sich um eine erste, durchaus unvollkommene Annäherung handelt, sind Verbesserungen, Kommentare, Kritiken und besonders alle Ergänzungen und Erinnerungen seitens noch lebender ehemaliger Edelweißpiraten oder ihrer Angehörigen sehr erwünscht. Am besten, sie schreiben mir einfach (entweder über den Verlag oder über die Universität Essen, Fachbereich 1 – Geschichte).

Detlev Peukert

2. Ein Edelweißpirat erinnert sich

Interview mit Günter O., Oberhausen, durch Michael Zimmermann, Sommer 1977.

In den ersten Kriegsjahren wohnte ich in Oberhausen II, auf der Lipperstraße. Ich kam in die Lipperschule; diese Schule wurde dann mit der (in der) Falkensteinstraße zusammengelegt. Und diese Schule schließlich wurde zusammen mit einer zweiten, ich glaube, mit der Knappenschule, wie man damals so schön sagte, evakuiert, Kinderlandverschickung, so etwa in der Zeit von März bis Oktober 1941, nach Welerath an der Grenze zwischen Mähren und der Slowakei, in der Nähe der March an den Ausläufern der Hohen Tatra, etwa 120 km südlich von Brünn. Der nächste größere Ort war Ungarisch-Radisch. Da waren wir zu 320 Jungen, alle aus Oberhausener Volksschulen. Der Umgang mit der Bevölkerung, auch das Auftreten der mitgereisten Lehrer und HJ-Führer waren nicht dazu angetan, daß man uns dort sympathisch gegenüberstand – wir fühlten uns da nicht ganz am Platze. Das wäre alles mehr oder weniger unbestimmtes Unbehagen gewesen, vermischt mit Heimweh und ähnlichem. Im Normalfalle wäre das sicher überlagert worden dadurch, daß wir als Jungens – ich war damals 13 – erstmals im Ausland waren und praktisch Ferien machten und im Gegensatz zu daheim gut zu essen bekamen. Aber wir waren kaum zwei Monate da, als ein Gerücht umlief; es hatte im Kern folgenden Inhalt: 30–40 Namen wurden aufgezählt, die wir alle kannten, zum Teil waren das ältere, vier, fünf, sechs Jahre ältere Jungen, die mit uns zusammen in der Nachbarschaft aufgewachsen waren; die also seien verhaftet oder erschossen worden. Sie seien Edelweißpiraten gewesen. Ich weiß nichts darüber, auf welchen Wegen und von wem diese Geschichte verbreitet wurde, wir waren ja Hunderte von Kilometern von zu Hause weg. Ich vermute, daß sie von Leuten kam, die vor dieser Evakuierung mit der HJ schon nichts mehr am Hut hatten. Ich weiß allerdings noch, wie dieses Gerücht auf mich und einige meiner Mitschüler gewirkt hat – ohne daß wir großartig darüber gesprochen haben. Vor allem nicht in der Öffentlichkeit. Es war für uns ein

äußerst emotionales Erlebnis, ein emotionaler Kontakt ohne große politische Konkretion, der aber für uns sehr nachhaltig und intensiv war. Das war unser erster, indirekter Kontakt zu den Edelweißpiraten. Im ganzen Geflecht der Ereignisse sollte sich später herausstellen, daß das auch mit prägend gewesen war.
Ende 1941 kamen wir nach Oberhausen zurück, es ergaben sich nun einzelne direkte Kontakte mit Edelweißpiraten, wahrscheinlich waren die Gruppen wieder im Neuaufbau begriffen.
Ich bin dann ab 1942 lange Zeit im Boxverein gewesen zusammen mit einigen Leuten aus der Nachbarschaft und aus unserer Schulklasse. Im Sommer 1942 etwa sind wir alle, auch ich – die anderen waren 14 oder 15, ich war gerade über die 13 weg, gerade 14 – in ständigen Kontakt zu den Edelweißpiraten (E.P.) gekommen. Es gab jedoch zu diesem Zeitpunkt keine größeren und auch keine ständigen Treffen. Das lief erst langsam an. Wir trafen uns am Wittkampsbusch, am Knappenbunker, an einigen weiteren Orten – kleine Gruppen von jeweils fünf bis sechs Mann. Wir machten Spazierfahrten, wir gingen da und dort hin, praktisch eine Art »Freizeitgestaltung«. Es wurde damals nicht viel angeboten – Kinos, da konnte man immer nicht rein; man mußte auch sehr dreist sein, um in Filme für Leute über 18 reinzugelangen. Man brauchte dafür auch Geld, das hatte man nicht immer, auch wenn man erfinderisch war beim Zusammenholen von Geld. Bahnhöfe waren für uns nicht sehr geeignet als Orte, um die Zeit totzuschlagen. Wir spazierten so sehr häufig durch die Warenhäuser, vor allem wenn wir einzeln auf eigene Faust unterwegs waren, wenn man so für zwei/drei Tage die Schule schwänzte und die Zeit totschlagen wollte. Da spielten wohl mehrere Erwägungen eine Rolle: im Warenhaus sind viele Menschen, da wirst du nicht so leicht gefunden; außerdem hatten die Warenhäuser von ihrer Angebotsstruktur her für uns gewisse Reize. Tatsache ist auf jeden Fall, daß wir uns häufig in Warenhäusern rumtrieben, wenn wir auf eigene Faust unterwegs waren. Wir waren ja Kinder, zwischen 12 und 14 Jahren und hatten dementsprechende Reizempfänge.
Die Kontakte der E.P. wurden intensiver Ende 1942, Anfang 1943, seitdem traf man sich von selbst, ohne Aufforderung am Knappenbunker. Wir machten weiter gelegentlich Ausflüge, aber das war eine Geschichte, die nur am Rande mitlief. Um es mal deutlich zu machen: ein Kino-Besuch in Altoberhausen, Sterkrade, oder wie wir es damals gerne machten in der Mülheimer Altstadt, da war es zunächst zufällig, ob wir den gemeinsam machten oder alleine. Diese Dinge waren mehr zufällig. Die Hauptsache waren die Treffen am

Knappenbunker. Das verstärkte sich durch die Kontakte im Boxverein. Aufgrund der zahlreichen Fliegerangriffe und Alarme hatte man zu diesen Treffen durchaus Gelegenheit.
Man brauchte einfach nur nicht in den Bunker hineinzugehen, man mußte draußen bleiben, bis das Publikum drin war mitsamt den überängstlichen Luftschutzwarten. Das wurde die Regel. Ich kann mich an keine Gelegenheit erinnern, wo nicht wenigstens 30 Jugendliche draußen waren, so von fünf Uhr nachmittags bis fünf/sechs Uhr morgens. Wir waren nicht immer in einer Gruppe zusammen. Häufig saßen oder lagen wir in getrennten Gruppen irgendwo herum. Es spielte sich alles in der Dunkelheit ab, in dem etwas unübersichtlichen Bunkergelände. Wenn man Lust hatte, gesellte man sich wie selbstverständlich zu einer Gruppe hinzu und wurde auch aufgenommen. Wir haben dann folgende Sachen gemacht: erzählen, singen, rauchen, Sex – das nicht sehr oft; dafür konnte man sich vorher separieren oder das auch zu anderen Zeiten machen. In ganz seltenen Fällen wurde auch schon mal was getrunken. Zumeist wurde erzählt. Über Persönliches, am Rande über Politik – der Wissensvorrat darüber und der Informationsfluß waren nicht sehr groß. Man hat gemeinsam Pläne ausgeheckt. Über Arbeit und Schule gesprochen. Die Geschichte war die, daß wir Jugendlichen mit der Umwelt zu diesem Zeitpunkt zurecht kommen mußten und wir uns jedesmal vergewissern wollten, wie man sich in der und der Situation verhalten sollte. Es wurde viel gesungen. Wir sahen – es war Krieg – nur eine begrenzte Lebensperspektive und nahmen uns für die Dinge sehr, sehr viel Zeit. Andererseits ging diese Zeit schnell vorüber, vor allem weil immer wieder Leute herausgerissen wurden, zum Militär oder zur Flak gezogen wurden. Der Kontakt untereinander war also nicht durchgehend. Es verschwanden hin und wieder Leute für zwei bis drei Monate. Der Kreis änderte sich laufend ein wenig.
Häufig bestand der Anlaß für ein Zusammentreffen nur darin, daß irgendwelche Personen eintrafen. So sammelte sich alles jedesmal ziemlich schnell, wenn die Söhne einer bestimmten Familie eintrafen, die da wohnten, wo häufig HJ-Streifen verhauen wurden. Bei diesen Leuten handelte es sich um drei – ich glaube – Niederrheinmeister und einen Vizemeister im Boxen. Drei von ihnen waren ständig im Bannkreis der E.P., solange sie in Oberhausen waren. Außerdem war es ganz selbstverständlich, daß alles zusammenlief, wenn Johnny H. aus Lirich rüberkam und uns zu irgendeiner Sache aufforderte. Ich war wie gesagt mit Abstand der Jüngste in dem ganzen Haufen, die meisten waren doch 16 oder älter – mit einer wichtigen Ausnahme:

wir hatten sechs Mädchen, die kamen häufig dazu, auch wenn sie noch ein halbes Jahr jünger waren als ich.
Nun ist zweierlei zu fragen: gab es einen gemeinsamen Lebensstil der E.P.? Und, was waren ihre Aktivitäten?
Als verbindendes Element bei den Aktivitäten fällt im Grunde folgendes auf: HJ-Führer und vor allem der HJ-Streifendienst wurden angefallen und vermöbelt, die wollten wir weit weg von unserem Bezirk haben. Der Streifendienst mied auch tatsächlich die Gegenden der Stadt, in denen die E.P. das Sagen hatten, oder tauchte da höchstens mal zu Zeiten auf, wo es nicht ganz so gefährlich war, zwischen 15 und 18 Uhr. Hierbei fallen verschiedene Dinge auf, die wohl irgendwie in der Mentalität der Nationalsozialisten gesucht werden müssen: da gab es einen HJ-Führer in unserer Gegend namens St., der wohnte in einem Haus mit einem offenen, man könnte sagen, militanten E.P., mit Namen Günter K. St. hat es nicht gewagt, dem etwas anzuhängen. Vielleicht hatte er nicht genug Material, aber das erscheint mir unwahrscheinlich, es müssen andere Hemmungen gewesen sein. St. war – nach meiner Erinnerung – damals etwa 23/24 Jahre alt, Führer des HJ-Streifendienstes, er muß Parteimitglied gewesen sein. Im Regelfalle sind die E.P. nicht zum HJ-Dienst gegangen, die HJ war ja ein hohler Haufen. Für sie gab es manchmal nur noch die Möglichkeit, sich die Leute von Zeit zu Zeit mit Druckmitteln heranzuholen. So wurden ab und an auch einige E.P. mit Druck in den Dienst geholt. Vor allem die jüngeren unter den E.P. konnten sich diesem Druck aus irgendwelchen Gründen oft nicht entziehen. Das versuchte man dann zu kompensieren, indem man sich gewissen Sondereinheiten anschloß. Man versuchte es beim Fanfarenzug, und wenn das dann Scheiße war, ging man zur Nachrichten-HJ oder zur Flieger-HJ usw., wobei man dort in vier/fünf Monaten ein- bis zweimal auftauchte und danach wieder verschwand. Mit den Führern kam man sowieso nicht zurecht; die wiederum konnten einen auch einstufen. Es war folgendes Verhältnis: die HJ tat so, als wüßte sie nicht, wen sie sich da eingeladen hatte.
Ich entsinne mich der folgenden Geschichte: 1943 hatten sie einmal einen E.P., einen Bekannten von uns, verhaftet und zum Haus des HJ-Bannes gebracht. Wir sind nun mit acht Leuten dahin marschiert, um ihn rauszuholen. Wir standen da also auf den Fluren herum, versuchten den Bannführer anzuhauen, sprachen die Leute da an: Was ist denn mit dem? Warum habt ihr den geholt? Der hat doch gar nichts gemacht. Ich kenn den! Wollt ihr den nicht rauslassen? Und dergleichen.

Einmal fällt unsere Dreistigkeit auf, zum zweiten die unterbewußte Vorstellung bei uns: die kennen mich nicht so genau, ein bißchen bin ich noch getarnt. Wichtig für uns war das spontane Solidaritätsgefühl. Das Ganze ist jedenfalls so ausgelaufen, daß sich keiner sprechen ließ, daß wir dann verschiedene Leute auf dem Flur angehauen haben. Einmal kam auch dieser St. vorbei, der reagierte etwas unwirsch und nebulös auf unsere Fragen. Es waren mittlerweile vielleicht drei Stunden vergangen, und es war ja nicht so, daß wir dieses Gebäude an der Wunderstraße als unseren Erholungsplatz ansahen. Wir zogen den Schluß – darüber sprachen wir allerdings erst vor dem Gebäude –, da mußte in diesem Falle doch jemand gewesen sein, der zwar nicht zum inneren Kreis der E.P. gehörte, aber doch während unserer Treffen am Rande gestanden und gespitzelt haben mußte, der mußte den Verhafteten also verpfiffen haben. Wir konnten den also nicht aus dem HJ-Haus rauskriegen, gingen raus, unterhielten uns kurz vor dem Gebäude darüber, ein Gebäude, das ansonsten wegen seiner Funktion, aber teilweise auch wegen seiner Lage für uns gar nicht in Frage kam. Es war ja weit weg von unserem Revier, in einer tristen Gegend. Wir gaben also auf.
Nun hatte die Oberhausener NSDAP eine merkwürdige Organisation eingerichtet, eine SA-Abteilung; auf deren Armbinden waren die Buchstaben »z. b. V.« aufgezogen, »zur besonderen Verwendung«. Daß war eine gemischte Truppe, an sich sollte sie wohl eine Organisation der besonders radikalen und militanten Elemente sein, davon gab es aber nur noch sehr wenige. Man mußte also Ersatzgestalten mit hineinnehmen, die man möglicherweise sogar darein gepreßt hatte. Für uns war nur interessant, daß dieses Kommando »z. b. V.« offenbar den Auftrag hatte, uns zur Räson zu bringen. Das versuchten sie vereinzelt oder in Gruppen bis zu zehn Mann, manchmal mit Unterstützung von vier/fünf SS-Leuten. Dann kam es jedesmal zu einer Schlägerei – und die Leute zogen wieder ab.
Wichtig ist weiterhin, daß wir ab und zu in unserem sehr weitläufigen eigenen Bezirk und seltener in anderen Bezirken, in Sterkrade, in Lirich, am Kanal, in der Sommerzeit vor allem im Kaisergarten, in Frintrop, in den angrenzenden Mülheimer Gebieten und in der Mülheimer Altstadt, wo die Kinos waren, auftauchten, Krach schlugen, einfach um zu dokumentieren, daß wir da waren, daß uns die NSDAP am Arsch lecken könne, daß wir nur darauf warteten, was wir auch lautstark ausdrückten, daß sie doch kommen sollten. Das taten sie im Regelfalle aber erst gar nicht. Wenn sie es in Einzelfällen dennoch versuchten, bekamen sie ihre Schläge – und dann war

Schluß. Das war das an Aktivitäten, was meiner Erinnerung nach für alle E.P. in Oberhausen zutraf. Bei solchen Gelegenheiten kam es vor, daß 300 bis 400 Mann unterwegs waren.
Eine weitere Geschichte, über die immer sehr viel gesprochen worden ist: ich habe einen Richard D. einige Male über einen Zeitraum von zwei/drei Monaten bei den E.P. gesehen. D. war einer der Leute, die ganz bewußt Zigeuner versteckten, in Einzelfällen aber auch Holländer, Ukrainer usw.; ich weiß nichts darüber, an welche Stationen sie später weitergereicht wurden, sie sind nach dem Kriege teilweise wieder aufgetaucht.
Man kann durchaus auch einige Gemeinsamkeiten der E.P. in Lebensstil, Auffassung und Mentalität festmachen. So gab es, was man sich heute kaum vorstellen kann, nicht nur keine Diskussionen über Kriminalität; ganz selbstverständlich kam nicht einmal der Gedanke auf, über Gewalt zu diskutieren, Gewalt gegen Sachen oder Personen, Gewalt und Gegengewalt zu differenzieren. Das kann man, wenn man will, damit erklären, daß damals in Arbeitervierteln solcherart Diskussionen nicht geführt wurden. Die Wurzel liegt aber wahrscheinlich anderswo: die Jugendlichen sind so etwas überhaupt nicht gewohnt gewesen. Konkret war doch die Situation die, wenn jemand in einer bestimmten Situation stand, griff er zu den Mitteln, die er für richtig hielt. Es ist einfach nicht vorstellbar, daß im Nationalsozialismus während des Krieges Arbeiterjugendliche über Gewalt debattierten und sich dann umständlich dafür oder dagegen entschieden. Auf den Druck der Nazis hin hat er einfach gehandelt, wie er es für richtig hielt. Die ganze Frage Gewalt oder Nicht-Gewalt ist aus heutiger Sicht theoretisch und rein moralisierend, das führt zu nichts.
Zwar war bei den E.P. nicht durchgängig die Stimmung vorherrschend, wenn wir zum Militär müssen, gehen wir zur Marine, da hat es 1918 ja auch angefangen. Durchgängig aber war die Stimmung, daß man irgendwann mal abhauen wollte, irgendwohin, darüber brauchte man erst gar nicht zu sprechen, das war selbstverständlich. Obwohl wir Burschen damals politisch gar nicht profiliert waren, war die Sache doch so, daß wir, hätte man uns bewaffnet, selbst mit schlechter Bewaffnung losgeschlagen hätten gegen die Nazis. Man hätte uns durchaus jederzeit verheizen können. Diese militante Grundstimmung ist in recht kurzer Zeit entstanden. In einem Zeitraum von zwei bis drei Jahren während des Krieges.
Bei Quasi-Zusammenstößen hat sich das auch dokumentiert. Beispiel: Als die Amerikaner nach Oberhausen kamen, hier Pause am

Kanal machten, da war es z. B. so, daß in Alstaden Leute aus Dummheit die weiße Fahne, die die Kumpels auf der Zeche gehißt hatten, runterholen wollten. Da haben sehr schnell die wenigen E.P., die zersplittert noch da waren in Gruppen von fünf/sechs Leuten, mit dafür gesorgt, daß niemand den wilden Mann spielte. Ähnliche Dinge hat es immer wieder gegeben, die E.P. waren wirklich entschlossen, zu kämpfen.
Es ist augenfällig, daß die E.P. im sexuellen Verhalten eine abweichende Einstellung hatten zu dem, was damals proklamiert wurde – ich will jetzt nicht das Verhältnis von offizieller Doktrin und Realität in der NS-Ideologie diesbezüglich abklopfen. Gut, die E.P. hatten durchaus sexuelle Kontakte und fanden das selbstverständlich, das ist im Prinzip eine völlige normale Sache und vor allem das Sexualverhalten der Unterschicht. Es gab keine Trennung zwischen Zärtlichkeit, Erotischem und Sexualität; es gab hier auch keinen Leistungsdruck. Eventuell in Ansätzen vorhandene Verhaltensweisen, die man als Gefühlskälte interpretieren könnte – aus der Distanz, waren aber Formen, die man aus einer ganzen Reihe von Gegenden von den Unterschichten kennt: man gibt sich nach außen so, um vor allem bei tieferen Bindungen nicht verletzt zu werden. Also, sowohl die Gewalttätigkeit, die nicht latent, sondern fast immer manifest war, die damit einhergehende Aufsässigkeit bei Zusammenstößen und auch das Sexualverhalten sind m. E. nur Beigaben für die E.P., Selbstverständlichkeiten, aus denen man keine voreiligen Schlüsse ziehen darf.
Schön, was gab es sonst noch an Gemeinsamkeiten? Die E.P. kamen in dieser bestimmten politischen Situation, Krieg, Nationalsozialismus, aus der gleichen sozialen Schicht. Es gab nur ganz wenige vom Gymnasium, das war die große Ausnahme. Solche Leute tauchten nur ab und zu mal auf, hauptsächlich wohl wegen des Singens und der Mädchen. Der indirekte Einfluß der E.P. auf Gymnasien und Mittelschulen war allerdings stark. Der Kontakt war sehr gering, diese Leute wohnten einfach in anderen Gegenden. Die E.P. waren eine fast reine Arbeiterjugendgruppe.
Die politische Grundhaltung der E.P. wurde in ihren Liedern deutlich. Um ein Beispiel zu nennen: es hieß ständig, wir sind die bündische Jugend, es gibt sonst keine bündische Jugend mehr, die alte ist tot, die anderen Verbände sind aufgelöst. Das dokumentierte sich in einem Lied, das sehr häufig gesungen wurde. In der Rückschau glaube ich sagen zu können, daß dieses Lied immer dann angestimmt wurde, wenn eine Auseinandersetzung oder eine sonsti-

ge Aktivität sich anbahnte. Es begann – scheinbar an die alte KP und die NS-Kampfzeit erinnernd – mit den Worten: »Im Essener Segeroth ist Blut geflossen, im Essener Segeroth waren wir dabei.«
Die ganze Ausrichtung der E.P. war, wenn auch kein ganzes ideologisches oder organisatorisches Gebäude dahinterstand, emotional politisch gefärbt. Es wurden alle möglichen Schlager und sonstigen Lieder umgedichtet, diese Texte waren überall bekannt. Das läßt gewiß nicht auf eine große politische Bewußtheit schließen, aber die Tatsache der Gewöhnung an diese Lieder, die gemeinsame Herkunft aus der Arbeiterschaft und die doch völlig unmißverständliche gemeinsame Grundeinstellung gegen die NSDAP, das war das, was einte und prägte. Also, im Falle der E.P. hatte eine Gegenvorstellung durchaus eine bildende und prägende Kraft.
Wir nahmen also die Schlager, die über Jahre hinweg der Bevölkerung im Gedächtnis waren, da gab es z. B. einen Schlager, ich glaube von Grothe »Auf den Flügeln goldner Träume«, der hieß bei den E.P.: »Auf dem Banjo der Zigeuner«. Das Lied »Hoch droben auf dem Berg« hatte bei den E.P. im zweiten Absatz den Text »Wohl hinter vergitterten Fenstern«, da hieß der Refrain »Weil ich bei den E.P. war« und »Wir wollen frei von Hitler sein« – das wurde ab und zu etwas variiert, aber meist so gesungen.
Das Gelände um den Entenfang war das Hauptausflugsgebiet der E.P. Man nahm sich nun die schockierenden Militärlieder vor und sang sie zu eigenen Texten. So hieß das Lied »Heiß über Afrikas Boden« bei uns nur »Heiß über Entenfangs Boden«. Aus den Texten wird übrigens deutlich, daß ab 1942/43 in ganz Oberhausen die Bezeichnung E.P. durchgängig war, vereinzelt wurde statt E.P. noch mal Kittelbachpiraten gesagt, ganz selten. Wir sind auch nur zwei Abweichungen vom Namen E.P. bekannt: Kittelbachpiraten, eben nach dem Kittelbach in Kaiserswerth, die K.P. saßen in Düsseldorf, und Totenkopfpiraten in Hamborn-Marxloh. Das Verhältnis der Altoberhausener zu den Hambornern war übrigens sehr gut, zu den Düsseldorfern locker. Sinnigerweise bestand kein engerer Kontakt zwischen Sterkrade und Altoberhausen. Wahrscheinlich ist das darauf zurückzuführen, daß die Sterkrader sich auch nach Hamborn orientiert haben.
Das Lied »Hoch droben auf dem Berg, wohl hinter vergitterten Fenstern« ging später eine Symbiose ein mit »Auf dem Banjo der Zigeuner«. Man sang dann Zeilen wie »Von Finnland bis zum schwarzen Meer, da zieht sich ein gebrochen Heer«. Die Lieder waren immer antinationalsozialistisch ausgerichtet. Es war selten,

daß nur einzelne Zeilen verändert wurden; meist wurde bis auf ein paar Worte das ganze Lied umgedichtet.
Es gab da ein Lied, das zunächst nach gar nichts klang, aber auf sämtliche Gliederungen der NSDAP wie ein rotes Tuch gewirkt hat; es hat die Anfangsworte »Wir bilden ein' Idiotenclub und laden herzlich ein. Bei uns ist jeder gern gesehen, nur blöde muß er sein, und wer der Allerblödste ist, wird Oberidiot.« Die Nazis konnten allerhand verpacken, aber dann gingen sie meistens hoch. Die E.P. kleideten sich gemessen an den damals verordneten Normvorstellungen recht auffällig. Einzelne Kleidungsstücke, weiße Strümpfe, auffällige Gürtel, Halstücher, wurden immer wieder mal getragen. Fast selbstverständlich war ein Edelweißabzeichen. Ansonsten war doch alles ziemlich bunt gewürfelt. Sehr viel anders als die übrigen liefen wir nicht herum. Es gab trotzdem immer Anzeichen für Eingeweihte, selbst wenn kein Edelweiß zu sehen war: der Haarschnitt war länger, es gab eine Vorliebe für seidene Schals, manchmal sogar für weiße Schals; es wurde auf das Äußere mehr Wert gelegt als damals üblich. Wenn man vom Äußeren ausgeht, könnte man sagen, die E.P. waren eine Kreuzung von Vorort-Gigolos und übriger Bevölkerung. Die Kleidung stach zwar ab, aber nicht grell, es gab damals nicht viel zu kaufen, das muß man ja auch sehen. Die genannten Erkennungszeichen, vor allem das Edelweiß und weiße Kniestrümpfe, traten als solche nur in besonderen Situationen in Funktion, wenn man etwa irgendwo auftauchte, wo man bisher nicht gewesen war und zudem keine Gewährsleute dabei hatte. Aber das war ja selten. Denn wenn jemand auftauchte, nannte er im Regelfalle irgendwelche Namen. Das Edelweiß war zwar nicht Vorschrift, aber durchgängig. Wenn es nun nicht da war, machte das auch nicht viel aus; das lag daran, daß sich die Gruppen untereinander doch sehr, sehr gut kannten. Es waren ersichtlich kaum Spitzel dabei, denn wenn viele dabei gewesen wären, hätten die Nazis auch ohne spektakuläre Großaktionen die Leute einzeln aus den Gruppen herausholen können.
Die E.P. waren wahrscheinlich ein Zwischending zwischen einer festen Organisation und einem lockeren Zusammenhalt. Ein Beispiel für Altoberhausen: ich habe noch St. kennengelernt, auch seine Brüder, bin auch öfters mit ihnen zusammengewesen. Die waren aber um Gottes willen nicht die Führerpersönlichkeiten, sie standen noch nicht einmal im Vordergrund. So was wechselte von Zeit zu Zeit, einige Leute tauchten ja oft nur sporadisch auf. Aber es gab eine Person, die zumindest für Altoberhausen unumstritten war, das war Johnny H. Er war der unumstrittene Boß, Jugendboxmeister im

Schwergewicht über Jahre hinweg. Deswegen vielleicht hatte Alt-Oberhausen gegenüber anderen Gruppen eine Besonderheit: der Song von Hans Albers »Goodbye Johnny« wurde von uns zu einem großen Teil übernommen. Johnny H. war 1943 so um die 20/21 herum. Außerdem tauchten noch weitere Boxer auf, z. B. ein etwas unbeholfener Mensch namens »Utze«, er hatte einen kleinen Sprachfehler, ein Schwergewichtsboxer so um die 25. Auch der spätere Vorsitzende des Oberhausener Boxclubs, Ernst G., gehörte – selbst wenn er nicht so häufig da war, er war etwas älter – zum Kreis der E.P. Ich habe nach dem Krieg noch jahrelang mit ihm Kontakt gehabt.

Johnny H. war also unumstritten. Er kannte, obwohl wir Hunderte von Leuten waren, jeden einzelnen. Als einmal angeordnet wurde, er solle gegen mich boxen, war ihm klar, was das bedeutete und wie das auszugehen hatte. Er war Schwergewichtler und ich noch unter dem Leichtgewicht. Wir waren da irgendwie in ein HJ-Bannsportfest hineingeraten und wurden vom Bannführer dazu angehalten, gegeneinander zu boxen. Wir konnten dem schlecht ausweichen, weil da Tausende, ich glaube etwa 20 000, herumstanden. Das war 1943. Das sah dann so aus, daß wir etwa eine dreiviertel Stunde da rumgesprungen sind; ich habe immer versucht, seinen Schlägen auszuweichen, er hat versucht, mich nicht zu treffen – bis schließlich die Leute der ganzen Geschichte müde wurden. Ich will damit andeuten, daß selbst die sogenannten Unbestrittenen ihre Leute kannten, ihre Leute schonten und für sich keine Privilegien beanspruchten. Es klingt seltsam, daß das so gewesen sein soll in einem so wilden Haufen, aber es war so. Damit will ich darauf hinaus, daß die E.P. so eine Art Zwischending waren, gemessen an heutigen Maßstäben wird man sicher nicht von einer festgefügten Organisationsstruktur sprechen können in dem Sinne, daß Leute über Jahre oder auch nur Wochen und Monate hinweg als Sprecher hervortraten; das gab es einfach nicht. Es war zwar so, daß man Leuten vertraute, daß bestimmte Affinitäten da waren, aber sie übertrugen sich nicht auf Einzelpersonen oder eine Führungsgruppe von fünf/sechs Personen, das war sehr viel breiter, man konnte nie von einer Kommandostruktur oder gar Statuten sprechen. Trotzdem, die Dinge klappten, obwohl wir keineswegs durch besonderen Gehorsam glänzten. Es gab keine Reibereien. Vielleicht haben die damalige Zeit, die damalige Auffassung auch mit hineingespielt, vielleicht waren sie in einem gewissen Sinne Vorbild für uns. Die E.P. waren wohl ein Gemisch aus einem Dutzend von Komponenten, ich meine, sie lagen auf der

Mitte zwischen einer verordneten Organisationsstruktur und einer völligen Zusammenrottung. Es ist ja nicht jeder in unseren Kreis aufgenommen worden; es gab ja eine Art Vorauswahl – die Leute kamen aus derselben Gegend, derselben sozialen Stellung; jeder brachte Leute nur aus seinem Bekanntenkreis mit. Die E.P. waren ein freiwilliger Zusammenschluß.

Gewiß waren die E.P. eine Art lebende Legende, unsere Eltern haben davon auch etwas mitgekriegt. Die Lage der Familien war damals sehr kompliziert, viele Väter waren eingezogen. Viele Eltern waren eingeschüchtert. Die Haupthaltung war wohl: ich tue, als wenn ich von der Aktivität meiner Kinder nichts merke. Unterschwellige Sympathie gab es wahrscheinlich in den vorgeprägten Familien, wo der Vater in der KP gewesen war oder wo die Leute unter Diskriminierungen litten, da gab es durchaus Einverständnis mit den E.P.

Bei mir war es so: Der Vater war nicht da, die Mutter war im Bunker. Ich bin nie damit klargekommen, was meine Mutter nun gemerkt hat und wie sie es eingeordnet hat. Die Vorstellungswelten der Generationen gingen sehr auseinander, auch die Erlebniswelten. Im Gegensatz zu uns waren unsere Eltern nicht sehr risikofreudig. Es gab wirklich einen großen Bruch zwischen den Generationen. Um das ein wenig genauer einzukreisen: es gab in meiner Familie zwei Vorfälle, die man versuchte zu verheimlichen, vor allem vor mir: eine meiner Tanten ist bei den Euthanasie-Prozessen umgebracht worden, und einer meiner Onkels hat zur Widerstandsbewegung gehört, zur Eisernen Front, er ist dann auch nach dem Kriege in England geblieben und nur zu kurzen Besuchen mal rübergekommen. Solche Dinge wurden mir damals verheimlicht, sicher auch, weil das zur damaligen Zeit als Gesprächsstoff sehr gefährlich war. Es liegt bei der Mehrzahl der Familien der E.P. ein Bruch zwischen den Generationen vor.

Man muß auch was zum Verhalten der E.P. in Schule und Betrieb sagen. Die Struktur von Schule und Betrieb und die Mentalität der E.P. führten zu ständigen Zusammenstößen. In den Betrieben blieben im Krieg vertrauenswürdige NSDAP-Leute in UK-Stellungen zurück, ähnlich in der Schule. Ich habe einen Fall miterlebt in der Handelsschule, daß die Leute sofort wußten, wenn ihnen jemand von uns entgegentrat: aha, das sind diese Burschen, die müssen wir zur Räson bringen! Sie versuchten schon im voraus, von sich aus, etwas gegen uns durchzudrücken. Sie waren besonders scharf und riefen so die Reibereien eigentlich erst hervor, so weit ich weiß, hat es überall Reibereien gegeben. In den großen Betrieben wurde das dann zugedeckt, dadurch daß man die Scharfmacher versetzte, andere Meister

heranholte, usw., da war es also etwas verdeckter. In den Klein- und Mittelbetrieben und den Schulen war das anders, da gab es dauernd Zusammenstöße. So etwas wie bei Altenberg war eine Selbstverständlichkeit.
Wenn ein NS-Scharfmacher wußte, definitiv wußte, daß ihm ein Gegner gegenüberstand, versuchte er alles, ihn hereinzulegen, ihm etwas anzuhängen oder nachzuweisen. Ein Beispiel aus der Volksschulzeit: es ist durchaus passiert, daß ich mal drei Wochen überhaupt nicht zur Schule kam, zur Hardenbergschule, ich war ständig mit den E.P. unterwegs und schlief dann tagsüber. Wenn ich keine Lust hatte, zu Hause zu bleiben, bin ich tagsüber zum Kanal gegangen, habe ein bißchen gelesen, aber meistens geschlafen. Ich bin also drei Wochen nicht zur Schule gekommen und habe danach ein Attest eingereicht, ich hätte mir den Fuß verknackst; in diesem Attest hatte ich eine Zahl zu meinen Gunsten verfälscht. Es gab nun große Ferien von zweieinhalb Monaten, und der Super-NSDAP-Mann an der Schule, B. mit Namen, dem war es schon sehr ärgerlich gewesen, daß ich mit einem solchen Attest gekommen war. Ich hatte ihn schon oft genug verärgert und in Wut gebracht, vor allem einmal, als er verschiedene Leute in der Klasse aus nichtigem Anlaß schlagen wollte. Davon habe ich ihn abgehalten, ich habe mich neben ihn gestellt, einen Stuhl angefaßt und gesagt: Sie wollen doch wohl nicht schlagen? – der hat nun die ganzen Sommerferien darauf verwandt, um diesen Zusatz auf dem Attest herauszubekommen, um dafür zu sorgen, daß ich nicht mehr auf dieser Schule bleiben konnte.
Ohne daß groß darüber geredet wurde, die Spannungen waren ständig da, die Leute wußten genau, was sie voneinander zu halten hatten. Es war ein scharfer und andauernder Kleinkrieg im Alltag, äußerlich waren es alles Individualfälle. So war es in der Volksschule, im Betrieb, beim Militär, schon ab einem sehr, sehr frühen Alter. Ich muß vielleicht an dieser Stelle einfügen, daß es schon vor der E.P.-Zeit in den jüngeren Altersstufen in unserer Ecke sehr häufig kleine Straßenbanden von fünf/sechs Mann gab, in sehr militanter Ausprägung.
Dieser Kleinkrieg läßt sich noch einmal dingfest machen, schon etwas handgreiflicher, für das Jahr 1942. Das war eine Geschichte, die sich über acht Monate hinzog. Da ist unsere gesamte Klasse, bis auf ein paar Mädchen, abgehauen und acht Monate nicht zum Unterricht gekommen. Die haben uns ständig in der Stadt gesucht, während wir einfach in dem nicht völlig ausgebombten, aber doch zerbombten Dachstuhl der Schule saßen. Wir sind nicht entdeckt worden, wir

haben es uns da oben so gemütlich gemacht, daß wir schon anfingen, gemeinsam Lieder zu singen.

Da man uns disziplinieren wollte, gab es noch eine Menge Zusammenstöße mit den verschiedensten Lehrern, bis zur Entlassung aus der Volksschule im April 1942. Ich erinnere mich noch an andere Sachen um 1940, das Auftreten dieser fürchterlichen SA-Leute, wie an Leo L., einen Lehrer, der in SA-Uniform zur Schule kam, über die Tische sprang und losprügelte. Im System des Nationalsozialismus ist vielleicht die Provokation von Jugendlichen und damit die langsame Gewöhnung an Aufsässigkeit konsequent angelegt. Wir hatten z. B. einen Lehrer mit dem sehr germanischen Namen Wrzecsz[1] also etwa 1937/38 – das war noch in der Lipperschule –, der hatte die Angewohnheit, daß er den Tag in der Schule nicht beginnen konnte, ohne auf vier Bänke in unserer Klasse zu zeigen und zu sagen: die acht von der Lipperstraße raustreten! Dann hat er uns erst mal eine halbe Stunde lang durchgehauen. Solcherlei Typen, immer mit der Partei verbunden, gab es zuhauf. Sie griffen sich immer Kinder aus den Arbeitervierteln heraus, aus der Steinstraße, der Wilhelm-Tell-Straße, der Lipperstraße. Denen war egal, wie sich das auf die Kinder auswirkte. Der Druck in der Schule war also von Anfang an sehr stark, es gab eben genug Lehrer, die nicht nur äußerst borniert, sondern auch äußerst brutal waren. Sie waren fast alle Parteimitglieder. Das hat natürlich bei uns Kindern nicht zu bewußten Reaktionen geführt, aber es hat mitgeholfen bei der Gewöhnung an die Aufsässigkeit. Zunächst haben wir gelernt: gegen die hilft nur Gewalt. Hier kann ich mich nur auf mich selbst verlassen. Hier habe ich nichts mehr zu verlieren. Das erklärt dann übrigens auch ein bißchen, daß man sich später mit Leuten in der gleichen Lage solidarisierte. Ähnlich war es im Betrieb. Es ist den E.P. oft genug vorgeworfen worden, sie seien »arbeitsscheu« gewesen. Wenn sie das wirklich gewesen wären, wäre ihr Verhalten nach dem Krieg nicht erklärlich, da haben sie nämlich gearbeitet. Außerdem ist das mit der sogenannten »Arbeitsscheu« sowieso eine sehr windige Geschichte. Es soll mir mal jemand einen plausiblen Grund nennen, warum ein jugendlicher Arbeiter 1943 einsehen sollte, daß und wofür er arbeiten sollte. Dafür gab es nämlich überhaupt keinen Grund. Alle Gründe, die man heute aufzählen könnte, treffen auf die damalige Situation nicht zu. Der Gedanke, irgendwelche »Werte zu schaffen«, oder auch nur

1 Namen von D. Peukert geändert.

der Gedanke an einen angemessenen Lohn für die Arbeit, diese Sachen waren damals doch gar nicht drin.
Und die Naziführer ... uns allen war SS-Sturmbann-Führer E. als brutales, hinterhältiges Schwein verhaßt. E. hauste in einem Gebäude, das leider sehr zentral lag, um das wir immer einen Bogen gemacht haben. Schon bevor wir zu den E.P. kamen, waren wir Kinder über den E. informiert. Bei der Abfahrt zur Kinderlandverschickung nach Mähren etwa – ich habe sie ja erwähnt – stellte sich heraus, daß dieser E. unser Zugbegleiter sein sollte. Daran erinnere ich mich immer wieder, weil wir mit acht Jugendlichen ein Abteil belegt hatten, dann plötzlich ein paar SS-Gestalten auftauchten und erklärten: das müßt ihr räumen, das ist das Abteil für den Zugbegleiter. Als wir daraufhin murrend und sehr, sehr langsam und umständlich da hinausgingen, tauchte der krumme E. auf. Er tauchte also auf und wollte in einer äußerst brutalen Form loslegen, obwohl wir das Abteil schon fast geräumt hatten. Aber in Sekundenschnelle schaltete dieser Mann nun von hemmungsloser Brutalität auf äußerste Freundlichkeit um: bleibt doch drin, liebe Kinder, die Partei sorgt für euch. Wir sind doch nur für euch da. Wenn ihr nicht wärt, hätten wir überhaupt keine Existenzberechtigung ... und dergleichen. Für diesen Umschwung war wohl entscheidend, daß eine mittelprächtige Lehrerin im Nebenabteil saß. E. suchte einen Grund, zu ihr ins Abteil zu gehen. Wir blieben also, wo wir waren, er verschwand ins Nebenabteil. An und für sich ist das eine Kleinigkeit, aber diese kleinen Erlebnisse haben mich mitbeeinflußt, ebenso die Tatsache, daß man später sah, daß unsere Lehrer Nullen und Denunzianten waren oder daß der sogenannte Lagermannschaftsführer in Mähren nächtelang durch das ganze Gebäude geheult hat, so laut, daß wir nicht schlafen konnten, weil er einberufen werden sollte. Die Einstellung der mitgereisten HJ-Führer zur Bevölkerung, besonders zu den Frauen dort, die Tatsache, daß man uns stillschweigend zum Stehlen aufforderte, die Begegnung mit der Bevölkerung, die uns eindringlich deutlich machte, man habe nicht mit »Heil Hitler« oder »Guten Tag«, sondern schön mit »Grüß Gott« zu grüßen – alle diese Dinge spielen zusammen. So seltsam das klingen mag, die Indoktrination, unter der man stand, hat geholfen, einen offener zu machen für andere Einstellungen. Das Auftreten der Nazigestalten war immer brutal, unehrlich und schmierig. Man hat das als Kinder sicher nicht rational verarbeitet, aber wenn man solchen Typen wie dem E. begegnete – vergessen konnte man das nicht (...).

3. Berichte der Gestapo und der Justiz

Aus einem Bericht der Gestapo Düsseldorf vom 10. Dezember 1937

Nach Abschluß der Ermittlungen kann folgende zusammenhängende Darstellung gegeben werden:

In den letzten Jahren konnte in fast allen Orten des Westens und besonders in Ruhrgebiet ein meistens loser Zusammenschluß von Jugendlichen festgestellt werden, der über den sonst üblichen Rahmen (Eckenstehen in den Abendstunden usw.) hinausging. Die Entwicklung dieser Gruppen in politischer und sittlicher Hinsicht kann nicht mehr als sogenannte Einzelerscheinung angesehen werden. Sie treibt immer stärker in eine Richtung, die nicht nur der Beachtung, sondern auch der Bekämpfung bedarf.
In den meisten Fällen handelt es sich um Jugendliche, die früher in der H.J. waren und ausgeschlossen oder, weil ihnen die strenge Zucht dort nicht gefiel, ausgetreten sind. Der Ausschluß erfolgte fast immer wegen Verstöße gegen die Disziplin oder wegen mangelnder Dienstfreudigkeit. Das letztere kann nach den bisher gemachten Erfahrungen darauf zurückgeführt werden, daß verschiedene Angehörige der H.J., die vielleicht auf Grund ihrer bisherigen Erziehung oder die sich von Natur aus schlecht unterordnen können, sehen, wie ihre gleichalterigen Kameraden, die der H.J. nicht angehören, ein freies ungezwungenes Leben führen. Es kann vielfach dann auch festgestellt werden, daß diese betreffenden sich auf den verschiedenen Sammelplätzen der Jugend mit den Nichtangehörigen der H.J. zusammenfinden oder mit diesen auf Fahrt gehen. Hier lernen sie selbstverständlich ein anderes Leben kennen, daß mit Zucht und Ordnung, die in der H.J. herrschen müssen, nichts gemein hat. Hinzu kommt, daß in vereinzelten Fällen die Führer der H.J. die Jugendlichen nicht richtig anzufassen wissen. Die daraus entstehende Unlust zum Dienst wird dann weiter geschürt durch diejenigen, die noch niemals ein Interesse für den heutigen Staat aufgebracht haben. Die Folge ist dann, daß diese Jugendlichen noch stärker an die betreffen-

den Kreise gefesselt werden. Wenn diese auch in den wenigsten Fällen als organisatorisch fest zusammenhängend betrachtet werden können, so besteht doch die Möglichkeit, daß sie sich enger zusammenschließen und so ein Instrument bilden, daß in der Hand einiger staatsfeindlicher Elemente eine Gefährdung der Jugend und damit auch des Staates bedeuten würde.
In der ganzen Zeit – von der Machtübernahme bis heute – hat sich nun auch eine unverkennbar H.J.-feindliche Einstellung der Mehrzahl der Gruppen ergeben. Sie sehen sich in ihrer »Freiheit« beeinträchtigt, wenn sie einmal von den Streifen der H.J. oder gar von der Polizei angehalten werden. Dieses kommt zum Ausdruck in ihren Gesprächen über die H.J. oder über die Bewegung, in ihren Liedern und in dem tätlichen Vorgehen gegen einzelne Mitglieder der H.J. So sind verschiedene Lieder umgedichtet worden. Man singt jetzt unter andern: ». . . schlagt die bündische Jugend wieder frei . . .«, ». . . schlagt die Hitlerjugend entzwei . . .«, ». . . die Wickingerfahne gehört unter die K.P. . . .«, ». . . die Kittelbachpiratenfahne darf nicht untergehen . . .«, ». . . wir bleiben dem Eisbär treu . . .« usw.
Bei den verschiedenen Zusammentreffen setzt sich der Geist ehemaliger Mitglieder der verbotenen bündischen Jugend immer mehr durch. Es ist heute teilweise so, daß derjenige, der sich als ehemaliges Mitglied einer Gruppe der bündischen Jugend ausgeben kann, mit »andern Augen« angesehen wird. Es kommt auch vielfach vor, daß sich Jugendliche als Mitglied der verbotenen bündischen Jugend ausgeben, ohne dieser jemals angehört zu haben. Sie wollen eben unter Gleichgesinnten durchaus etwas gelten.
Als äußeres Zeichen und, um damit gegenüber der H.J. abzustechen, wird die sogenannte Fahrtenkluft getragen, die in den meisten Teilen der Kluft der verbotenen bündischen Jugend ähnlich sieht oder von dieser übernommen worden ist. Bevorzugt werden die Bunthemden – Schotten- oder auch Schihemden genannt –, kurze Hosen, Stiefel mit umgeschlagenen Strümpfen, Bundschuhe, Halstücher und Koppel, auf denen sich alle möglichen Verzierungen befinden. Diese Kluft sorgt dafür, daß sich die Gleichgesinnten auf Fahrt oder an andern Stellen als zusammengehörig erkennen und, obwohl sonst fremd, eine Freundschaft schließen. In den meisten Fällen ist es dann so, daß sich die Jugendlichen mit Hausnamen gar nicht kennen lernen, sondern nur mit dem Vor- bzw. Spitznamen. Der Gruß ist, wenn sich diese Jugendlichen unterwegs treffen und wenn sie sich auch nicht kennen, aber an der gleichen Kluft als zusammengehörig betrachten, allgemein »Ahoi«. Verschiedentlich wird auch der Gruß

»Heidewitzka« gebraucht, der nach den bisher gemachten Erfahrungen als Ersatz für »Heil Hitler« anzusehen ist.
Mit besonderer Vorliebe nennen sich die betreffenden Jugendlichen Kittelbachpiraten. Dieser Bund bestand bis 1933 in Düsseldorf und Umgegend. Wenn auch dessen Mitglieder durch ihr rauhes Betragen allgemein auffielen, so war jedoch in politischer Hinsicht gegen ihn nichts einzuwenden. Nach der Machtübernahme bekam der Bund allerdings einen großen Zustrom von solchen Elementen, die sich in die nationalsozialistische Front nicht einfügen wollen. Wenn auch zur Zeit keine einheitliche Organisation festgestellt werden kann, so trägt man doch zum Teil die Kluft der K.P., singt deren Lieder und grüßt sich gegenseitig mit dem K.P.-Gruß »Ahoi«. Daneben wird das Zeichen der K.P. – ein Totenkopf – verschiedentlich getragen. Man findet den Totenkopf auf Koppelschlössern, Geldbörsen, Ringen und auf den sogenannten Kraftriemen. Der größte Teil der Jugendlichen hat niemals diesem Bund angehört. Aus den bereits erwähnten Gründen gibt man sich jedoch gern als K.P. aus.
Während nun in den vergangenen Jahren die Jugendlichen zumeist verwarnt wurden, hat die Entwicklung in der letzten Zeit gezeigt, daß strengere Maßnahmen zur Anwendung kommen mußten, um der Gefährdung der Jugend durch diese Gruppen Einhalt zu gebieten. Im Laufe des Sommers 1937 wurden auf Grund der Beschwerden über das Treiben der Jugendlichen im Grafenwald bei Kirchhellen und in der Haard bei Recklinghausen diese Stellen verschiedentlich beobachtet. Am 14. 11. 37 wurde die auf Blatt 10 angegebene Aktion durchgeführt. Zu gleicher Zeit wurde gegen die Gruppe in Gladbeck vorgegangen, über die bis dahin bestimmte Ermittlungsergebnisse vorlagen.
(. . .)*.

* Es folgen Angaben zur Person der Festgenommenen.

Aus der Rheinischen Landeszeitung vom 15. Februar 1936, Nr. 45, Morgenausgabe

Gefährliche »Piratenspielerei«

Polizeiliche Razzia stellte 80 »Kittelbachpiraten« / Zehn dieser verbotenen Wanderbündler hatten sich vor dem Düsseldorfer Sondergericht zu verantworten

Am 6. Oktober vorigen Jahres unternahm die Polizeibehörde von Krefeld und von Mörs eine größere Razzia auf dem sogenannten Wolfsberg bei Hüls. Es war bekannt geworden, daß eine größere Anzahl von »Kittelbachpiraten« eine Sonderfahrt zum Wolfsberg unternommen hatte. Wie erinnerlich, haben die Kittelbachpiraten vor der Machtübernahme Seite an Seite mit unserer SA gegen die Kommune gekämpft. Nach der Machtübernahme wurde durch die Verordnung des Reichspräsidenten vom 28. 2. 1933 der Bund der Kittelbachpiraten aufgelöst. Die guten Elemente schlossen sich dann auch sofort der Hitlerjugend an. Das Grobzeug verharrte aber in Ablehnung gegenüber der Staatsjugend. Die Krefelder Polizei machte nun die Feststellung, daß sich besonders im Sommer vorigen Jahres die wilden Wandergruppen erneut zusammenzuschließen versuchten. Um ihnen einmal gründlich das Handwerk zu legen, war die polizeiliche Streife vom 6. Oktober angesetzt worden. In der typischen »Kluft« der Kittelbachpiraten, kurze Sommerhose, weißes Hemd, Koppel mit Totenkopfschloß, Totenkopfring, Prozellanklümpchen an der Hosenschnalle, Mutzpfeife im Stiefelschaft, waren an die 80 junge Burschen von 16 bis 25 Jahren auf Fahrt gezogen. Mitgenommen wurden Zeltbahnen zum Übernachten im Freien, Alkohol in rauhen Mengen und . . . Mädchen. Mit »Ahoi«, »Horridoh« oder »Hummel, Hummel« hatten sie sich begrüßt und waren dann hinausgewandert zum Wolfsberg bei Hüls, wo »biwakiert« wurde.

Als die Polizeibeamten eintrafen, fanden sie die meisten »Piraten« in stark angetrunkenem Zustand, die Mädchen in nicht wiederzugebender Verfassung. Die ganze, offenbar von einer falschen Räuberromantik beseelte Kohorte wurde von der Polizei gestellt. Etwa 70 dieser irregeleiteten jungen Burschen wurden dem ordentlichen Gericht in Krefeld zugeführt, da sie sich lediglich eines Verstoßes gegen § 4 der Verordnung vom 28. 2. 1933 – Tragen einer verbotenen

Uniform – schuldig gemacht hatten. Zehn weitere, darunter zwei »Gruppenführer«, hatten sich aber heute vor dem Düsseldorfer Sondergericht zu verantworten, da ihnen außerdem ein Verstoß gegen die Verordnung des Reichspräsidenten zum Schutze von Staat und Partei vom 20. Dezember 1934 zur Last gelegt wird.
In der unter Ausschluß der Öffentlichkeit geführten Hauptverhandlung waren die Angeklagten, die alle Spitznamen wie »Bobby«, »Jumbo«, »Sonny Boy«, »Schwarze Hand« und ähnliche führten, geständig. Sie alle waren durchweg bereits durch die Polizei verwarnt und teilweise sogar bereits polizeilich wegen Zugehörigkeit oder Betätigung bei den verbotenen Kittelbachpiraten bestraft worden. »Bobby« und die »Schwarze Hand« waren Truppführer. Sie haben eifrig für den Bund geworben und manchen wankelmütigen Jungen beeinflußt, der verbotenen Gruppe beizutreten. Die »Schwarze Hand« wurde zu zwei Monaten Gefängnis, »Bobby« zu einem Monat Gefängnis verurteilt. Die übrigen Piraten erhielten anstelle von je drei Wochen Gefängnis je 75 Mark Geldstrafe. Der Vorsitzende des Gerichts führte dabei aus, daß ganz andere Strafen zu erwarten gewesen wären, wenn die Angeklagten älter wären und sich eine wirksame zersetzende Tätigkeit gezeigt hätte. Dann wäre vom Oberreichsanwalt wegen Vorbereitung zum Hochverrat eingeschritten worden und Todesstrafe, lebenslängliches Zuchthaus oder hohe Zuchthausstrafen zu erwarten gewesen. Dies möge, so schloß der Vorsitzende des Sondergerichts, etwaigen anderen »Sonderbündlern« zur Warnung dienen.

Lagebericht der Stapo-Leitstelle Düsseldorf, undatiert (1943)

Wilde Jugendgruppen – Edelweißpiraten

1. Die jugendpsychologische Erklärung

Die Jugendlichen, die den wilden Jugendgruppen angehören, stehen fast alle in der Pubertätszeit. Sie wollen in aufbegehrendem Trotz die autoritären Bande brechen, in denen sie sich gefesselt glauben. In ihrer Unreife suchen sie dabei die seltsamsten Auswege, die dem Erwachsenen exzentrisch vorkommen.

Zweifellos handelt es sich bei den wilden Jugendgruppen um ein Stück reifepsychologisch bedingter Jugendromantik. Darum nennen sie sich »Piraten« und wollen mit diesem Ausdruck auf ein trotziges, freies Abenteuertum hindeuten. Die harte und kantige Wirklichkeit behagt ihnen nicht und sie suchen ihr auszuweichen, um in eine ihrer Phantasie entsprechende Umgebung zu gelangen. Typisch für diese Veranlagung ist, daß sich viele Angehörige der »Edelweißpiraten« freiwillig zur Marine melden.

2. Die »Edelweißpiraten« als Kriegserscheinung

Der eigenartige Zustand, in dem der Jugendliche während der Pubertätszeit steht, erklärt im wesentlichen nur den »romantischen« Charakter der Jugend. Unberücksichtigt jedoch bleibt dabei die reale Situation, aus der gerade jetzt in der Kriegszeit – und vor allem aus der betont großstädtischen Jugend – dieses Piratentum erwachsen ist. Das führt zu zwei Feststellungen: erstens die »Edelweißiraten« sind eine Kriegserscheinung und bilden also ein Kapitel der besonderen Kriegsjugendpsychologie; zweitens tragen sie alle das Merkmal großstädtischer Jugend.

Für das Heraufdrängen der wilden Jugendgruppen als Kriegserscheinung sind mancherlei Gründe anzuführen. Jugend will zunächst »leben« und zwar in ihrer natürlichen Sphäre. Sie will erleben und zwar möglichst reich innerhalb ihres naturhaften Jugendraumes. Die HJ-Führer und die jugendpädagogischen Kräfte können im Kriegsablauf nur geringeren Einfluß auf die Jugendlichen ausüben. Auch der Dienst in der HJ selbst, der vor dem Kriege den jugendlichen Neigungen durch Fahrten und Zeltlager gerecht wurde, unterliegt den Kriegsbedingungen. Den HJ-Angehörigen ist das »auf-Fahrt-gehen« mit Rücksicht auf die Anspannung der Verkehrsverhältnisse verboten. Die Jugendherbergen wurden an die Wehrmacht abgegeben, so daß keine Übernachtungsmöglichkeiten für Jugendliche bestehen. Übernachtungen in Zelten oder Scheunen sind mit Rücksicht auf die Gefährdung der Jugendlichen bei feindlichen Fliegerangriffen nicht durchführbar. An Stelle des betonten Jungenlebens nach seiner eigenen Art, ist der HJ-Dienst getreten, der die Jugendlichen in vielerlei Weise, z. B. im Luftschutz, Altmaterialsammeln usw. zwangsläufig und kriegsbedingt zur Mitarbeit heranziehen muß. Weitere Umstände, die den HJ-Dienst kriegsbedingt erschweren, sind Mangel an Führern und deren häufiger Wechsel.

Es kommt noch folgendes hinzu: Gerade die Großstadtjugend wandte sich dem »Piratentum« zu und rief die Gruppenbildung hervor. Beim großstädtischen Element tritt überwiegend eine Sucht nach sexuellem Erleben in Erscheinung. Im Mittelpunkt der Gruppierung steht fast immer ein Mädchen als Sexualobjekt. Vielfach ist dieses sexuelle Verlangen auch der Grund, der diese Jugend auf Fahrt gehen und sie mit Vorliebe in Zelten hausen läßt.

3. Piratentum oder bündische Jugendbewegung?

Die Frage, was die »Edelweißpiraten« wesensmäßig sind und was sie prinzipiell anstreben, schneidet die politische Sphäre an.
Bei aller Neigung, die von den Angehörigen der »Edelweißpiraten« dem bündischen Gedankengut unbewußt entgegengebracht wird, ist eine ausgesprochen bündische Tendenz bei den Gruppen nicht vorhanden, weil ihnen die Tradition fehlt. Als nach der Machtübernahme die bündischen Jugendgruppen aufgelöst und verboten wurden, waren die Jugendlichen, die heute den »Piratengruppen« angehören, noch Kinder. Die früheren Mitglieder der bündischen Jugend sind inzwischen aus dem Alter heraus, in dem sich die Mehrzahl für ein bestimmtes Jungenleben interessiert. Hinzu kommt, daß sie augenblicklich als Soldaten ihre Pflicht erfüllen und dadurch selbst diejenigen, die heute vielleicht noch dem bündischen Gedankengut anhängen, keine Möglichkeit haben, derartige Ideen an die heutige Jugend weiterzugeben. Ferner werden die jetzigen »Piratengruppen« durch die Einberufungen zum RAD und zur Wehrmacht laufend auseinandergerissen, so daß sie keinen fest umrissenen Kreis bestimmter Personen darstellen. Dieser Umstand wirkt sich insofern günstig aus, als es den älteren Angehörigen der Gruppen infolge der Einberufung nicht möglich ist, ihren vollen Einfluß auf die Jugendlichen geltend zu machen. Es verblieb somit in allen Gruppen nur ein loser Zusammenhang, der gebildet wurde von Jugendlichen bestimmter Straßenzüge oder Stadtteile. Eine einheitliche Lenkung oder Führung der Gruppen lag nicht vor, so daß der Verdacht einer bündischen Betätigung innerhalb dieser Gruppen ausscheidet.

4. Das Auftreten der »Edelweißpiraten« in der Öffentlichkeit

Im Frühjahr 1942 machten sich in der Öffentlichkeit Fahrtengruppen, bestehend aus männlichen und weiblichen Jugendlichen, be-

merkbar, die durch ihre betont lässige Kleidung und Haltung allenthalben auffielen und Anstoß erregten. Verschiedene Angehörige dieser Gruppen trugen weiße Strümpfe, kurze Lederhose, buntes Fahrtenhemd, Halstuch und als äußeres Erkennungszeichen ein Edelweiß. Sie führten auf ihren Wanderungen Klampfen mit, sangen Fahrten- und bündische Lieder und übernachteten draußen in Zelten oder bei Bauern in Scheunen. Eine allgemeine sittliche Verwahrlosung dieser Jugendlichen machte sich besonders auf den Rheinwiesen, an den Talsperren des Bergischen Landes und an sonstigen Plätzen, wo eine unbeaufsichtigte Badegelegenheit vorhanden war, bemerkbar. Zwischen den beiden Geschlechtern herrschte ein Umgangston und eine Umgangsform, die jeglichen Anstandes entbehrte. Vielfach lagerten und badeten die Jugendlichen beiderlei Geschlechts vollständig nackt zusammen. Weiter führten sie Garten- und Felddiebstähle aus; dort, wo sie mit HJ-Angehörigen in Berührung kamen und diese in der Minderheit waren, entstanden Schlägereien. Als im Spätherbst das Fahrtenleben infolge der Witterungsverhältnisse eingestellt werden mußte, führten die einzelnen Gruppen ihre Zusammenkünfte in gewissen Stadtteilen, vielfach Parkanlagen oder dergleichen, durch. Auch hier fielen sie durch ihr rüpelhaftes Benehmen auf und es kam sogar soweit, daß nach Anbruch der Dunkelheit Angehörige der Hitlerjugend in Uniform angefallen und geschlagen wurden. Bei schlechter Witterung suchten sie auch bestimmte Lokale auf, deren Inhaber ihr Treiben zuließ und ihre Anwesenheit noch nach 21.00 Uhr gestattete.
Als die Zusammenrottungen der Piratenjugend größeres Ausmaß annahmen und die Gefahr bestand, daß diese Jugendgruppen politischen Gegnern Anlaß geben könnten, sie als willkommene Basis für ihre Zersetzungsarbeit auszunutzen, wurde von der Staatspolizeileitstelle Düsseldorf eine systematische vertrauliche Überwachung herbeigeführt. Nach Abschluß dieser Ermittlungen wurde dann die Auflösung der im Bereich des Regierungsbezirks Düsseldorf vorhandenen wilden Jugendgruppen festgelegt.

5. Staatspolizeiliche Maßnahmen zur Bekämpfung der wilden Jugendgruppen

Am 7. 12. 1942 wurde schlagartig mit der Überholung der einzelnen Gruppen begonnen und es wurden aufgelöst in:
Düsseldorf 10 Gruppen mit insgesamt 283 Jugendlichen

Duisburg	10 Gruppen mit insgesamt 260 Jugendlichen	
Essen	4 Gruppen mit insgesamt 124 Jugendlichen	
Wuppertal	4 Gruppen mit insgesamt 72 Jugendlichen.	

In über 400 Vernehmungen wurden 320 Jugendliche über ihre Zugehörigkeit und Betätigung innerhalb der wilden Gruppen befragt. Vorübergehend wurden 130 Jugendliche festgenommen. Drei ältere Personen, davon 2 jüdische Mischlinge ersten Grades, werden wegen ihres besonders verderblichen Einflusses innerhalb der Jugend in Schutzhaft gehalten und werden einem Konzentrationslager zugeführt. Voraussichtlich wird gegen 140 Jugendliche bei den zuständigen Sondergerichten die Einleitung von Strafverfahren beantragt. Darüber hinaus wurden einige Jugendliche, die besonders sittlich verkommen waren, der öffentlichen Fürsorge zugeführt und andere durch Dienstverpflichtungen aus ihrem Wohnbereich entfernt, damit sie keinen Einfluß mehr auf die ihnen bekannten Jugendlichen ausüben können. Es ist weiter beabsichtigt, die Jugendlichen, gegen die kein Strafverfahren eingeleitet wird, möglichst bald zum RAD oder zur Wehrmacht einberufen zu lassen, damit sie aus ihrer Umgebung herauskommen. Durch diese Maßnahmen wurden die wilden Jugendgruppen zerschlagen.

6. Verhütung von Neubildungen wilder Jugendgruppen

Im Verlauf der Aktion gegen die »Edelweißpiraten« wurden verschiedene allgemeine Feststellungen getroffen, die einer näheren Erörterung bedürfen:
An erster Stelle stehen dabei die unzähligen Gerüchte, Meldungen und Berichte, die den parteiamtlichen und staatlichen Stellen über die Umtriebe der Edelweißpiraten zugetragen wurden. Sie haben im wesentlichen dazu beigetragen, daß der Begriff »Edelweißpiraten« in der Öffentlichkeit Eingang fand und die Jugendlichen sich interessant vorkamen, weil ihrem Gehabe so viel Bedeutung beigemessen wurde. Einen besonders schweren Stand hatten hierbei die Dienststellen der HJ, bei denen naturgemäß zahlreiche Meldungen eingingen, die, ohne daß sie örtlich überprüft werden konnten, weitergeleitet wurden und im wesentlichen dazu beitrugen, eine objektive Beurteilung der Entwicklung zu erschweren. Der Streifendienst wurde von den Gebietsführungen zwar zur verstärkten Überwachung eingesetzt, aber auch hier machte sich verschiedentlich der Mangel an erfahrenen HJ-Führern bemerkbar. Trotzdem ist es der Mitwirkung der sowohl an Jahren wie auch an Erfahrung verhältnismäßig

jungen Kräften des Streifendienstes mit zu verdanken, daß die staatspolizeiliche Aktion erfolgreich durchgeführt wurde.
Nachdem nun die Gruppen aufgelöst und ihre Anhänger so gemaßregelt worden sind, daß ihnen eine weitere Betätigung im Sinne der »Edelweißpiraten« verleidet sein dürfte, ist es erforderlich, daß nunmehr auch das Thema »Edelweißpiraten« unter den Jugendlichen zum Abklingen kommt. Die Taktik des Totschweigens ist hier angebracht. Daß außer den staatspolizeilichen Maßnahmen bei den zuständigen Sondergerichten gegen ca. 140 Jugendliche die Einleitung von Strafverfahren beantragt wird, ist erforderlich, da Verstöße gegen die – auf Grund der Verordnung des Reichspräsidenten zum Schutze von Volk und Staat vom 28. 2. 33 – vom Reichsführer-SS und Chef der Deutschen Polizei erlassene Verordnung vom 20. 6. 1939 (Verbot der bündischen Jugend) vorliegen. Es ist zu erwarten, daß diese gerichtlichen Urteile abschreckend auf die Jugendlichen wirken und somit dazu beitragen, neue Ansätze zu verhüten.
Die »Edelweißpiraten« haben insofern gegen die Verordnung vom 20. 6. 39 verstoßen, als sie durch das Tragen der Abzeichen und Fahrtenkluft nach außen hin den Eindruck einer Jugendgruppe im bündischen Sinne erweckten. Sie haben weiter durch das Singen bestimmter Fahrtenlieder, die früher nur von den Gruppen der bündischen Jugend gesungen wurden, sich der Verbreitung bündischen Liedgutes schuldig gemacht.
Die Mehrzahl der zur Anzeige kommenden Jugendlichen war sich der Tragweite ihrer Handlungsweise nicht bewußt. Sie haben die Fahrtenkluft getragen, um, wie sie sagen, nach außen hin zu zeigen, daß sie etwas anderes sein wollen. Die Lieder haben sie gesungen, weil Melodie und Text ihrer Jugendphantasie entsprechen. Es ist ihnen wohl kaum zum Bewußtsein gekommen, daß sie durch ihre Betätigung den Anschein von Neubildungen bündischer Vereinigungen geben könnten. Hiermit soll aber nicht gesagt sein, daß die »Edelweißpiraten« nur eine harmlose Jugenderscheinung darstellten. Wenn auch die Jugend selbst die Tragweite ihrer Handlung nicht erkennen kann, so ist doch die damit verbundene Gefährdung sowohl auf sittlichem, kriminellem wie auch politischem Gebiet ernst zu nehmen.
Hierfür einige Beispiele:
In einer Duisburger-Hamborner Gruppe der »Edelweißpiraten« herrschte das Gebot der freien Liebe. Jedes Mädel mußte dem Jungen, der es dazu aufforderte, willig sein und durfte ihm den Geschlechtsverkehr nicht verweigern.

In Wuppertal versammelten zwei jüdische Mischlinge ersten Grades Jugendliche um sich, mit denen sie auf Fahrt gingen und in ihrer Wohnung Zusammenkünfte durchführten. Während dieser Zusammenkünfte wurden Pfänderspiele durchgeführt mit dem Ergebnis, daß gerade wie es sich traf, mal der eine oder andere Junge mit dem oder jenem Mädel in das nebenan liegende Schlafzimmer gehen mußte, wo es dann zum Geschlechtsverkehr zwischen den Jugendlichen kam.
In Düsseldorf verübten Edelweißpiraten Einbruchdiebstähle in bombenbeschädigten Häusern. Sie stahlen in einer zerstörten Bäckerei Brotmarken, um sich auf ihren Fahrten Brot kaufen zu können.
In Wuppertal zeigten sich auch in einer anderen Gruppe Ansätze für eine politische Zersetzungstätigkeit. Zwischen drei Jungens wurden während ihrer Zusammenkünfte staatsabträgliche Gespräche geführt und einer der Jugendlichen fertigte auch eine Hetzschrift mit zersetzendem Inhalt an.
Weitere Fälle einer politischen Zersetzungstätigkeit konnten allerdings nicht festgestellt werden, obgleich bei den Ermittlungen hierauf besonders geachtet wurde. Diese Feststellungen fanden auch ihre Bestätigung, als im Verlauf einer Aktion gegen kommunistische Umtriebe von einem Hauptfunktionär folgendes über die Edelweißpiraten ausgesagt wurde:

»Ich bin einige Male bei K. in der Wohnung gewesen und zwar aus folgendem Grunde: K. hat eine 17jährige Tochter und verkehren bei K. in der Wohnung viele Jugendliche beiderlei Geschlechts. K. erzählte mir mal, dies seien sogenannte ›Edelweißpiraten‹. Ich hatte hierüber nach Berlin berichtet und interessierte sich Berlin stark dafür. Ich erhielt die Anweisung, festzustellen, was diese ›Edelweißpiraten‹ eigentlich seien und ob es möglich sei, sie für unsere Zwecke zu verwenden. Positive Feststellungen habe ich aber nicht treffen können. K. verbot mir, mit seiner Tochter darüber zu sprechen, da weder diese noch seine Frau von meiner Tätigkeit etwas wissen dürften. Er erzählte mir dann nur, was er von seiner Tochter erfahren hatte. Hiernach sind die ›Edelweißpiraten‹ eine lose Vereinigung junger Leute, die für ein freies ungebundenes Leben schwärmen, ohne Aufsicht wandern und Abenteuer erleben wollen, aber untereinander keinerlei organisatorische Bindungen unterhalten. Anscheinend lehnen sie dies schon aus ihrer grundsätzlichen Einstellung heraus ab. Es erweckt aber den Anschein, daß die einzelnen Gruppen sich untereinander, vielleicht von ihren Fahrten aus, kennen. Eine ausgesprochene politische Tendenz habe ich bei ihnen nicht erkennen können. Das einzigste ist der Gegensatz zur HJ aber auch nicht aus politischen Gesichtspunkten heraus, sondern mehr aus der Gegnerschaft heraus, sich einem gewissen Zwang unterordnen zu müssen. So mußte ich bei K. z. B. feststellen, daß sich viele dieser ›Edelweißpiraten‹ freiwillig zur Wehrmacht meldeten und sogar sich eifrig mit der Absicht trugen, Offizier zu werden. Ich mußte auf jeden Fall feststellen, daß bei diesen Jugendlichen ein politisches Interesse nicht zu erwecken war, sie für unsere Zwecke, also nicht zu verwenden waren.«[1]

Weiter erbrachte diese Aktion aber auch den Beweis dafür, daß die Gegnerkreise das Treiben der »Edelweißpiraten« sorgfältig beobachtet und schon Material vorbereitet hatten, das in Form von Hetzschriften in den Besitz der »Edelweißpiraten« gebracht werden sollte. Die marxistischen Gegner hatten den Plan gefaßt, die »Edelweißpiraten« als sogenannte Stoßtruppe innerhalb der Jugend einzusetzen. Diese Feststellungen zeigen, wie ernst jede Cliquenbildung von Jugendlichen außerhalb der HJ zu nehmen ist, da sie für die politischen Gegner zu leicht eine willkommene Basis für ihre Zersetzungsarbeit geben kann.

Die Erfahrungen, die aus der gesamten Aktion gegen die wilden Jugendgruppen gesammelt wurden, sind richtungweisend für die mit allen zur Verfügung stehenden Mitteln anzustrebenden Verhütungen eines Neuauflebens gleicher oder ähnlicher Gruppen. An erster Stelle wird es Aufgabe der HJ sein, alle wertvollen Kräfte, die in dem kriegsbedingten HJ-Dienst keine restlose Befriedigung finden, trotzdem in ihren Reihen zu fesseln. Die Großstadtjugend will nun einmal auf Fahrt gehen und es müssen auch im Kriege Mittel und Wege gefunden werden, die das ermöglichen. Es ist zu natürlich, daß junge Menschen, die 6 Tage im Stadtleben ihrem Beruf nachgehen, sonntags sich in der Natur bewegen wollen. Durch, auch während des Krieges ausführbare Geländespiele verbunden mit Geländekunde, kann man dem Bedürfnis der Großstadtjugend nach Bewegung in freier Natur gerecht werden und auch gleichzeitig eine wertvolle vormilitärische Ausbildung der Jugend erreichen.

Die HJ wird aber selbst bei der idealsten Dienstgestaltung alle Jugendlichen nicht restlos zufriedenstellen können, es wird immer einen, wenn auch an und für sich ganz bedeutungslosen Prozentsatz geben, der versuchen wird, ein Eigenleben zu führen. Es sind dies eben die Jugendlichen, die sich entweder während der Pubertätszeit oder aus Mangel an eigener Lebensinitiative absondern. Im allgemeinen gehen der HJ dadurch keine wertvollen Kräfte verloren. Diese lenken aber durch ihr Verhalten das Augenmerk der Öffentlichkeit und auch der politischen Gegner auf sich.

1 Tatsächlich gab es aber eine engere Zusammenarbeit zwischen den Edelweißpiraten Werner Heydn und Eduard Bluhm und kommunistischen Widerstandskämpfern. Vgl. den Bericht Heydns in: Karl Schabrod (Hg.): Widerstand gegen Flick und Florian, Frankfurt a. M. 1978, S. 174–193. (Anm. D. Peukert)

Bericht eines Kölner Jugendrichters vom 7. November 1943

Ich gestatte mir, über eine Zeiterscheinung zu berichten, deren Bekämpfung augenblicklich das brennendste Problem der Jugendgefährdung darstellt, nämlich die sog. *Edelweißpiraten.*

I. Äußeres Erscheinungsbild

Die einfachste Form, in der die Edelweißpiraten nach außen hin in die Erscheinung treten, ist das Edelweißabzeichen, das auf oder unter dem linken Rockaufschlag getragen wird (das, auch von der Schuljugend, an blauen [Schi-] Mützen getragene Edelweißabzeichen zählt nicht hierzu, da diese schon mit dem Abzeichen versehen verkauft werden). Beliebter und weiter verbreitet als das immerhin schwerer zu beschaffende Edelweißabzeichen ist das Tragen bunter Stecknadeln, die in der Reversecke des linken Rockaufschlages einzeln (Edelweißfarbe) oder zu mehreren (Edelweiß, schwarz, rot, gelb) getragen werden. Mehrere Nadeln sind meist in bewußter Reihenfolge angebracht, was wahrscheinlich Zugehörigkeit zu bestimmten Gruppen bedeuten soll. Selbst auf der Hitler-Jugenduniform wird das Edelweißabzeichen hin und wieder offen getragen oder es wird verdeckt unter der Armbinde angebracht. Neben dem Edelweißabzeichen, das daneben vielfach auch auf Geldbörsen, Brieftaschen oder Postkarten angebracht wird, ist häufig auch das Totenkopfabzeichen beobachtet worden. Die »vorschriftsmäßige Kluft« der Edelweißpiraten ist: kurze (Leder-)Hose (meist auch HJ-Hose), weiße Umlegesocken, kariertes Hemd, weißer Pullover, Windjacke, weißer Schal und lange Haare. In der linken Socke wird ein Kamm, in der rechten ein Messer (meist Fahrtenmesser) getragen. *Mädchen* tragen neben weißen Umlegesocken weiße Pullover oder Kletterwesten und Windjacken. Zur Wanderausrüstung gehören darüber hinaus Tornister und Musikinstrumente. In dieser Ausstattung können die Jungens in wärmeren Jahreszeiten Samstags und Sonntags, vor allem zu Pfingsten zu Hunderten beobachtet werden, wie sie zu Fuß, per Rad oder mit der Bahn nach draußen ziehen. In der Woche und auf der Arbeit tragen sie gewöhnlich Einzelstücke dieser Kluft wie weißer Schal, weiße Strümpfe, an denen sie dann neben den Abzeichen als Edelweißpiraten erkenntlich sind. Man unterscheidet »Treffs« und »Fahrten«. Die zu einer Gruppe gehörenden Jungens treffen sich regelmäßig, meist täglich, nach Einbruch der Dunkelheit und stehen an Straßenecken und in Torwegen herum oder suchen abwechselnd bevorzugte Gastwirtschaften auf, wo ihnen meistens »der kleine Saal« zur Verfügung gestellt wird. Bei diesen Treffs werden gemeinsame Lieder gesungen, Fahrtenerlebnisse erzählt und über Straftaten berichtet, die jeder begangen haben will. Für die »Fahrten«, die Samstags/Sonntags oder Sonntags, durchschnittlich in Begleitung von Mädchen angetreten werden, werden bestimmte Plätze bevorzugt. Für *Köln* ist dies die Altenburger Gegend, Marienheide, die Felseninsel und der Märchensee im Siebengebirge. Man kann von einem ausgesprochen eigenen »Liedergut« sprechen, das z. T. auf die bündische Jugend zurückgeht. Diese bündischen Lieder sind irgendwo aufgegriffen oder von älteren Brüdern oder Freunden, die jetzt bei der Wehrmacht sind, überliefert. Daneben ist die große Zahl von russischen Liedern, Steppenliedern und solchen, die sich mit russischen Sitten befassen, auffallend. Dieses Liedergut verbreitet sich selten durch Aufzeichnungen, meist durch mündliche Überlieferung. Ein bemerkenswerter Zug ist ferner die Angewohnheit, sich mit selbstgewählten Bei- oder Spitznamen zu rufen und zu kennen. Diese Namen sind durchweg dem mexikanischen, mittel- und südamerikanischen Sprachschatz, darunter auch solchen untergegangener Völker, wie z. B. der Atzteken, entnommen. Hierin liegt ebenso wie bei dem Liedergut eine gewisse Berührung mit den früheren *Navajos* vor. Die Jungens, die als Edelweißpiraten in die Erscheinung treten, gehören überwiegend den Altersklassen 14–18 an. Es stoßen jedoch auch Halberwachsene zu ihnen, ja selbst 25–30jährige sind beobachtet worden. Das sind dann gewöhnlich ausgediente oder kriegsversehrte Soldaten, die bereits früher schon Anschluß an wilde Jugendgruppen hatten. Die Jungens sind meist nicht oder nicht mehr in der Hitler-Jugend. Sie sind sehr häufig Arbeitsbummelanten oder fast immer ohne feste Bindung zu einem erlernten Beruf und in ständig wechselnden Arbeitsstellen. Es sind allerdings auch HJ-Angehörige, selbst Führer (Kameradschaftsführer, Scharführer) beobachtet worden. Für Mädchen liegen noch keine befriedigende Beobachtungen vor, so daß die vorliegenden Feststellungen grundsätzlich nur für Jungens gelten. Mädchen dürfte wohl eine eigene Bedeutung nicht beizumessen sein, so daß sie nur als Begleiterscheinung zu werten sind. Die »Gruppe«, unter welcher Form die Jugendlichen in Erscheinung treten, richtet sich nach Straßen, Plätzen, Parks, Bunker u. ähnl. So gibt es die Gruppe

Agneskirche, Leipzigplatz, Blücherpark, Volksgarten, Augustabunker u. dgl. Alle diese Gruppen müssen in ihrem Erscheinungsbild und Betätigungsweise als vollkommen gleich angesetzt werden. Die Jungens wissen selbst nichts näheres, woher dies kommt. Bisher hat noch keiner über die Abzeichen, Lieder, Bezeichnungen, Gewohnheiten etc. Angaben machen können. Jedem ist es von einem gesagt worden, daß es so sein müsse und dieser hat es auch wieder auf gleiche Art und Weise erfahren. Die Frage, warum das so ist, gehört zu den schwierigsten dieses Erscheinungsbildes und führt letztlich zu der wichtigsten Prüfung, ob man von einer Organisation sprechen kann, ob also eine Dachorganisation oder einheitliche Führung vorhanden ist. Hierzu ist ein Eingehen auf die Entwicklung geboten.
Im folgenden sollen hierbei nur die *Kölner* Verhältnisse betrachtet werden. Es gibt allerdings auch anderswo Edelweißpiraten, so vor allem in Düsseldorf und durch Abwanderung nach den Terrorangriffen auf Köln in Bonn, Schlesien und Süddeutschland. Andererseits heißen sie nicht überall Edelweißpiraten, sondern z. B. in Koblenz »Alabande«. Ein Eingehen auf alle diese Erscheinungen würde aber zu weit führen. Es besteht jedoch eine weitgehende Übereinstimmung aller dieser Erscheinungsbilder, die nur in Städten und Großstädten auftreten und gleiche Ursachen haben.

II. Geschichtliche Entwicklung

Die wilden Jugendgruppen, die jetzt als Edelweißpiraten in die Erscheinung treten, sind etwa ein Jahr vor dem Kriege erstmalig in *Köln* aufgetreten. Zu den in früheren Jahren angefallenen *Nerothern* oder der bündischen Jugend, besonders den *Navajos,* besteht keine Verbindung oder Anschluß. Es sind bisher weder gleichgeschlechtliche Erscheinungen (wie bei den Nerothern) noch geschlechtliche Ausschweifungen (Swingbewegung) festgestellt worden, wenn auch bei den Treffs und Fahrten gelegentlich Knutschereien vorkommen mögen. Die jetzt übliche, aber nicht zutreffende Bezeichnung als »Edelweißpiraten« ist neueren Datums. Sie ist aus dem Düsseldorfer Bezirk nach hier hin übernommen und hier in stärkerem Maße zur Anwendung und Ausbreitung gekommen als in Düsseldorf selbst. Die früheren behördlichen Einstufungen wie bündische Jugend, Nerother, Navajos, DJ. 1/11 u. ähnl. treffen nicht zu. Die auf Grund der neueren Entwicklung allein zutreffende Bezeichnung dürfte »oppositionelle Jugendgruppen« sein. Im folgenden soll jedoch die Bezeichnung »Edelweißpiraten« – von den Jungens mit »E.P.« abgekürzt, gebraucht werden.

Nach Kriegsbeginn verstärkte sich das Erscheinungsbild der Edelweißpiraten. Mehrere Gründe waren hierfür maßgebend:

1. Die Jugend der Altstadt, vor allem Alte Mauer am Bach, An der Eiche, Thieboldsgasse, war sich jetzt noch mehr selbst überlassen. Sie traf abends, begünstigt durch Verdunklungsmaßnahmen, zusammen und wartete auf den Alarm. Ein Musikinstrument war zur Stelle und damit bald eine »Gruppe« begründet, zu deren Entwicklung jeder nach eigener Kenntnis und Erzählung etwas beitrug.

2. Diese Jungens, von Haus aus leichtsinnig, charakterlich schwach und disziplinlos, erlebten auf der Arbeit eine einschneidende Wandlung. Die Moral des Arbeitsplatzes sank, an die Stelle der Einberufenen traten ungünstige Elemente, Kriegsgefangene und Auslandsarbeiter, deren verderbliche Vorbilde begierig aufgenommen wurde.

3. Die in immer ansteigendem Maß in Köln und Umgebung untergebrachten Ostarbeiter und Ostarbeiterinnen führten, obwohl zum Teil gleichfalls noch jugendlich, ein Leben, daß ihnen mehr Freiheiten erlaubte als einem gleichaltrigen deutschen Jungen. Denn sie dürfen auch bei Dunkelheit auf der Straße umherstehen, dürfen auf den Straßen rauchen und treiben sich paarweise in den Anlagen herum. In den Grüngürteln oder vor ihren Unterkünften pflegen sie ihre fremdländische Musik zu machen, ihre Lieder zu singen und Tänze aufzuführen. Das zog die deutsche Jugend an, die sich zu Hunderten gerade dieses Gebahren ansah und für die eigene Freizeitgestaltung aufnahm (daher die russischen Lieder bzw. Melodien.)!

4. Die staatlichen Maßnahmen, insbesondere die Polizeiverordnung zum Schutze der Jugend verbot den lieber zu Disziplinlosigkeiten und Abenteuern hinneigenden Jungens ein gleiches Treiben. Soweit hier nur der »Schutzmann« störend in die Erscheinung trat, hatten solche Zwischenfälle nichts besonderes an sich. Der Hitler-Jugend-Streifendienst und die Jugenddienstpflicht brachten hierin aber einen neuen Gesichtspunkt. Denn diejenigen, die hier Disziplin und Ordnung forderten und das wilde Wandern außerhalb der HJ-Formation unterbinden wollten, waren Altersgenossen. Die selbstverständliche psychologische Folge war: »So etwas lassen wir uns nicht bieten.« So kam es zu Schlägereien und Überfällen auf die HJ-Streife, auf Angehörige der Hitler-Jugend, Zerstörung und Beschädigung der HJ-Heime und Aushängetafeln u. ähnl. Diese Jungens folgen allem, nur nicht dem Zwang, sie wollen »wilde Fahrten« machen und nicht eine geordnete Wanderung in Formation. Da ihnen das, zudem von

Altersgenossen, unterbunden wurde, waren diese ihre persönlichen Feinde. *Hierin liegt die Wurzel zu der oppositionellen Einstellung gegen die Hitler-Jugend* und damit gegen den Staat.
Diese vier Punkte gaben den Edelweißpiraten anfangs ihr Gesicht. Allerdings soll damit nicht gesagt sein, daß dies die einzigen Gründe sind und nicht Milieu und Anlage sowie Kriegsverhältnisse ebenfalls mitbestimmend gewesen sind. Dieses Erscheinungsbild gilt bis zum 31. 5. 1942. Durch den damaligen Terrorangriff trat eine wesentliche Änderung im Sinne einer Verschärfung ein. Da wir den gleichen Vorgang in vielfach verstärkten Ausmaßen nach den jetzigen Terrorangriffen vom Juni/Juli 1943 zu verzeichnen haben, können beide Vorgänge gemeinsam behandelt werden und erscheint es gerechtfertigt, die Zeit vom 31. 5. 1942 bis zum 29. 6. 1943 als eine Zwischenstufe anzusprechen.
Die Terrorangriffe haben für *alle* Kölner Jungens folgende Auswirkungen gehabt:
1. Den Jungens wurde jede Betätigungsmöglichkeit in der Freizeit nahezu vollständig plötzlich abgeschnitten. Er kann nicht mehr oder nur unter Schwierigkeiten in eine Kinovorstellung oder eine sonstige Veranstaltung gehen, keinen Sport treiben, keine Sportveranstaltungen sehen. Kommt er abends müde von der Arbeit nach Hause, ist die beschädigte oder Notwohnung durch fliegergeschädigte Angehörige beengt. Hier will er heraus. Er will Abwechslung und Vergnügen. Deshalb sammelt er sich da, wo Gleichgesinnte zusammenkommen, wo Musik gemacht wird (Rattenfänger!). Er fühlt sich zu diesen Jungens gehörig und macht alles mit, was er hört und was ihm gesagt wird. Die Hitler-Jugend kann ihm demgegenüber nichts mehr bieten. Die wirklichen Führer sind einberufen, die neuen nicht in der Lage, den Dienst so interessant zu gestalten, daß der Junge gefesselt wird. Die HJ-Heime sind zerstört und damit der Dienst auf die Straße oder den Übungsplatz verwiesen. Hier können höchstenfalls einige Ordnungsübungen gemacht und im übrigen Fußball gespielt werden. Das wollen aber die Eltern nicht, denn der Junge muß heute im Sonntagsanzug antreten, da es keine Uniform gibt, und den darf er ebensowenig wie die Schuhe übermäßig beanspruchen.
Das ist die *eine* der beiden eigentlichen Wurzeln des heutigen Erscheinungsbildes: Der Kölner Junge hat keine Möglichkeit mehr, seine überschüssige jugendliche Kraft zu betätigen. Das erklärt die Tatsache, warum wir überall das gleiche Erscheinungsbild feststellen müssen und warum die Jungens selber nicht wissen, warum sie sich so aufführen. Unter der großen Masse der als Edelweißpiraten auftre-

tenden Jungens sind die aus diesem Grunde anfallenden die meisten.
2. Die asozialen und kriminellen Jugendlichen haben durch die Terrorangriffe ihre ursprüngliche Bleibe verloren. Die Billard- und Schießhallen sind zerstört, ihre Wirtschaften verloren gegangen. Schon immer sich selbst überlassen, sind sie noch stärker verwahrlost, gehen nicht mehr arbeiten, leben allein ohne Angehörige und ordentliche Unterkunft, meist in Bunkern, verrichten Gelegenheitsarbeiten und machen Schiebergeschäfte oder begehen Straftaten. Diese *negative Auslese* hat sich nach den Terrorangriffen zum Mittelpunkt der Jugendgruppen gemacht. Es ist natürlich, daß das Negative für Jugendliche einen stärkeren Anziehungspunkt bildet als alles andere. Es kann deshalb nicht Wunder nehmen, daß diese kriminellen und asozialen Elemente die Oberhand gewonnen und damit der ganzen Erscheinung eine bestimmte Ausrichtung gegeben haben.
Dies ist die *zweite* Wurzel des gegenwärtigen Erscheinungsbildes und erklärt die am laufenden Bande anfallenden Straftaten. Als solche sind laufend Überfälle auf HJ-Angehörige, ruhestörender Lärm, Singen an Bunkern und Grünanlagen, Belästigungen von Frauen, Lockerung von Kanaldeckeln u. ähnl. zu nennen. Die bereits geschilderte Manier der Edelweißpiraten, angebliche Straftaten zu erzählen, steigert diese Entwicklung noch. Diese ist gegenwärtig so übermäßig geworden, daß sie nicht mehr übersehen werden kann.
Abgesehen von einer persönlichen Beteiligung an allen bisherigen wichtigen Maßnahmen bot die Tätigkeit als Jugendrichter und Leiter des Jugendarrestvollzuges mit der großstädtischen Wochenendkarzervollstreckung reichlich Gelegenheit zu Beobachtungen über das Erscheinungsbild wie keine andere Dienststellung. In der letzten Zeit, vor allem nach den Terrorangriffen, war zu beobachten, daß die Mehrzahl aller anfallenden Jugendlichen den Edelweißpiraten zuzuzählen war. Die ansteigende Anzahl der Straftaten wegen verbotenen Schießens und Waffenbesitzes gewährten einen Einblick darüber, inwieweit die Bewaffnung der Jugend mit Pistolen Fortschritte gemacht hat. Stärkere Zersetzungserscheinungen traten in Form von Unbotmäßigkeiten und Disziplinwidrigkeiten in den Hauptverhandlungen und dem Arrestvollzug zu Tage. In zahlreichen Arbeitsvertragsbruchfällen klagten die Eltern oder Meister, daß die Jungens versagten, seitdem sie mit »diesen Jungens« zusammengekommen seien. Es wurde festgestellt, daß notorische Bummelanten und Schwerkriminelle, die zu höheren Gefängnisstrafen oder zu Gefängnis von unbestimmter Dauer verurteilt wurden, betonte Edelweißpiraten waren. Hierbei wurde auch bestätigt gefunden, daß sich das

Schwergewicht der Erscheinung auf die oppositionelle Seite verlagert hat. In einem Falle wurden in einem großen Werk hetzerische Reden nach Anziehung einer roten Armbinde gehalten, Überfälle auf höherer HJ-Führer (ein Kölner Bannführer allein viermal), Inschriften an Häusern und Litfaßsäulen u. ähnl. Der Angelpunkt aller Beobachtungen, Prüfungen und Vernehmungen erstreckte sich auf die Frage nach einer einheitlichen Führung. Die Meinungen darüber, ob eine solche besteht, sind verschieden. Die hierüber bestehenden und wohl von den Jungens selbst bekannt gegebenen Vermutungen tragen z. T. ausgesprochen jugendgemäße Züge und erinnern an Kriminalromane, wenn es sich um »hochgestellte Persönlichkeiten« handeln soll, die geheimnisvoll im Hintergrund wirken sollen. Bedenklich stimmt allerdings die öfters beobachtete Tatsache, daß die Jungens im Besitze höherer, nicht nachweisbarer Geldbeträge sind und daß sie für längere Zeit verschwinden können, ohne Not an Geld oder Unterhalt zu leiden. Solche Momente, sowie die Tatsache, daß der Londoner Rundfunk bereits eine eingehende Sendung über die »Kölner Edelweißpiraten und ihre politisch-oppositionelle Bedeutung« gebracht hat, dürfte auf ausländische (Agenten-)Einflüsse hinweisen. Jedenfalls läßt sich für *Köln* z. Z. nicht sagen, daß eine einheitliche Führung besteht. Sie kann aber jederzeit eintreten. Darum bildet das Edelweißproblem eine akute, auch staatspolitische Gefahr.

III. Bekämpfung der Edelweißpiraten

Die Bekämpfung des Erscheinungsbildes liegt zuständigkeitsgemäß in der Hand der Geheimen Staatspolizei. Soweit die allgemeinen Polizeidienststellen oder die Kriminalpolizei Jugendliche aufgreifen und zur Vorlage bringen, wird sie kaum wissen oder beachten, ob es sich um Edelweißpiraten handelt. Neben laufender Kleinarbeit wurden bereits größere Aktionen besonders zu Pfingsten durchgeführt. Die Geheime Staatspolizei pflegte die Edelweißpiraten einer Unterbringung in Brauweiler zuzuführen und je nach Beteiligung, Charakter und Führung eine kürzere oder längere Zeit einsitzen zu lassen, um sie alsdann nach staatspolizeilicher Verwarnung zu entlassen. Die leichteren Fälle, insbesondere die Mitläufer wurden lediglich staatspolizeilich verwarnt und karteimäßig erfaßt. Diese Fälle wurden bisher kaum an die Justizverwaltung zur Erledigung im ordentlichen Strafverfahren abgegeben. Die erste größere Sache war die Sache

Th., C. u. a., die Vorgänge von August/Oktober 1942 betraf und vor dem Sondergericht zur Anklage gebracht wurde, das am 15. 9. 1943 ein Urteil fällte. Gegen dieses bisher geübte Verfahren habe ich die Bedenken geltend gemacht, daß die rein polizeiliche Erledigung unvollständig sei und nicht die einem Jugendgerichtsverfahren eigene Einschaltung des Jugendamtes und der NSV-Jugendhilfe mit ihren nachgehenden Betreuungs- und Überwachungsmaßnahmen enthalte. Ein Junge wird bei der Entlassung, mag er auch noch so lange in Brauweiler festgehalten worden sein, immer sagen: »die Stapo hat mich schließlich laufen lassen müssen«. Er wird die Untersuchungshaft nicht als »Strafe« ansehen und meinen, aus »der Sache sei nichts nachgekommen«. Hierbei ist auch in Rechnung zu stellen, daß er in seiner Einstellung gegen die Maßnahmen der Geheimen Staatspolizei vielfach bei seinen Angehörigen eine Unterstützung finden wird. Bedenklich erscheint mir ferner die Kennzeichnung als »bündische Jugend« oder ihre Bestrafung nach den Gesetzesbestimmungen über »verbotene Neugründung von Parteien« oder die VO. vom 28. 2. 1933. Denn der Junge sieht damit seinem Treiben eine staatspolitische Blickrichtung gegeben, die ihm eine bisher nicht geahnte Wichtigkeit verleiht und ihn evtl. zum Märtyrer macht. Eine Kennzeichnung als Arbeitsbummelant, Herumtreiber und ähnliches wird ihn dagegen kränken und ihm zeigen, daß seine vermeintliche Wichtigkeit nicht für voll genommen wird. Auch ist nicht einzusehen, warum nicht die gegebenen Verfahrensmöglichkeiten vom Jugendarrest angefangen bis zur Gefängnisverurteilung oder Unterbringung in Fürsorgeerziehung, nach Brauweiler oder in das Jugendschutzlager ausreichende Kampfmittel zur Eindämmung oder Beseitigung des Edelweißpiratentums sein sollten. Neuartige Erscheinungsformen erfordern allerdings zuweilen neuartige Bekämpfungsmittel. Auf diesen Erwägungen beruht mein schon vor längerer Zeit gemachter Vorschlag, diese Jungens im Rahmen der Jugenddienstpflicht in ein Wehrertüchtigungslager einzuberufen. Dieser Versuch wäre allerdings nur eine Teillösung und begegnet gewissen technischen Schwierigkeiten.

Zur Klärung dieser Fragen habe ich deshalb am 3. 11. 1943 eine Zusammenkunft bei der Geheimen Staatspolizei erwirkt, bei der die folgenden Gesichtspunkte erarbeitet wurden:

1. Die Hitler-Jugend wird im Wege positiver Arbeit die Jugendlichen wieder beschäftigen und die Möglichkeit geben, sich zu betätigen. Hier: erhöhter Dienst, Wanderungen, Einsatz kriegsversehrter Führer, Schulung u. ähnl.

2. Die augenblicklichen Gegenmaßnahmen bedienen sich der gegebenen Möglichkeiten:
a) Die kriminellen Elemente werden abgesondert und in ordentlichen Strafverfahren einer Bestrafung evtl. Unterbringung im Jugendschutzlager zugeführt.
b) Die asozialen Elemente werden, soweit sie Arbeitsbummelanten sind, nach Möglichkeit der Arbeitserziehung in Brauweiler zugeführt, andernfalls bestraft, in Fürsorgeerziehung oder Gemeinschaftsbewahrung untergebracht. Verfahren: Vormundschafts- oder Jugendgerichtsverfahren unter Einschaltung der NSV-Jugendhilfe, des Jugendamtes und der Arbeitsbehörden. Entscheidung im unmittelbaren Anschluß an die Festnahmen.
c) Die Mitläufer werden wegen Arbeitsvertragsbruch, Berufsschulschwänzereien oder Umhertreibens nach der Polizeiverordnung zum Schutze der Jugend zu Jugendarrest (Dauerarrest oder Wochenendkarzer) verurteilt oder einer Arbeitsauflage zugeführt, evtl. weitere Erziehungsmaßnahmen (Schutzaufsicht) veranlaßt. Dazu erhöhte Erfassung durch die Hitler-Jugend in Form der Dienstheranziehung, Wehrertüchtigungslager u. ähnl.
d) Zusätzliche Aufklärung der Jugendlichen in Schulen, Berufsschulen sowie Aufklärung der Eltern.
Die vorstehend angeführte Bekämpfung der Edelweißpiraten ist bereits angelaufen. Es muß der Zukunft überlassen bleiben, ob die gegenwärtig zur Verfügung stehenden gerichtlichen und außergerichtlichen Maßnahmen ausreichen, bei folgerichtigem Einsatz einen Erfolg herbeizuführen oder ob stärkere Maßnahmen, insbesondere die Errichtung eines Bewahrungslagers, notwendig werden.

gez. P.,
Amtsgerichtsrat

Aus einem Bericht des Oberstaatsanwalts beim Kölner Oberlandesgericht an das Reichsjustizministerium vom 16. Januar 1944

Besondere Beachtung verdient die allerorts aufkommende oppositionelle Cliquenbildung unter der Bezeichnung »Edelweiß-« oder »To-

tenkopf-Piraten« u. ä. m., deren äußeres Erscheinungsbild sich aus folgenden Kennzeichen ergibt:
1) *Abzeichen*
Edelweißabzeichen oder Stecknadeln am linken Rockaufschlag, Totenkopfabzeichen auf Geldbörsen, Brieftaschen oder im Koppel eingebrannt oder gestanzt.
2) *Kluftähnliche Kleidung*
Kariertes Schottenhemd, kurze Hose, weißer Schal, weiße Strümpfe, Fahrtenmesser, Hirschfänger, vielfach Schußwaffen.
3) *»Treffs« und »Fahrten«*
Städt. Anlagen, Luftschutzbunker, Straßenecken, Torbogen, Wirtschaften.
Waldspaziergänge, Dampferfahrten.
4) *Liedgut*
Bündische Lieder (z. T. Steppenlieder, asiatisches Volks- und Heldentum verherrlichend), HJ-feindliche Lieder, meist umgedichtete bündische Lieder, die in selbstgeschriebenen Liederbüchern Verbreitung fanden, Filmschlager.
5) *Bei- oder Spitznamen*
»Jonny«, »Texas-Jack«, »Alaska-Bill«, »Whisky-Bill«, »Kanera«, »Hatte«, »Fatz«, »Jtz« u. a. m.
Dieses Erscheinungsbild ist der im Jahre 1942 hier angefallenen ersten größeren Strafsache dieser Art gegen Th. u. A. – 31 S Ls 75/43 –, die zur Tagebuch-Nr. III A g^3 2039/43 berichtet wurde, und mit einer Verurteilung der halberwachsenen und jugendlichen Angeklagten zu Gefängnisstrafen von 4 Jahren 3 Monaten bis zu 10 Monaten, je nach dem Maße der Beteiligung, führte, entnommen. Diese ausgesprochen HJ-feindliche Clique betätigte sich durch die Unternehmung von Schmier- und Klebekolonnen, die unter dem Schutz der Dunkelheit Beschmierungen an Häusern vornahmen und Druckzettel verteilten.
Die letzteren trugen den Wortlaut:
»Leistungswoche
der bündischen Jugend.
Bezirk 1–3
Kommt zurück!
Jugend erwache!«
Ihre Tendenz war eine eindeutig staatsfeindliche. Es ist nicht zu verkennen, daß die seit den Terrorangriffen des Jahres 1943 allerorts in vermehrtem Umfange klubweise auftretenden »Edelweiß-Piraten« sich von den in dem Th.'schen Klub »Edelweiß-Piraten« zusam-

mengefaßten Jugendlichen deutlich unterscheiden. Dem neueren Erscheinungsbild fehlt die in der Strafsache Th. hervorgetretene feste Organisation. Es handelt sich heute vielfach um an öffentlichen Plätzen und Luftschutzbunkern zusammenströmende und herumlungernde Jugend, der in der zerstörten Stadt oder in der nach den Terrorangriffen beengten Notwohnung jedes Betätigungsfeld für ihre Freizeit genommen ist. An den Treffpunkten wird musiziert und gesungen, und es bedarf nur des Funkenflugs von einer Gruppe zur anderen, um das Liedgut zu vermitteln, das in allen angefallenen Strafsachen immer wiederkehrt. Immer wieder taucht die Einlassung auf, daß man an dem HJ-Dienst keinen Gefallen mehr finde, weil der Dienst infolge Fehlens der zur Wehrmacht einberufenen aktiven Führer von den meist gleichaltrigen Ersatzführern nicht mehr interessant und fesselnd gestaltet werde. Es bedurfte daher nur der Einwirkung asozialer Elemente, die sich zum Mittelpunkt machten, um die durchweg von Haus aus anständige Jugend in das politisierende Fahrwasser hineinzubekommen und ihre zunehmende Gleichgültigkeit der HJ gegenüber in die oppositionelle Haltung gegen die HJ zu steigern. Diese Opposition äußerte sich in dem Liedgut, aber auch in gelegentlichen Verabredungen zu Überfällen auf HJ-Heime, in tatsächlich erfolgten Überfällen auf HJ-Streifen, Anrempelungen von HJ-Mitgliedern u. a. m.
Neben den in der Strafsache Th. aufgezeichneten Liedern sind in den in letzter Zeit angefallenen Strafakten folgende festgestellt worden:

Lied I

In Junkers Kneipe, bei Wein und Pfeife
da saßen wir beisammen.
Ein guter Tropfen von Malz und Hopfen
Der Teufel führt uns an.
Hei, wo die Burschen singen
und die Klampfen klingen,
Und die Mädel fallen ein.
Was kann das Leben Hitlers uns geben,
Wir wollen bündisch sein.
Hei, wo die Fahrtenmesser blitzen,
Und die Hitlerjungen flitzen,
Und die Navajos greifen ein.
(Oder:

Wenn Revolverschüsse blitzen,
Wenn Gitarren erklingen und Navajos
singen
und Mädel fallen ein).
Was hat das Leben Hitlers zu geben,
Wir wollen bündisch sein.
(auch:
Wir wollen frei von Hitler sein).

Lied II

Wenn die Sirenen in Hamburg ertönen
Müssen Navajos an Bord.
In einer Kneipe von einem Madel
Fällt uns der Abschied nicht schwer.
Rio de Janeiro ahoi Cabalero,
Edelweiß-Piraten sind treu.

Lied III

Des Hitler's Zwang, der macht uns klein,
Noch liegen wir in Ketten.
Doch einmal werden wir wieder frei,
Wir werden die Ketten schon brechen.
Denn unsere Fäuste, die sind hart,
Ja – und die Messer sitzen los,
Für die Freiheit der Jugend kämpfen
Navajos.

Lied IV

In Köln sind viele gefallen,
In Köln waren viele dabei.
Und fallen noch Edelweiß-Piraten,
Die bündische Jugend wird frei.

Was die Bekämpfung dieser oppositionellen Cliquenbildung angeht, so ist die Justiz verhältnismäßig spät mit dieser Frage befaßt worden.

Die Geheime Staatspolizei hat seit der Entstehung der Cliquenbildung etwa 1000 bis 1200 Fälle in eigener Zuständigkeit durch Sonderbehandlung (Verwarnung pp) erledigt. Von den in letzter Zeit erfolgten etwa 250 Festnahmen Jugendlicher hat sie 61 Jugendliche in 31 Verfahren – die Zahl hat sich in letzter Zeit erheblich gesteigert – dem Jugendrichter vorgeführt. Es handelt sich dabei um schwerere Fälle, bei denen die Geheime Staatspolizei glaubt, daß neben der verhängten Schutzhaft und der sich anschließenden staatspolizeilichen Verwarnung eine weitere Zurechtweisung oder Ahndung durch die Justiz erforderlich sei. Hierunter fallen namentlich die Fälle, bei denen erkennbar asoziale Elemente als Rädelsführer oder als aktive Teilnehmer aufgetreten sind und bei denen namentlich kriminelle Straftaten eine Rolle spielten.
Zwei dieser Verfahren sind von mir dem Herrn Oberreichsanwalt beim Volksgerichtshof in Berlin wegen Verdachts eines hochverräterischen Unternehmens vorgelegt worden.
Im ersten Falle handelt es sich um Rädelsführer der Gruppe Köln-Bickendorf, deren Verhalten besonders herausfordernd war und deren eindeutig staatsfeindliche Bestrebungen dadurch gekennzeichnet waren, daß sie sich bemühten, den Kreis der oppositionellen Jugend durch Werbungen zu verstärken. Sie kolportierten die oben zu I und III bezeichneten Lieder.
Im zweiten Falle bildete ein Jugendlicher eine oppositionelle Gruppe der »Edelweiß-Piraten« im Kreise Geilenkirchen mit eindeutig HJ-feindlicher Tendenz. Nachdem er seine von ihm geworbenen Freunde in ihrer HJ-feindlichen Einstellung bestärkt hatte, verschaffte er sich durch Diebstahl eines Maschinengewehrs aus einem abgeschossenen amerikanischen Terrorbomber und 500 Schuß gegurteter Munition, auch weiterer Munition, die nötigen Sprengmittel. Alsdann verabredete er mit seinen Mittätern die Sprengung einer HJ-Baracke, in der sich die HJ-Mitglieder zu einer Feierstunde aus Anlaß des 9. November zusammenfanden. Der ernsthaft erwogene Plan scheiterte lediglich daran, daß es dem Rädelsführer nicht gelang, die erforderliche Zündschnur zur Vornahme der Sprengung zu beschaffen. Selbst der Hinweis eines Mittäters, daß sich auch Frauen in der Baracke befänden, ließ ein besonders aktives Mitglied von der Verabredung nicht zurückstehen. Dieser äußerte vielmehr: »Verreckten sie nur alle.«
Zur Bekämpfung und Eindämmung dieser wilden Jugendgruppen stehen je nach dem Charakter des Erscheinungsbildes im einzelnen, sowie nach Art und Schwere ihrer Betätigung die Straftatbestände:

des Unternehmens des Hochverrats, der Widerstandsleistung gegen die Staatsgewalt, des Landfriedensbruchs, der Geheimbündelei, der Neubildung von Parteien, des § 4 der Verordnung des Reichspräsidenten zum Schutz von Volk und Staat vom 28. 2. 1933 in Verbindung mit der Rundverfügung des Reichsführers SS und Chefs der deutschen Polizei vom 20. 6. 1939, des Verstoßes gegen die Jugenddienstpflichtverordnung (soweit die Rädelsführer Jugendliche von der Erfüllung ihrer Dienstpflicht abhalten), der Arbeitsuntreue; des Umhertreibens (Pol.V.O. zum Schutze der Jugend) und des groben Unfugs zur Verfügung. Es ist indessen nicht immer leicht geworden, den Tatbestand nach der inneren und äußeren Tatseite festzustellen. In den angefallenen und inzwischen teils durch Urteil, teils im Beschlußwege erledigten Sachen wurde nach folgenden Grundsätzen verfahren:
I. Rädelsführer, d. s. solche, denen die Gründung einer Clique nachgewiesen werden konnte, wurden mit Jugendgefängnis bestraft oder der Fürsorgeerziehung überwiesen.
II. Aktive Teilnehmer, d. h. meist werbende Mitglieder und solche mit stärkerem Gemeinschaftsempfinden, wurden mit Jugendgefängnis bestraft oder der vorläufigen Fürsorgeerziehung zum Zwecke der Arbeitserziehung überwiesen.
III. Mitläufer wurden in Beachtung der meist erlittenen mehrwöchigen Schutzhaft zusätzlich mit dem Zuchtmittel des Jugendarrestes angefaßt oder es wurde ihnen – in 30 bis 40 Fällen – die Weisung erteilt, im Jugenddienstlager Burg Stahleck, das den Charakter eines Wehrertüchtigungslager hat, einen 3- bis 6wöchigen Lehrgang anzutreten. Die Gebietsführung Gau Moselland, in dem die Burg Stahleck liegt, erläßt die Gestellungsbefehle auf Grund der Jugenddienstpflicht-Verordnung. Sollte sich diese Zeit als zu gering erweisen, so wird der Jugendliche, mit Zustimmung seines gesetzlichen Vertreters, auch länger im Lager behalten werden.
Eine Entscheidung des Herrn Oberreichsanwalts beim Volksgerichtshof in den beiden oben angeführten Fällen, in denen fraglos eine erheblich staatsfeindliche Einstellung erkennbar sein dürfte, ist bislang noch nicht bekannt geworden. In den hier verbliebenen übrigen Fällen wurde meist der Tatbestand des § 4 der Verordnung des Reichspräsidenten zum Schutz von Volk und Staat vom 28. 2. 1933 pp., der Arbeitsuntreue und des groben Unfugs (wenn eine Beteiligung ohne erkennbare »Zugehörigkeit« zu Cliquen vorliegend schien) für gegeben erachtet.
Der Sachbehandlung zu I und II dürfte zuzustimmen sein. Bei der

Frage der Behandlung der sogenannten Mitläufer (III), bei denen die staatspolizeiliche Schutzhaft als eine vorweggenommene »Strafe« meist gewirkt hat, muß davon ausgegangen werden, daß es sich in 75% der angefallenen Beschuldigten um anständige Jungen handelt, die im jugendlichen Kraftprotzertum des Entwicklungsalters glauben, irgend etwas in radikaler Weise tun zu müssen, ohne an die möglichen politischen Folgen ihres Mitlaufens zu denken und die meist nicht einmal den Sinn der verbotenen Cliquenbildung in seiner vollen Tragweite erfaßt haben. Es trifft auf sie zu, wenn gesagt wird, »daß die Jugend von heute die Soldaten von morgen« sind. In der Mehrzahl der Fälle handelt es sich, wie festgestellt, um Jungen, die sich gerade zu den gefährlichsten Waffengattungen des Heeres freiwillig gemeldet haben. Ihnen diese Möglichkeit durch eine längere Freiheitsentziehung zu nehmen, erscheint umso weniger vertretbar, als sie bei der Wehrmacht Gelegenheit haben dürften, in straffer Manneszucht so erzogen zu werden, daß ihnen die Lust vergehen wird, ihre oppositionellen Trotzreaktionen, zu denen Jugend stets neigt, zu betätigen. Von diesem Standpunkte aus wird der eingeschlagene Weg als gangbar bezeichnet werden dürfen.
Das fast seucheähnliche Auftreten der genannten Cliquen hat zu diametralen Beurteilungen geführt. Die eine Richtung, die der Auffassung zu sein scheint, daß die Cliquenbildung jeglichen politischen Einschlags entbehre, sieht in ihr ein nach den Terrorangriffen auf den Trümmern der Großstadt entstandenes Stück Jugendromantik, das den Jungen durch ehemalige Bündische vermittelt wurde. Sie glaubt, die Dinge bagatellisieren zu müssen. Die entgegengesetzte Auffassung greift mehr die HJ-feindliche und darum als staatsfeindlich anzusprechende Einstellung der »Edelweiß-Piraten« ins Auge und sieht in der Entwicklung der Dinge im fünften Kriegsjahr eine nicht zu unterschätzende staatspolitische Gefahr. Tatsächlich soll der Londoner Rundfunk eine Sendung über die »Kölner Edelweiß-Piraten« und ihre politisch-oppositionelle Bedeutung gebracht haben. Jedenfalls haben die Dinge zu einer ernsthaften Besorgnis innerhalb der Hitlerjugend und auch unter der hiesigen Bevölkerung und der Nachbarstädte Düsseldorf und Bonn geführt. Wiederholt ist in den Verfahren behauptet worden, daß es für HJ-Angehörige eine Zeit lang unmöglich gewesen sei, während der Dunkelheit in Uniform über die Straße zu gehen, ohne befürchten zu müssen, von »Edelweiß-Piraten« angerempelt oder gar überfallen zu werden. Das Gleiche wurde von alleingehenden Frauen in der Dunkelheit befürchtet. Die Gefahr des Cliquenunwesens muß aber insbesondere

darin erkannt werden, daß die jetzt noch ohne einheitliche Führung (oder »Dachorganisation«) dastehenden Gruppen nur der Übernahme der Führung durch einen Staatsfeind bedürfen, um »über Nacht« als fertige Organisation dazustehen. Darum muß der Cliquenbildung mit Schärfe entgegengewirkt werden. In einer Zeit, in der alle Kräfte im totalen Einsatz für den Schicksalskampf des Deutschen Volkes stehen, kann es nicht geduldet werden, daß sich eine herumlungernde Jugend, die sich von dem Negativen und Ungebundenen angezogen führt, in Opposition zu den Staatseinrichtungen stellt. Die ergriffenen Maßnahmen dürften jedoch als ausreichend angesehen werden können, der Gefahr eines weiteren Umsichgreifens der Cliquenbildung zu steuern (. . .)

4. Die Herkunft der Edelweißpiraten

Das Auftreten der Edelweißpiraten ist seit der Mitte der dreißiger Jahre durch eine wachsende Anzahl von Quellen belegt. Schon vor 1933 gab es Vorläufer: Kittelbachpiraten, Wandergruppen am Niederrhein, die sich nach einem Bach im Norden von Düsseldorf benannten. Sie unterschieden sich sowohl sozial wie organisatorisch von den offiziellen Gruppen der bündischen Jugend. Ihre Mitglieder entstammten der Arbeiterschaft und sie fanden sich spontan zusammen ohne die typisch bündische Vereinsmeierei. Damals waren die Kittelbachpiraten ausgesprochen unpolitisch und nahmen in Raufereien zwischen den politischen Jugendgruppen manchmal für die NSDAP, manchmal für deren Gegner Partei. Erst als die HJ nach 1933 versuchte, die Kittelbachpiraten zwangsweise zu integrieren, regte sich massiver Widerstand. Zunehmend sammelten sich jetzt unter dem Zeichen der Kittelbachpiraten oder Edelweißpiraten Jugendliche, um der reglementierten Freizeit und dem Drill der HJ zu entkommen. Zwischen 1935 und 1937 gab es dann in den Städten des Rhein-Ruhrgebiets von Köln über Krefeld bis Gladbeck die ersten Großrazzien und Prozesse gegen Edelweißpiraten. Dennoch nahm die Bewegung weiter zu.

Es ist schwierig, die Verbreitung der Edelweißpiraten in den Kriegsjahren zahlenmäßig zu bestimmen. Jedenfalls hatten sie mehrere Tausend Anhänger, da allein in den Razzien der Gestapo eine solche Anzahl erfaßt wurde. Von diesen wurde immer nur ein Teil in die staatspolizeilichen Ermittlungen einbezogen und nur wenige – sogenannte Rädelsführer – vor Gericht gestellt. Ohnehin war der Teil der Jugendlichen, die sich relativ regelmäßig den Cliquen zuordneten, kleiner als die Zahl jener, die mit ihnen sympathisierten oder sich ihnen nur sporadisch anschlossen. Zahlen von Angeklagten oder von denen, die in den Gestapo-Akten verzeichnet sind, geben also nur einen relativ willkürlichen Ausschnitt wieder. Es ist hier auch nicht der Ort, die Geschichte der einzelnen Gruppen in den Städten des

Rhein-Ruhrgebiets detailliert nachzuzeichnen, obwohl die vorhandenen Quellen dies erlauben würden. Uns geht es darum, einen repräsentativen Querschnitt zu geben, das Typische herauszustellen.
Die Herkunft und innere Zusammensetzung einer Edelweißpiraten-Clique erschließt sich bei einem Blick auf die Personenangaben von Jugendlichen, die 1941 in Oberhausen Opfer einer Polizei-Razzia wurden. Die meisten wurden zwischen 1922 und 1924 geboren, waren also damals zwischen 14 und 17 Jahren alt. Mehrere wohnten in der gleichen Straße oder zumindest in der Nachbarschaft. Sie nahmen die unterschiedlichsten Arbeitsplätze ein, mit einem für Oberhausen typischen Schwergewicht auf den Bereich Bergbau und Metall.

Bericht der Oberhausener Polizei vom 22. Juli 1941 über eine Razzia gegen Kittelbachpiraten (K.P.)

5. Polizei-Revier. Oberhausen, den 22. Juli 1941.

An Stapo.

Betrifft: K.P.-Angehörige.

Bei der am 22. 7. 1941 erfolgten Razzia auf K.P.-Angehörige wurden folgende Personen festgenommen:

1. Schweißer Friedrich D., geb. 27. 8. 1922 in M.-Styrum, Eberhardstr. 20, wohnhaft. D. ist bei den Deutschen-Röhrenwerken in Mülheim a. d. Ruhr beschäftigt, evgl. Religion.
2. Hilfsarbeiter Friedrich F., geb. 25. 8. 1920 in Mülheim a. d. Ruhr, kath., M.-Styrum, Limburgstr. 52, wohnhaft. F. ist bei der Firma E. in Mülheim-Broich Drahtseilwerk beschäftigt. Er war angeblich vom 10. 9. 1939 bis 9. 11. 1940 im Konzentrationslager Sachsenhausen in Oranienburg.
3. Italienischer Staatsangehöriger Kraftfahrer Primus C., geb. 6. 6. 1923 in Essen-Steele, M.-Styrum, Herbert-Norkusstr. 67, kath., C. ist bei dem Fohlenhändler U. in M.-Styrum beschäftigt.
4. Hilfsarbeiter Erich P., geb. 2. 8. 1922 in Oberhausen, hier, Kewerstr. 112, wohnhaft, evgl., beschäftigt bei der Firma F., Räderfabrik in Oberhausen. P. betätigt sich führend bei KP.

5. Georg R., geb. 28. 5. 1923 in Oberhausen, kath., Oberhausen, Teichfeldstr. 7, beschäftigt GHH in Oberhausen.
6. Günter L., geb. 26. 4. 1923 in Oberhausen, evgl., hier, Teichfeldstr. 4, wohnhaft. L. ist bei den Deutschen-Röhrenwerken als Hilfsdreher beschäftigt.
7. Schlosser Egon V., geb. 7. 11. 1923 in Alt-Lessing, Kreis Waldenburg (Schl.), Oberhausen, König-Heinrichstr. 118. Beschäftigt bei den Babcockwerken.
8. Claus H., geb. am 1. 4. 1925 in Oberhausen, hier, Friedenstr. 12, wohnhaft. Beschäftigt als Walzer bei der Firma Altenberg in Oberhausen.
9. Reichsbahngehilfe Kurt K., geb. 16. 7. 1923 in Oberhausen, hier, Friedrich-Karlstr. 133, wohnhaft. Beschäftigt bei der Reichsbahn, evgl.
10. Hausangestellte Johanna St., geb. 3. 10. 1924 in Oberhausen, kath., hier, Haldenstr. 83, wohnhaft. Beschäftigt bei Josef K., Oberhausen, Mackensenstr. 28.
11. Reichsbahnarbeiter Hugo H., geb. 1. 8. 1924 in Bäder, Oberhausen, Akazienstr. 158, wohnhaft, kath. Beschäftigt bei der Reichsbahn.
12. Hausgehilfin Maria St., geb. 20. 9. 1922 in M.-Speldorf, kath., M.-Styrum, Verbindungsstr. 13, wohnhaft. Beschäftigt bei Wirt Erich S. in Styrum.
13. Hilfsarbeiter Martin B., geb. 24. 7. 1924 in Oberhausen, kath., hier, Akazienstr. 127, wohnhaft. Beschäftigt bei den Babockwerken in Oberhausen.
14. Hilfsarbeiter Wilhelm Sch., geb. 31. 12. 1924 in Oberhausen, kath., hier, Schlägelstr. 11, wohnhaft. Beschäftigt Firma Geb. F. in Oberhausen.
15. Schlosserlehrling Franz E., geb. 29. 10. 1923 in Bottrop, kath., Styrum, Hofstr. 66, wohnhaft. Beschäftigt Friedrich-Wilhelmshütte in Mülheim a. d. Ruhr.
16. Rangierer Paul M., geb. 22. 5. 1918 in Oberhausen, kath., hier, Charlottenstr. 54, wohnhaft. Beschäftigt bei Babcock.
17. Hilfsarbeiter Josef W., geb. 12. 2. 1920 in Oberhausen, evgl., hier, Behrensstr. 93, wohnhaft.
Wurde nach Feststellung der Personalien entlassen, weil bekannt.
18. Brotkutscher Hans F., geb. 19. 6. 1924 in Oberhausen, kath., hier, Behrensstr. 90, wohnhaft. Beschäftigt bei Franz K. in Oberhausen.
19. Hilfszimmerer Willi O., geb. 13. 9. 1919 in Oberhausen, evgl.,

hier, Kaiserstr. 218, wohnhaft. Beschäftigt bei der Firma B. in Ruhrort.

20. Schmied Heinrich C., geb. 12. 8. 1923 in Oberhausen, evgl., hier, Kaiserstr. 218, wohnhaft. Beschäftigt Zeche Concordia.
21. Dreher Lothar B. geb. 30. 9. 1922 in Insterburg, gottgl., hier, Ottilienstr. 29. Beschäftigt Babcockwerke.
22. Holländischer Staatsangehöriger Johannes H., geb. 26. 9. 1919 in Zanten, evgl., hier, Fischerstr. 5. Beschäftigt bei Unternehmer S.
23. Bergmann Otto Sch., geb. am 17. 11. 1921 in Oberhausen, evgl., hier, Ohrenfeld 98. Beschäftigt Zeche Alstaden, Sch. hat sich führend betätigt.

I. V.
gez. F.
Meister d. Sch.

5. Fahrten, Kluft und Clique

Akten der Polizei und Justiz sind in der Regel nur mit Vorsicht zu benutzen. Sie bemühen sich nicht um eine objektive Schilderung, sondern konzentrieren sich auf Anzeichen von Straffälligkeit, von abweichendem Verhalten. Aber während des Dritten Reiches, und besonders auch im Falle der Edelweißpiraten, waren ja nicht nur einzelne besondere Handlungen verboten, sondern schon alltägliche Akte, wie die bloße Anwesenheit, die Mitwirkung in der Clique. Daher sagen die gerichtlichen Anklageschriften und besonders die ausführlichen polizeilichen Vernehmungen relativ viel über den Alltag der Jugendgruppen aus. Sie schildern, wie die Jugendlichen ihre Zeit verbrachten, mit wem sie verkehrten, wie sie auf Fahrt gingen und manchmal auch, was sie dachten und sagten.

Aus der Anklageschrift gegen Helmut St. und andere aus Oberhausen, vom 4. April 1942

1) St., Helmut, Hilfsarbeiter, wohnhaft Oberhausen,
Freiherr v. Steinstr. 30
(. . ., es folgen 24 weitere Angeklagte, D. P.)

klage ich an
zu Oberhausen und an anderen Orten in nicht verjährter Zeit in Gruppen gemeinschaftlich und fortgesetzt handelnd den zur Durchführung der VO. des Reichspräsidenten zum Schutze von Volk und Staat vom 28. 2. 33 ergangenen Anordnungen, nämlich der Anordnung des RFSSuChdDt. Pol. vom 20. 6. 39 betr. das Verbot der bündischen Jugend, zuwidergehandelt zu haben. Vergehen strafbar nach § 4 der VO. des Reichspräsidenten zum Schutze von Volk und Staat vom 28. 2. 33 in Verbind. mit der Anordnung des Reichsfüh-

rers SSuChdDtPol. vom 20. 6. 39, veröffent. im Reichsanzeiger vom 20. 7. 1939, §§ 3, 9 JGG.
Beweismittel
(. . .)
Wesentliches Ergebnis der Ermittlungen

Wie in den früheren Jahren setzte auch im Jahre 1941 im Oberhausener Bereich mit dem Beginn der wärmeren Jahreszeit das Treiben der wilden Jugend- und Wandergruppen ein. Zunächst war ein planmäßiger Zusammenhalt nicht zu erkennen. Erst im Laufe längerer Beobachtungen und Feststellungen und insbesondere durch die Mitarbeit des HJ-Streifendienstes wurde immer deutlicher, daß sich eine größere Anzahl jugendlicher Burschen zu Gruppen zusammengeschlossen hatten und diese Gruppen alle Merkmale bündischer Vereinigungen aufwiesen.
Zunächst konnte allgemein folgendes festgestellt werden:
1. Die Beteiligten bezeichneten sich als Angehörige der »KP.« oder als »KP-Jungens«, in einigen Fällen auch als Angehörige der »EP«. Die Abkürzung »KP« hatte sich jedenfalls im Sprachschatz der Gruppenangehörigen vollkommen eingebürgert.
2. Fast alle trugen Totenkopfringe, Edelweißabzeichen, Handgelenkriemen mit Edelweiß, Fantasiekluften und mit Nägel beschlagene Leibriemen.
3. Die Treffen wurden verabredet.
4. Bei den Treffs wurden fast nur bündische Lieder gesungen oder eingeübt.
5. Aus den Gesprächen Jugendlicher war zu entnehmen, daß derjenige, der in die »KP« aufgenommen werden sollte, erst bestimmte Bedingungen erfüllen mußte.
6. Die Anpöbeleien und Angriffe gegen Angehörige der HJ und des HJ-Streifendienstes und andere Schlägereien, besonders auf den Kirmesplätzen, nahmen einen größeren Umfang an.
Da jedoch die Rädelsführer nicht genau bekannt waren, und vereinzelte Zugriffe ohne Ergebnis blieben, wurden sämtliche Dienststellen zur Mitfahndung aufgefordert und das gesamte Berichtsmaterial im vorliegenden Verfahren zusammengefaßt.
Nach dem Einschreiten gegen die jugendlichen Beschuldigten W. und verschiedenen größeren Razzien, die unternommen werden mußten, um dem Treiben endlich Einhalt zu gebieten, schälte sich für das Alt-Oberhausener Gebiet eine ganz bestimmte Gruppe heraus, und zwar die um die Beschuldigten Sch., Sa. und van H. Von den

Angehörigen dieser Gruppe ging jeder denkbar schlechte Einfluß aus und sie waren einzig und allein die Urheber aller bündischen Umtriebe. Ihr Treiben wirkte wie ein Magnet auf die disziplinlosen, arbeitsscheuen und kriminellen jugendlichen Elemente und darüber hinaus bis weit in die Reihen der Hitlerjugend. Sie genossen einen fast sagenhaften Ruhm und galten als »so stark«, daß sie schon mehrere Schupos verhauen und einen sogar in den Kanal geschmissen hätten. In den Unterhaltungen der Jugendlichen erzählte man sich, keiner wagte, die »KP-Anhänger« anzugreifen. Sie wären ganz frei, könnten tun und lassen was sie wollten, brauchten keinen Dienst zu machen und keiner könnte ihnen was sagen oder befehlen.
Bei den Ermittlungen stellte sich dann heraus, daß die Gruppe St. am Rhein-Herne-Kanal, und zwar auf der Kaisergartenseite an der Eisenbahnbrücke einen festen Stammplatz hatte. Von hier aus wurden die Verabredungen getroffen, ob man sich auf der Kirmes oder in der Stadt oder in einem der Parks treffen wollte. Besondere Anziehungskraft übte die Gruppe durch das Singen bündischer Lieder aus. Die Beschuldigten waren sich dessen auch bewußt und wo sich nur eine Gelegenheit bot, auf der Kirmes, in der Stadt, in den Parks wurden die bündischen Lieder vorgetragen.
Zu der Gruppe St. gehörten die Beschuldigten Ziffer 1. bis 12.
Eine zweite Gruppe, die nur in loser Verbindung mit der Gruppe St. stand, hatte ihren Stammplatz ebenfalls am Rhein-Herne-Kanal, und zwar auf der Stadionseite, genau gegenüber der Gruppe St. Jedoch war für die Angehörigen dieser Gruppe auch der Volkspark in Sterkrade ein sehr beliebter Treffpunkt. Neben den bündischen Erscheinungen hatte das Auftreten dieser Gruppe einen mehr bandenähnlichen Charakter angenommen. Unter den Angehörigen, die sowohl in Sterkrade als auch in Osterfeld wohnen, stach besonders der Beschuldigte P. hervor.
Zu der Gruppe P. gehörten die Beschuldigten Ziffer 13. bis 20.
Bezügl. der restlichen Beschuldigten steht nicht mit Sicherheit fest, ob sie zur Gruppe St. oder zur Gruppe P. gehörten oder ob sie eine selbständige Gruppe bildeten.
Im einzelnen ist hinsichtlich der 25 Beschuldigten folgendes festgestellt worden:
1. Der Beschuldigte *St.* ist einer der Rädelsführer. Durch seine sportliche Tätigkeit als Jugendboxer war er in Jugendkreisen sehr bekannt. Sein Überschwenken zur »KP« wirkte besonders beispielhaft in schlechtem Sinne. An Schlägereien war er immer an erster Stelle beteiligt. Wegen gemeinschaftlicher gefährlicher Körperverlet-

zung zum Nachteil einer HJ-Streife wurde er bereits in 4 KMs / 41 der ST.A. Duisburg rechtskräftig zu 6 Monaten Gefängnis verurteilt. Er nahm in der Kluft an allen größeren Fahrten, insbesondere den Fahrten zum Drachenfels Ostern 1941, zum »Blauen See« bei Ratingen, nach Haltern und nach Grafenmühle teil. Auf dem Sammelplatz am Rhein-Herne-Kanal, bei den Treffs auf Kirmesplätzen und in Tanzlokalen war er der Hauptanführer der Gruppe Kaisergarten. Bei solchen Gelegenheiten wurden bündische Lieder u. a. »Jenseits des Tales standen unsere Zelte«, »Sul capello« und »Ein Kampf ist entbrannt«, gesungen und Verabredungen getroffen, Angehörige des HJ-Streifendienstes anzugreifen. Auf dem Zinkwalzwerk Altenberg wurde der Beschuldigte St. entlassen, weil er zu oft auf Fahrt ging und bummelte und außerdem andere jugendliche Gefolgschaftsmitglieder zum Bummeln verleitete.

2. Der *Beschuldigte Sa.* ist ein rühriger, unbelehrbarer Anhänger der »KP«. Er wurde bereits am 26. 9. 1940 wegen bündischer Betätigung staatspolizeilich verwarnt. Die Verwarnung fruchtete aber nichts, denn am 3. 7. 1941 mußte er von der Strafkammer in Duisburg erneut wegen bündischer Betätigung verwarnt werden. Auch diese zweite Verwarnung hielt ihn nicht davon ab, sein bisheriges Treiben fortzusetzen. Er war immer in der Gesellschaft (des) St. zu finden. Nur bei Schlägereien hält er sich etwas zurück. Er nahm an allen größeren Fahrten teil. Wenn gesungen wurde, begleitete er die bündischen Lieder auf der Klampfe. Er trug Fantasiekluft und ein Lederarmband mit Edelweiß. Auch besaß er einen Totenkopfring.

3. Der *Beschuldigte van H.* ist ebenfalls als Rädelsführer anzusehen. Er war wie auch Sa. in dem Verfahren wegen bündischer Betätigung vor der Strafkammer in Duisburg verwickelt. St. und Sa. zählen zu seinem engeren Freundeskreis. Er war unter den »KP«-Anhängern unter dem Spitznamen »Karemba-Jupp« bekannt, weil er bei allen möglichen Gelegenheiten das Wort »Karemba« anwandte. An der Fahrt zum Drachenfels und nach Haltern nahm er teilt. Mit dem Beschuldigten Sz. machte er eine Fahrt nach Walsrode in der Lüneburger Heide. Im übrigen war er fast täglich am Kanal am Kaisergarten. Er trug wie die anderen Kluft, und zwar kurze Hose, weiße Strümpfe und Edelweiß.

4. Der *Beschuldigte Sz.* ist ein unverbesserlicher Schläger und Raufbold. Er ist bereits mehrfach wegen gefährlicher Körperverletzung vorbestraft. An den Schlägereien in Buschhausen und auf der Styrumer Allee war er beteiligt. Er war es auch, der den Hitlerjungen K. auf dem Nachhauseweg vom HJ-Dienst schlug. Er beteiligte sich an

den Fahrten zum Drachenfels, zum »Blauen See« bei Ratingen, nach Dorsten, nach Haltern, nach Grafenmühle und an die Ruhr. Er trug Totenkopfring, kurze Tuchhose, schwarzes Hemd mit weißem Besatz und Edelweiß.

5. Der *Beschuldigte Wa.* ist besonders als »Fahrtenjunge« bekannt. Als Kluft trug er Totenkopfring, kurze schwarze Lederhose, schwarzes Hemd mit weißem Besatz und Edelweißabzeichen an der Skimütze. Er nahm an der Fahrt nach Haltern teil.

6. Der *Beschuldigte Ba.* hielt sich regelmäßig bei der Gruppe Kaisergarten auf. Sa., Fi. und M. führten ihn in den Kreis um St. ein. Er trug Kluft und beteiligte sich an den Fahrten nach Wesel, nach Blankenstein und nach Grafenmühle. An den Schlägereien auf dem Südmarkt war er beteiligt.

7. Der *Beschuldigte Fi.* bezeichnet als Haupttreffpunkt der Gruppe St. die Kaisergartenseite am Kanal, den Uhlandpark, den Ruhrpark, die Styrumer Allee und die Kirmesplätze. Als Kluft trug er kurze Wachstuchhose, schwarzes Hemd mit weißem Besatz, grünen Schal und Totenkopfring. Er beteiligte sich an den Fahrten zum Drachenfels, zur Grafenmühle, zum Entenfang und nach Blankenstein.

8. Die Zugehörigkeit des *Beschuldigten P.* zur Gruppe St. wurde auf Grund mehrfacher Razzien ermittelt. Er wurde vom Zinkwalzwerk Altenberg gleichzeitig mit St. wegen bündischer Betätigung und wegen Verleitung gleichaltriger Gefolgschaftsmitglieder zur Bummelei entlassen. Er nahm an den Fahrten zum Drachenfels, nach Haltern, nach Grafenmühle und zum Entenfang teil. Er trug Tirolerkluft und Achselklappen mit dreiteiligem Edelweißabzeichen.

9. Der *Beschuldigte Sch.* schloß sich schon früh der Gruppe St. an. Als Kluft trug er kurze Lederhose mit Windbluse. Er nahm an den Fahrten zum »Drachenfels«, zum »Blauen See« bei Ratingen, nach Haltern, zur Grafenmühle und zum Entenfang teilt.

(. . ., es folgen ähnliche Angaben zu den übrigen Angeklagten, D. P.).

Aus den polizeilichen Vernehmungen des Josef M., Düsseldorf, 8. und 15. Dezember 1942

(der Schlosser Josef M. war als Sohn eines Arbeiters am 23. 3. 1925 in Düsseldorf geboren. Er wohnte, wie viele seiner Kameraden aus der Edelweißpiratengruppe am Hellweg, D. P.).

»Ich habe 8 Jahre die Volksschule in Düsseldorf besucht und wurde

aus der ersten* Klasse entlassen. Nach meiner Schulzeit kam ich zu der Firma F., Düsseldorf, Glockenstr. 41, als Schlosserlehrling in die Lehre. Meine Lehrzeit habe ich am 31. 5. 1942 beendet. Z. Zt. bin ich bei der Firma H., Düsseldorf, Richtweg 11, als Elektroschweißer beschäftigt.
Von 1937 bis 1939 war ich Angehöriger der DJ. Ich wurde wegen Blödsinnmachens ausgestoßen. Vor etwa 1½ Monat habe ich mich wieder freiwillig zum HJ-Dienst gemeldet. Ich bin noch Angehöriger des HJ-Streifendienstes, Streifendienstgefolgschaft 1/39.
Angehöriger der katholischen Pfarrjugend bin ich nicht und besuche auch nicht deren Glaubensstunden.

II. Zur Sache:

Der Gegenstand meiner Vernehmung wurde mir bekannt gegeben. Es stimmt, daß ich mit dem Walter Sch., Willi G., Scharo St. genannt Stalin, Will M., wohnh. Hellweg 84, an die anderen kann ich mich nicht mehr erinnern, an der Schlägerei auf dem Hellweg teilgenommen habe. In Gerresheim kam es zu einer Schlägerei mit einem Unbekannten. Den Grund der Schlägerei kann ich in dieser Hinsicht angeben, daß zwei der Jungen, bei der ersten Schlägerei auf dem Hellweg dabei gewesen sein sollen. G. will den Jungen wiedererkannt haben.
Bei den anderen Schlägereien war ich nicht zugegen. Die Schlägerei in Gerresheim war an dem Abend, wie die Gerresheimer auf dem Hellweg Schläge bekommen haben. Wer bei dieser Schlägerei mit dem Messer gestochen hat, kann ich nicht angeben.
Ich bin öfters mit den Jungens vom Hellweg im Ostpark gewesen. Klampfen wurden von dem Bulle A. mitgenommen. Einen Führer hatten wir nicht. Einen Wortführer hatten wir auch nicht.
Im Ostpark waren meistens folgende Jungens

1. St. genannt Stalin,
2. Wilhelm S. genannt Plät,
3. Karlheinz Sz. genannt Scharo,
4. Walter Sch.
5. Willi G., genannt Dicke,
6. Bulle
7. Zehner
8. Ali von der Grafenbergerallee
9. Helmut K.

* Offenbar Schreibfehler im Original (D. Peukert).

10. Scha. aus Unterbach
11. R. aus Unterbach
12. Anita Sch.
13. Inge Sch.
14. Mia aus Gerresheim
15. Marianne aus Gerresheim
16. Hanni Sch.

Im Ostpark haben wir hinten in der Hütte gesungen und gespielt. Es wurden folgende Lieder gesungen:

1. Wandern tu ich für mein Leben,
2. Wanderbursche frei und ledig,
3. Ich bin ein lustiger, junger Fant,
4. Platoff preisen wir den Helden,
5. Hei seht wie die weißen Wogen,
6. Rot rauschten ihre Wimpel,
7. Steht unser Schifflein dort unten am Hafen,
8. Es war in Renate Renalles,
9. Es war in Schanghai,
10. Als ich einst reiste nach Amerika,
11. Hohe Tannen – Refrain: Schwing das Halstuch wie in alten Tagen, schlag die Kittelbachpiraten wieder frei,
12. O komm Senjorita.

    usw.

Bemerken möchte ich noch, daß der Schlußrefrain des Liedes: ›Hei seht wie die weißen Wogen . . .‹ ›. . . und wir müssen uns verbergen vor Gestapo und ihren Schergen‹, lautet.
Liedertexte habe ich von verschiedenen Jungens bekommen. Ich kann nur noch angeben Willy K., Josef B. und Johann L.
An Überfälle im Ostpark auf HJ-Angehörige bin ich nicht beteiligt gewesen. Wer an Überfälle auf die HJ teilgenommen hat, kann ich nicht angeben. Ich weiß wohl, daß der Ernst E. und Helmut K. eine Schlägerei mit der HJ hatten.
Weitere Angaben kann ich im Augenblick nicht machen.«

v. g. u.
Josef. M.
g. w. o.
. . .
Krim.Ob.Ass.

Düsseldorf, am 15. 12. 1942

Nochmals vorgeführt erscheint der Beschuldigte

Josef M.

Pers. bekannt und erklärt noch folgendes:

»Den Personenkreis der Gruppe habe ich schon bei meiner Vernehmung am 8. 12. 1942 angegeben. Einen Namen hatte unsere Gruppe nicht. Wir nannten uns nur kurz Fahrtenjungs, weil wir auch auf Fahrt gingen. Es stimmt, daß der Stalin und G. versuchten, sich zu Wortführern der Gruppe aufzuspielen. Da ich wußte, daß die beiden auf Diebstähle ausgingen und die Jungens dazu überreden wollten, habe ich verschiedentlich Krach mit denen bekommen. Die besseren Elemente unserer Gruppe haben auch auf mich gehört und sich nicht mit dem Stalin und G. abgegeben. Ich hatte Einfluß auf die Gruppe, weil ich schon früher auf Fahrt gewesen war. Meinen Einfluß habe ich aber nicht dahingehend geltend gemacht, daß ich mich zum Anführer der Gruppe aufspielte.

Unsere Gruppe hatte keine direkte Verbindung mit anderen Gruppen. Wohl bin ich schon mal auf der Veranda und in Bilk gewesen. An der Veranda lernte ich Jose, Hatte, Hadschi, Fix, Fatz, Itz, Pepita kennen. In Bilk lernte ich den Trabes, Ali M., Duda, Nöckchen, Nappo, Witschi, Netty und Vimm kennen. Wie schon angegeben, sind außer mir keine Angehörigen unserer Gruppe zu den benannten hingegangen.

Unsere Gruppe traf sich für gewöhnlich in der Schutzhütte im Ostpark. Dort wurde Klampfe gespielt und gesungen. Die Lieder habe ich schon in meiner vorigen Vernehmung angegeben. Zusammenkünfte in einem Raum fanden nicht statt und aus diesem Grunde konnten wir auch keine Heimabende abhalten. Bei unseren Zusammenkünften wurden nur die Wehrmachtberichte erörtert und wir freuten uns über jeden Sieg unserer Soldaten. Die Wehrmachtsberichte wurden von uns nicht kritisiert. Erkennungszeichen wurden von unserer Gruppe auch nicht getragen. Von den Beteiligten der Gruppe wurde auch keiner zum Stillschweigen über unser Tun und Lassen verpflichtet. Zur HJ direkt standen wir gut. Wohl standen wir dem Streifendienst der HJ mißtrauisch gegenüber. Dieses kam daher, daß man uns die Klampfen abnahm und sie uns nicht wiedergab.

Ich habe etwa 10 Fahrten gemacht. Ich war etwa 3mal in Altenberg, 3mal in Zons, eine viertägige Fahrt durchs Bergische Land, 1mal in Wien, 1mal Remscheider Talsperre, 2mal in München, 3mal Schloß Burg und sämtliche Talsperren im Bergischen Land.

Die Fahrt, die ich machte, ging nach Wien. Hier habe ich keinen

Begleiter gehabt. Ich habe hin und zurück getrampt. Die Fahrt dauerte 3 Wochen. Während dieser Fahrt bin ich in Salzburg mit einem aus Essen zusammengekommen. In Wien haben wir uns sogar jeder getrennt. Wie der Essener hieß, kann ich nicht angeben, da er mir seinen Namen nicht genannt hat. Die Fahrt war im Juli 1940.
Die zweite Fahrt habe ich nach Zons gemacht. Es war im selben Monat Juli 1940. Mit mir waren noch Will K., Hans Sch., und noch einer, an den ich mich nicht mehr erinnern kann. Zu dieser Zeit bestand aber noch nicht unsere Gruppe im Ostpark. Wir waren auf Fahrt gegangen, weil wir alle in einer Straße wohnten bzw. in der Nähe.
Die dritte Fahrt ging nach München. Es war im August 1941. Mit mir war nur mein Bruder. Auf diesen beiden Fahrten sind wir mit anderen Gruppen nicht zusammen gekommen.
Die vierte Fahrt ging nach Schloß Burg. Ich war in der Zwischenzeit mit den Fahrtenjungens Nakko, K., Josef B., Opa, Schlamör und Nepro bekannt geworden. Die Fahrt war im April 1941. Wir wurden damals von der Schutzpolizei in Wermelskirchen angehalten. Verbindung mit einer anderen Gruppe haben wir auf dieser Fahrt auch nicht bekommen. Wegen dieser Fahrt wurden wir von der Staatspolizei in Düsseldorf verwarnt. Bei dieser Fahrt trug ich zum ersten Mal Fahrtenkleidung, und zwar kurze Hose, weiße Strümpfe, Halbschuhe, Kletterweste und Schottenhemd.
Trotz dieses Verbotes habe ich meine fünfte Fahrt nach Zons gemacht. Diese fand statt einige Wochen nach der Verwarnung. An dieser Fahrt nahmen teil der Nakko, K., mein Bruder, der vor einigen Wochen gefallen ist, Leo B., Küki, Stief, Betty. Die Teilnehmer der 4. und 5. Fahrt sind alle bis auf mich schon Soldat.
Hiernach machten wir eine 4tägige Fahrt durchs Bergische Land. Diese Fahrt war Anfang 1942 (Ostern). An dieser Fahrt nahmen teil Nakko, K., Stief, Nepro, Schlameur, Opa und Ernst H. Wir nannten die Siedlung, in der er wohnte, Cowboy-Siedlung. Wir nannten ihn Papp. Er ist in der Zwischenzeit auch schon gefallen. Papp war zu der Zeit auf Urlaub und wir lernten ihn in der Altstadt in Düsseldorf kennen. Bei der 5. Fahrt haben wir keine Verbindung mit anderen Gruppen bekommen. Auf der 6. Fahrt, die 4 Tage haben wir wohl mit anderen Gruppen Verbindung bekommen. Wie die Jugendlichen hießen und wo sie her waren, kann ich nicht mehr angeben. Die Jugendlichen trafen wir in Schloß Burg.
Meine 7. Fahrt machte ich mit dem Scharo nach München. Dieses war im Juni oder Juli 1942. Nach München sind wir getrampt. Die

Fahrt dauerte 2 Wochen. Hierbei bekamen wir keine Verbindung mit anderen Gruppen.
Bemerken möchte ich noch, daß wir zwischen diesen Fahrten noch Tagesfahrten nach Zons, Altenberg und einigen Talsperren gemacht haben. Die Teilnehmer waren immer dieselben.
Meine 8. Fahrt ging nach Attendorn. Dieses war im August dieses Jahres. An der Fahrt nahm ich und der Walter Sch. teil. Wir sind mit dem Fahrrad nach Attendorn gefahren.
Die 9. Fahrt ging nach Altenberg. An dieser nahmen teil Willy G., genannt Dicke, Walter S., Ali M., Helmut M., genannt Gries, Anita und Johanna Sch. und Inge S. Die Fahrt war im Oktober 1942. Bei dieser Fahrt wurden wir vom HJ-Streifendienst angehalten. Dieses war meine letzte Fahrt.
Bemerken möchte ich noch, daß sämtliche Fahrten in Fahrtenkluft, die ich schon beschrieben habe, ausgeführt wurden. Außer den beiden benannten Fahrten sind wir nie angehalten worden.
Auf meiner letzten Fahrt kamen wir in Altenberg mit einer Gruppe aus Köln zusammen. Es war eine Gruppe von 20–25 Mann. Sie verkehrten alle in Köln im Volksgarten. Die Gruppe hatte einen Namen, an diesen kann ich mich aber nicht mehr erinnern. Der Führer ist ein großer starker Junge und hat dunkelblondes Haar. Die Jungens trugen alle schwarze Hemden. Ich glaube der Name der Gruppe heißt ›Navajos‹. Die Kölner sind an dem Tage nicht aufgeschrieben worden, da sie ausgerückt waren, als der Streifendienst kam.
Auf den Fahrten haben wir die beschriebenen Lieder gesungen und es wurde Klampfe gespielt. Klampfe wurde von dem Ali M., Nakko, Hans L., und Ernst E. (gespielt). Bemalte Klampfen hatten wir nicht.
Vor unseren Fahrten wurde die jeweilige Kleidung abgemacht. Hierüber bestimmte aber nicht einer, sondern die Allgemeinheit. In den Fahrten wurde nichts Verbotenes von uns gesehen. Aufnahmen auf den Fahrten wurden nur von dem Opa gemacht. Wenn Mädchen mit auf Fahrt waren, haben wir immer getrennt übernachtet. Ob Geschlechtsverkehr auf der Fahrt stattfand, kann ich nicht angeben.
Wenn wir auf Fahrt gingen, wurde die ganze Barschaft zusammengeworfen und die Auslagen hiervon bestritten. Seit der Fahrt nach Attendorn ist dieses aber nicht mehr geschehen. Das Geld von uns auf den Fahrten wurde von dem Stief oder Leo verwaltet. Mitgliedsbeiträge wurden nicht bei uns erhoben und auch keine Mitgliederlisten geführt.

Wie schon angegeben, haben wir wohl auf Fahrt zufällig andere Fahrtengruppen getroffen. Treffs mit auswärtigen Gruppen haben wir aber nie verabredet.
Von der neuen Gruppe haben nur der Stalin, Sch., G. und A. Diebstähle ausgeführt. Sie sind deswegen auch schon verurteilt worden. Homosexuell war bei uns keiner veranlagt und es hat sich ein solcher auch nicht unserer Gruppe zu nähern versucht. Bei der alten Gruppe sind keine strafbaren Delikte vorgekommen.
Fahrtenmesser hatten von unserer Gruppe in Besitz der Stalin, Sch., ich und mehr kann ich im Augenblick nicht angeben. Meines Wissens hatten fast alle ein Fahrtenmesser. Meins wurde mir in Altenberg abgenommen, ebenso dem Sch.
Daß ein auf Fahrtgehen strafbar war, in Bezug auf Gruppenwandern außerhalb der HJ war mir bekannt. Wenn ich es trotzdem getan habe, so war es von mir jugendlicher Leichtsinn. Trotzdem verspreche ich, in Zukunft nicht mehr auf Fahrt zu gehen und bitte mein Vergehen milde zu beurteilen.
Mir wurde heute eröffnet, daß, wenn ich nochmals wegen bündischer Betätigung in Erscheinung treten sollte, ich außer der strafrechtlichen Verfolgung, mit schärferen staatspolizeilichen Maßnahmen zu rechnen habe.
Weitere Angaben kann ich nun nicht mehr machen.«

v. g. u.
gez. Unterschrift
g. w. o.
gez. Unterschrift
Krim.Ob.Ass.

Vermerk:

M. wurde nach seiner Vernehmung um 20 Uhr entlassen.
gez. Unterschrift
Krim.O.Ass.

Aus der polizeilichen Vernehmung des Heinz E., Bote, 16 Jahre, Düsseldorf, 16. Januar 1943

(. . .) Ich hatte den Spitznamen Jonny. Ich muß mich berichtigen, diesen Namen habe ich erst vor einiger Zeit, als wir in der Wirtschaft

Schl. verkehrten, bekommen. Bemerken möchte ich noch, daß sich ein großer Teil der Gruppe, nachdem sie im Oktober 1942 vom HJ-Streifendienst aus dem Ostpark verwiesen wurde, in der Wirtschaft Schl. Ecke Bruch-/Rosmarienstr., des abends nach 9 Uhr trafen. Der Inhaber der Wirtschaft duldete, daß wir Jugendlichen uns in dem Lokal bis 22 bzw. 23 Uhr aufhielten. Es wurden uns auch von dem Wirt bzw. seinem Kellner alkoholische Getränke verabfolgt. In der Wirtschaft sind auch Lieder gesungen worden. Ob Fahrtenlieder gesungen worden sind, kann ich nicht angeben, da ich nicht jeden Abend in dem Lokal anwesend war. Ob die anderen Angehörigen der Ostparkgruppe sich jeden Abend dort getroffen haben, kann ich nicht genau angeben. Wohl ist mir bekannt, daß sie sich jeden Abend dort treffen wollten. Diese Treffs wurden jeden Abend beim Abschied durch die Worte »Ja, dann bis morgen abend um 19 Uhr hier« vereinbart. Bemerken möchte ich noch, daß sich durchschnittlich 10–12 Jugendliche in dem Lokal aufhielten.
Ich muß mich berichtigen. Wenn ich vorhin angegeben habe, ich würde die Lieder, die die Gruppe sang, nicht kennen, so entspricht dieses nicht ganz den Tatsachen. Ich kenne wohl die Anfänge von verschiedenen Liedern, aber nicht den ganzen Text. Mitgesungen habe ich nicht, da ich nicht singen kann. Von der Gruppe wurden folgende Lieder gesungen:

1. Wir sind Piraten der Straßen und Gassen,
2. Auf dem Rancho liegt goldener Sonnenschein,
3. Eine Schlacht ist entbrannt,
4. Wenn das Schifferklavier an Bord ertönt,
5. Seht wie die weißen Wogen, usw.

(. . .)

6. Lieder und Flugschriften

Lieder waren ein wichtiges Erkennungszeichen der Edelweißpiraten. Mit ihnen begleiteten sie Gruppenabende und Wanderfahrten, drückten ihre Sehnsucht nach einem freien, abenteuerlichen Leben aus und markierten ihren Abstand gegenüber der HJ. Man sang vor allem Wanderlieder, die, soweit sie aus der verbotenen bündischen Jugendbewegung stammten, vepönt oder gar verboten waren, aber auch viele Schnulzen und Schlager. Charakteristisch ist hierfür das Lied[1]:

Wenn der Büffel über die Prärie jagt,
und der Cowboy sein Lasso schwingt,
hat ein Mädel noch niemals nein gesagt,
wenn der Johnny sein Liebeslied singt.

Wir saßen in Johnnys Spelunke.
der Whisky floß in die Rund'.
Da kam der Jim, der Bandit und Halunke.
Das wurde dem Bobby zu bunt.

Wo die Sonne hinter den Bergen versinkt.
Wo der Hudson rauschend fließt,
wo kein einziges Sternlein am Himmel blinkt,
hat er sie zum Abschied geküßt.

Kehrreim:
Ja darum weine nicht,
mein süßes kleines Girl,
denn wenn die Prärie blüht,
ist der Bobby bei Dir.

1 Numerierte Fußnoten in diesem Kapitel siehe Quellennachweis, S. 238.

Oft wurden einzelne Zeilen oder ganze Strophen abgeändert, und in ihnen der Begriff Edelweißpiraten oder Navajos eingefügt wie im Lied: »Zieht unser Schifflein drüben am Ufer«, dessen Refrain dann lautete: »Edelweißpiraten, ahoi, Caballero, wir schreien tampico ahoi.«[2]
Ein anderes Lied:

»Wenn die Sirenen in Hamburg ertönen
müssen wir wieder an Bord.
Sitzt in der Kneipe ein kleines Mädel
träumt von der übergroßen Welt.
Rio de Janeiro ahoi Caballero
Hamburger Mädels sind treu.«

wurde auch mit dem Refrain gesungen:

»Edelweißpiraten sind treu.«[3]

Manchmal montierte man einen lokalen Bezug ein, z. B. bei einer Gruppe Duisburger Jugendlicher, die ihr Ausflugsziel, den Entenfang, einbrachten:

»Heiß über Entenfangsboden
die Sonne glüht,
unsere Edelweißpiraten,
singen ihr Lied.«[4]

Ähnlich wurde in der Gegend von Wuppertal, Wülfrath und Mettmann gesungen:

»Wilde Gesellen vom Wupperstrand,
verfolgt von Schirachs Banditen.«[5]

Mit der Erwähnung des Reichsjugendführers Baldur von Schirach war schon poliischer Sprengstoff gegeben. Ähnliches gilt für die Umdichtung eines Liedes:

»Hei, seht wie die weißen Wogen
löschen den roten Brand!«,

das ursprünglich die weißgardistischen Bürgerkrieger in Rußland verherrlichte, jetzt aber mit der Zeile endete:

»Wir müssen uns verbergen
vor Gestapo und ihren Schergen,
dürfen nur noch heimlich werben.«[6]

Weitere Lieder haben noch ausdrücklichere politische Bezüge. Sie sprachen die Gegnerschaft der Edelweißpiraten gegen die HJ offen aus, thematisierten die Schlägereien und Auseinandersetzungen, machten aber auch den Freiheitswillen der Edelweißpiraten deutlich. Eine Krefelder Gruppe sang 1942/43 folgendes Lied[7]:

Lied der Totenkopfedelweißpiraten

von dem Anführer Helmut G. selbst verfaßt bzw. umgedichtet.

Heil mein Lieb der Morgen graut
Tambor schlägt die Wanne,
seine Trommel dröhnet laut
für die Sturmkolonne.
Weck die Schläfer weit und breit
in den stillen Gassen.
Nun leb wohl du schöne Maid
denn ich muß dich verlassen,
denn wir tragen das Edelweiß
und wir tragen es stets getreu
bis in den Tod.

Hakenkreuz vernichten wir auf weißem Feld*
das Edelweiß steigt mit der Sonne hoch
empor zum Himmelszelt für die Sturmkolonne.
Mädels mit dem Edelweiß vom Rhein
tragt das Zeichen treu und stolz
Bis wir kehren wieder heim
wir Männer vom Edelweiß.

Brauset einst der Sturm herbei,
wird von unseren Hieben
deutsches Land auf ewig frei
von den fremden Dieben.
Deutsches Mädel blond und braun,
deine goldene Locken

* Zeilenfolge gegen den Reim im Original, D. P.

darf kein Nazi mehr erschauen.
Klingen Friedensglocken,
tragen wir mit Stolz das Edelweiß.

Eine Ros mein holdes Lieb
sollst Du für mir brechen
Wenn ich vor dem Feinde lieg'
und ich kann nicht sprechen.
Denk an mich in Todesgraun,
wenn die Kugeln fliegen
sterb ich auch den Heldentod
Edelweiß wird siegen.

Aus dem Ruhrgebiet meldete ein Bericht des Reichssicherheitshauptamts vom 15. März 1943[8] u. a. die Verbreitung folgender Lieder:

Es steht an der Grenze die Edelweißschar,
die Kämpfer für Freiheit gegen Nazigefahr,
das Edelweiß, es wehe, es weht bei Tag und Nacht,
Der Kampfruf erschalle, Edelweiß bahnt sich Macht.

* * *

Und im Graben der Chaussee, liegt der Streifendienst juchhee,
sieht uns starten, Edelweißpiraten, nur mit Schmerz und Weh.

* * *

An Rhein und Ruhr marschieren wir,
für unsere Freiheit kämpfen wir,
den Streifendienst schlagt ihn entzwei,
Edelweiß marschiert, Achtung die Straße frei.

* * *

Meister gib uns die Papiere,
Meister gib uns unser Geld,
denn die Frauen sind uns lieber,
als die Schufterei auf dieser Welt.

* * *

Unser Edelweißpiratenlager
liegt in Österreich auf einem Berg
und sollte es nur einer wagen,
zu uns zu kommen auf den Berg.
Wir werden sie herunterschlagen, ob Gestapo oder Streifendienst,
denn unsere Edelweißpiraten kennen keine feige List.

* * *

Hohe Tannen weisen Dir die Sterne,
von der Isar springend zur Flut
(auch richtiger: an der Isar wildspringenden Flut, D. P.)
liegt das Lager der Edelweißpiraten,
und Du Eisbär, Du hütest es gut.

Hör Eisbär, was wir Dir jetzt sagen,
unsere Heimat ist nicht mehr frei,
schwingt die Keulen ja wie in alten Zeiten,
schlagt HJ., SA. den Schädel entzwei.

Viele Lieder erlebten ihre Abwandlungen in den verschiedenen Gruppen, so sang man auch:

»Höre Eisbär, was wir Dir klagen:
Deine Jugend die ist nicht mehr frei.
Schwing den Schlagring, wie in alten Tagen,
schlag uns bündische Jugend wieder frei!«[9]

Die Lieder verbreiteten sich durch Hörensagen. Man schnappte sie bei Ausflugsfahrten von anderen Gruppen auf. Manchmal wurden sie auch aufgeschrieben und weitergegeben. So besaß der Glasbläser Paul N. aus Essen-Steele eine Reihe von Liedtexten, die er von Freunden erhalten hatte. Teilweise schrieb er sie in ein Notizbuch, das die Gestapo bei ihm beschlagnahmte[10].

Abschrift.
Lied der Kittelbachpiraten.
Von Jakobi, Herbert in Essen-Steele, Augenerstr.

1. Haut euch schwer und rauft euch sehr, ihr seid
Piratenpack.

Verkauft die Ehr, schmeißt fort den Speer und baut
die Sterne ab.
»»Ahoi wir sind das wilde Heer und pfeifen auf die Wehr.
Und flucht ihr uns und jagt ihr uns, wir
lachen dahinterher.««

2. Nehmt fort die Hand, wir wollen kein Band, ihr baut
doch nur auf Sand.
Zerstört das Land, zerreißt den Tand und macht dem
Herrgott Schand.
»»Ahoi usw.««

Nicht nur mit Liedern, sondern auch mit »kernigen«, provokanten Aussprüchen, die NSDAP und HJ herabsetzen sollten, traten die Edelweißpiraten auf. So hielt ein Essener Lehrling in einer »Milchausschankküche« einen ironischen Vortrag über die »gute, alte Zeit« des Fahrtenwesens, der ihm die Überstellung in Schutzhaft einbrachte, nachdem der Haftrichter zunächst wegen einer solchen Bagatelle keinen Haftbefehl erlassen wollte[11].

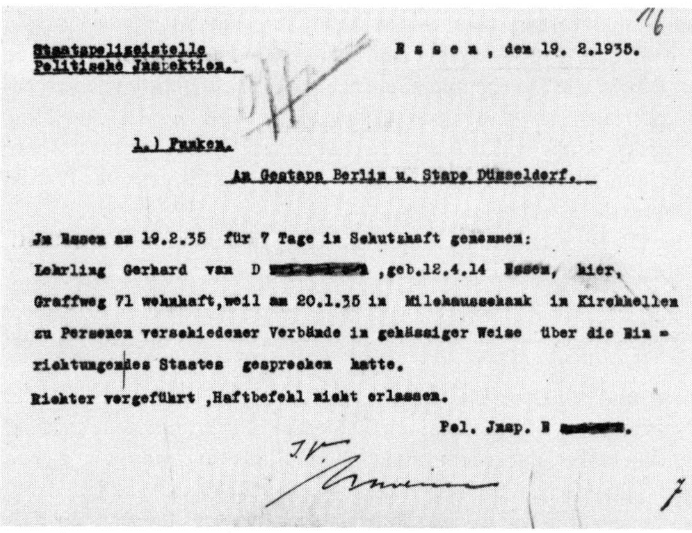

116

Staatspolizeistelle
Politische Inspektion.

Essen, den 19. 2.1935.

1.) Funken.

An Gestapa Berlin u. Stapo Düsseldorf.

Jn Essen am 19.2.35 für 7 Tage in Schutzhaft genommen:
Lehrling Gerhard van D [redacted], geb.12.4.14 Essen, hier, Graffweg 71 wohnhaft, weil am 20.1.35 im Milchausschank in Kirchhellen zu Personen verschiedener Verbände in gehässiger Weise über die Einrichtungen des Staates gesprochen hatte.
Richter vorgeführt, Haftbefehl nicht erlassen.

Pol. Insp. B [redacted].

I.V.

Abschrift.
Die gute, alte Zeit!

Ich sag es allen Fahrtenkunden, die gute Zeit, die ist verschwunden. Vergessen ist die Burschenart, wer geht denn heute noch auf Fahrt. Überall auch in den Jugendherbergen herrscht ein anderer Ton, doch ehrlich gesagt, ich habe die Nase voll davon.
Früher trugen wir unsere schmucken Kluften, tragen wir sie heute, muß man verduften.
Spricht man heut von Schreckenstaten, denkt man gleich an die Kittelsbachpiraten und doch konnte der Bund beizeiten, seinen Mitgliedern die schönste Freude bereiten. Der Großvater erzählts den Enkeln, der Vater den Kindern von den herrlichen Zeiten bei den Pfadfindern, und im deutschen Reiche jeder Polkotter kannte einst die Nerother, wenn die Jungen und Mädel ihre Lieder sangen, daß die Fenster und Türen aufsprangen, sagte er einer dem Andern, deutsche Jugend, gehe wandern. Heute sind die Bünde alle verboten. Vergessen, ad acta, zu den Toten.
Willst Du Dich heut man amüsieren, was fällt Dir ein: Ach latschen wir mal nach Kettwig nach »Sonnenschein«. Doch dann machtest Du die Rechnung ohne Feldjäger, die sind gleich aus dem Gehäuse. Kaum hast Du ein Glas Bier probiert, dann wirste geschnappt und arrestiert und dann gehts ohne Graus ab nach Werden zum Zuchthaus. Da wirste nach Waffen kontrolliert, abgetastet und visitiert und am Schluß fordert man wegen dieser Lapalien sogar von Dir die Personalien. Die Menschen sind genau wie die Narren, sie meinen wir trügen alle Dolche und Knarren. Hast Du ein Fahrtenmesser, laß es zu Haus, es ist wirklich besser, denn wird bei Dir son Ding gefunden wirste wirklich arg zerschunden. Es ist nicht zum Lachen, eher zum Weinen: Fahrtenmesser sind nur noch gestattet für die Pimpfe, die Kleinen.
Läßt Du Dir nicht alles gefallen, so erging es den meisten von Allen, willst Du Dich als Junge zeigen, erbst Du obendrein noch Ohrfeigen, mir ist es auch so ergangen, ich habe mir auch eine gefangen. Doch wir lassen uns unsere Freude bestimmt nicht verderben, wir sind jung, wir wollen das Leben genießen, mögen die Anderen verkümmern und spießen, ich bin nicht so einer, ich bin und bleibe der Fahrtenbruder »Zigeuner«, ich bleibe treu der Art und gehe stets auf Burschenfahrt, außerdem bin ich ein Optimist und werde im Leben kein Salonfaschist. So mögen die anderen Alten es alle halten, damit das neue werde wie das alte Jahr für uns ein echtes Fahrtenjahr. Das

wünscht Euch nicht irgend einer, nein das wünscht Euch Euer Fahrtenbruder Zigeuner, denn für einen Zigeuner kann es nichts schöneres geben, als ein zünftiges Fahrtenleben.

Zigeuner.

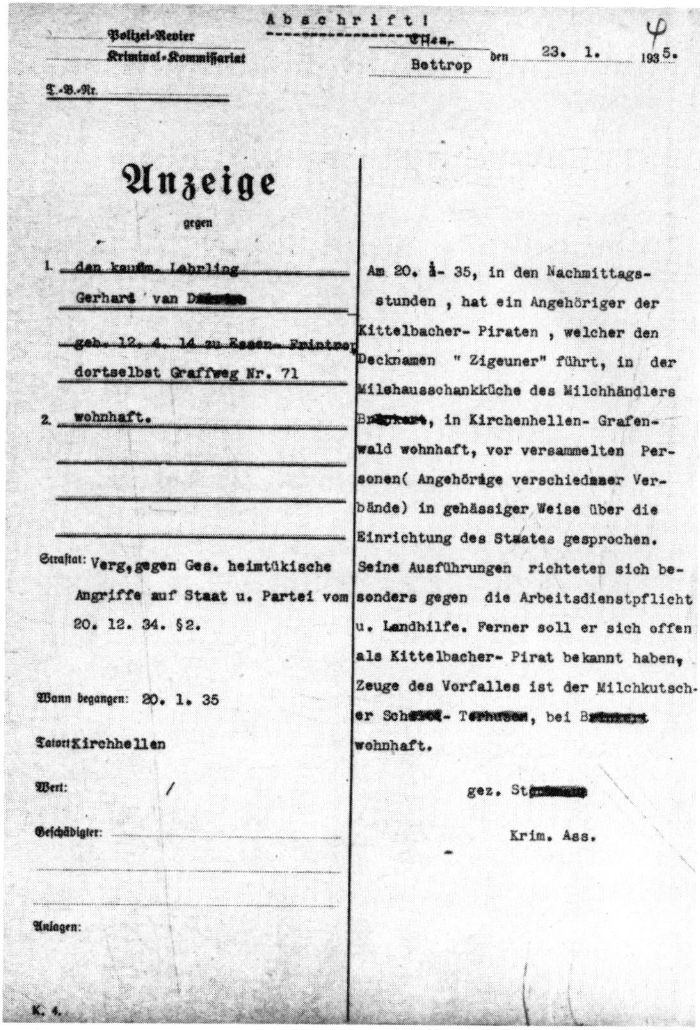

Abschrift!

Polizei-Revier Essen,

Kriminal-Kommissariat Bottrop den 23. 1. 1935.

T.-B.-Nr.

Anzeige

gegen

1. den kaufm. Lehrling
Gerhard van D[redacted]
geb. 12. 4. 14 zu Essen- Frintrop
dortselbst Graffweg Nr. 71

2. wohnhaft.

Straftat: Verg. gegen Ges. heimtükische Angriffe auf Staat u. Partei vom 20. 12. 34. §2.

Wann begangen: 20. 1. 35

Tatort Kirchhellen

Wert: /

Geschädigter:

Anlagen:

K. 4.

Am 20. 1. 35, in den Nachmittagsstunden, hat ein Angehöriger der Kittelbacher- Piraten, welcher den Decknamen "Zigeuner" führt, in der Milchausschankküche des Milchhändlers B[redacted], in Kirchenhellen- Grafenwald wohnhaft, vor versammelten Personen(Angehörige verschiedener Verbände) in gehässiger Weise über die Einrichtung des Staates gesprochen. Seine Ausführungen richteten sich besonders gegen die Arbeitsdienstpflicht u. Landhilfe. Ferner soll er sich offen als Kittelbacher- Pirat bekannt haben. Zeuge des Vorfalles ist der Milchkutscher Sch[redacted]- T[redacted], bei B[redacted] wohnhaft.

gez. St[redacted]

Krim. Ass.

Eine Wuppertaler Gruppe verbreitete bis zum Herbst 1942 sogar einzelne Flugblätter[12].

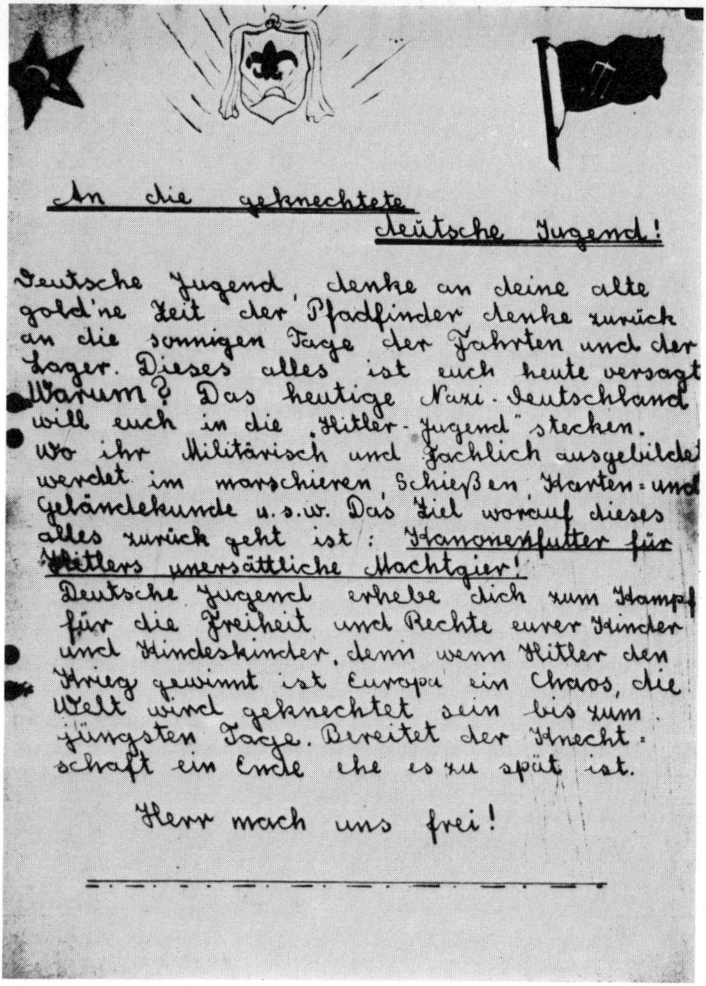

An die geknechtete
deutsche Jugend!

Deutsche Jugend, denke an deine alte gold'ne Zeit der Pfadfinder, denke zurück an die sonnigen Tage der Fahrten und der Lager. Dieses alles ist euch heute versagt. Warum? Das heutige Nazi-Deutschland will euch in die „Hitler-Jugend" stecken. Wo ihr Militärisch und Fachlich ausgebildet werdet im marschieren, Schießen, Karten- und Geländekunde u.s.w. Das Ziel worauf dieses alles zurück geht ist: Kanonenfutter für Hitlers unersättliche Machtgier!

Deutsche Jugend erhebe dich zum Kampf für die Freiheit und Rechte eurer Kinder und Kindeskinder, denn wenn Hitler den Krieg gewinnt ist Europa ein Chaos, die Welt wird geknechtet sein bis zum jüngsten Tage. Bereitet der Knechtschaft ein Ende ehe es zu spät ist.

Herr mach uns frei!

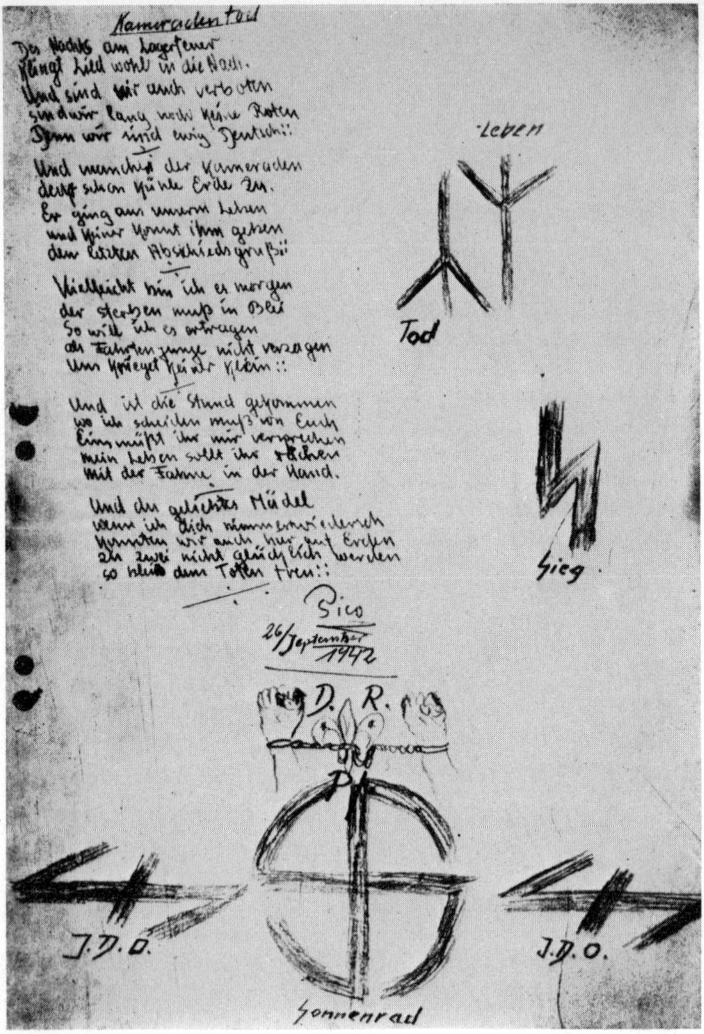

Auch im Briefkasten eines Oberhausener HJ-Heims fand sich 1941 ein Flugzettel, der offenbar die Leser provozieren sollte[13]:

Abschrift.

Warum sind die 15 und 16jährigen noch im Jungvolk? Die gehören in die Hitlerjugend. Aber die Drückeberger wollen nicht in ihre großen Ferien aufs Land bei den Bauern helfen. Das überlassen sie den 14jährigen Mädchen und alten Greisen und alten Mütterchen von 70 und 75 Jahren. Die jungen Burschen wissen in den Ferien die Zeit nicht um zu kriegen. Aber arbeiten wollen sie nicht. Darum schickt sie aufs Land, damit auch die arbeiten lernen.

Heil Hitler
(K.P.)

Anschrift des Briefes: Hitlerjugend, Fr. v. Stein 30.

Alle diese Lieder und Aussprüche drückten ein erhebliches Selbstbewußtsein der Edelweißpiraten und Kittelbachpiraten aus. Sie markierten ihre Verachtung der offziellen NS-Kultur und stellten ihr den Ausdruck eigener Erfahrungen im Arbeitermilieu entgegen. Ihr Ansehen als Gruppe mit einem alternativen, nicht faschistischen Profil reichte weit über ihre unmittelbare Anhängerschaft hinaus. Das verdeutlichte auch der Bericht eines Oberhausener Berufsschullehrers[14].

Gutehoffnungshütte Oberhausen Aktiengesellschaft

Einschreiben! Geheim!
Geheime Staatspolizei
z. Hd. des Herrn Krim.-O.-Sekretärs
L.
Oberhausen

Bergassessor N.

Unsere Zeichen:
Abt. BvV.
1005/41 g.

Oberhausen (Rhld.)
den 10. Juli 1941.

Betrifft: Bericht des Gewerbeoberlehrers K.

In der Anlage übersende ich Ihnen die Abschrift eines Berichtes, den unser Berggewerbeoberlehrer K. verfaßt hat, zur Kenntnisnahme. Der in dem Bericht erwähnte Bergjungmann Alfred P., Sterkrade, Fichtestraße 28, zurzeit im Grubenbetrieb der Zeche Osterfeld beschäftigt, ist als aufsässiger Raufbold, der sich auch schon an Vorarbeitern unserer Ausbildungswerkstatt vergriffen hat, in übler Erinnerung. Weiterhin hat P. Ende des vergangenen Jahres den Versuch gemacht, durch Hetzreden andere Bergjungleute von der Erfüllung

ihrer vertraglichen Verpflichtungen (Aufnahme der Grubenarbeit) abzuhalten. Außerdem soll P. nach Aussage der Klassenkameraden neulich einen allerdings nicht geladenen Revolver mit sich geführt haben.
Dem Hauptabwehrbeauftragten für den Ruhrbergbau, Herrn Rudolf G., Essen, Dreilindenstraße 104, wurde ebenfalls Meldung erstattet: Die anliegende Empfangsbescheinigung bitte ich mir unterschrieben zurückzusenden.

Glückauf und Heil Hitler!
gez. Unterschrift.

1 Anlage

Abschrift von Abschrift.

Sterkrade, den 8. Juli 1941.

Anläßlich der Abführung eines Berglehrlings in die Fürsorgeerziehung kam in meiner Klasse folgendes Gespräch in Gang: »B. (der abgeführte Schüler Bergjungmann Anton B., Osterfeld, Wertfeldstraße 2) gehört auch zu den Kittelbach-Piraten!«
Auf meine Frage nach der Bedeutung dieses Ausdrucks wurde mir folgendes von verschiedenen Schülern erzählt:
»Die K.P. kennt doch jedes Kind, die gibt es überall, da sind mehr drin (Mitglieder) als in der HJ. Die kennen sich auch alle untereinander, die halten schwer zusammen.«
»Was machen und wollen die denn?« Die verhauen die Streifen, (Schutzpolizei) weil sie so viele sind, die lassen sich nichts gefallen. Arbeiten gehen sie auch nicht, die sind immer am Kanal, an der Schleuse.
»Wer ist denn von uns dabei?« P., K., J., aber auch viele Reiche, nicht nur Arbeiter, auch Mädchen.
»Woher wißt ihr das denn?« Die haben eine Uniform: Lederhose oder kurze Hose, weiße Strümpfe, Bauchriemen mit goldenen oder silbernen Nägeln, rotes Halstuch und Gelenkriemen mit Edelweiß. Darum heißen die auch Edelweiß-Piraten. Die haben auch Schlagringe und Pistolen, die haben vor keinem Angst.
Da mir eine solche Organisation bisher unbekannt war, anderseits es eine Bandenbildung unter der Jugend vielleicht sogar auf kommunistisches Betreiben (K.P.) befürchten läßt, möchte ich Ihnen davon Mitteilung machen und um entsprechende Weiterleitung bitten.

Gez. E. K.
Dipl.-Ing.

7. Konflikte am Arbeitsplatz

Die Oberhausener HJ übersendet der Gestapo zwei Denunziationsschreiben der Babcock-Werke (11. Juni 1941)

Nationalsozialistische Deutsche Arbeiterpartei
Hitler-Jugend, Bann Oberhausen (60)

Der K-Führer des Bannes Oberhausen, den 11. 6. 1941.
Es/Sch. –

An die
Geheime Staatspolizei
z. Hd. des Herrn L.
Oberhausen/Rhld.
Polizeipräsidium.

In der Anlage zwei Schreiben der Babcock-Werke über Jugendliche, die nachweisbar der KP angehören.
Das Abzeichen mit dem Kragenknopf ist bestimmt als Erkennungszeichen zu werten. Ich persönlich habe am Montag abend mehrere dieser Helden mit einem umgedrehten Kragenknopf in dem linken oberen Revers gesehen. Zu Ihrer Kenntnisnahme; es war kurz nach 11 Uhr, begegnete ich mehreren dieser Leute, die mich in der wüstesten Art beschimpften, Ausdrücke wie, Arbeiterverräter, Bluthund, Drohungen, wir schlagen Dir den Schädel ein, wir stechen Dich über den Haufen wie einen tollen Hund, Du wirst unser Stillet noch kennen lernen, mir nachriefen.
Zugetragen hat sich dieser Vorfall an der Ecke Sedan- und Hindenburgstr., gleich am Theaterrestaurant. Die Jugendlichen hatten sich in den Anlagen des Hindenburgplatzes aufgehalten. Bei meinem Eingreifen, ich wollte mir einen dieser Burschen beim Kragen halten, sausten dieselben mit Fahrrädern in Richtung Lirich ab. Leider habe ich durch die Dunkelheit keinen erkennen können; müßte mich aber sehr irren, wenn ich nicht den PP. S. und St. nicht dabei gesehen hätte.
Dann noch zu Ihrer Kenntnisnahme, daß ich in letzter Zeit häufig

Besuche von Müttern bekomme, die ihre Jungen nicht mehr in den Abendstunden zum Hitler-Jugend-Dienst schicken wollen. Sie begründen das damit, daß es jetzt wiederholt vorgekommen sei, daß Hitler-Jugend und sogar Hitler-Jugend-Führer in Uniform von den genannten KP. Leuten überfallen worden sind. Die in Frage kommenden Überfälle sind dortseits ja auch bekannt. Sie sehen daran wie weite Kreise die Angelegenheit zieht.
Gestern ereignete sich vor der Banndienststelle folgender typischer Vorfall: Ich stand in Uniform vor der Banndienststelle und wartete auf den Gebietsführer. Aus Richtung Bahnhof kamen zwei Jugendliche im Alter von 15–16 Jahren, einer mit Fahrrad. Gingen an mir vorbei, grinsten mich an und wie sie vorbei waren brachen sie in ein homerisches (sic!) Gelächter aus. Ich rief darauf einen zurück, der andere ging natürlich mit dem Fahrrad stiften, und machte die Feststellung, daß derselbe früher als Führer im Fähnlein 10/60 tätig war und heute keinen Dienst dort mehr macht, da er angeblich keine Lust habe. Der Mann heißt W. und werde ich Ihnen nach eingehender Untersuchung diesen Burschen noch besonders empfehlen. Gleichzeitig verläßt auch der PP. St. die nebenanliegende Baracke, dreht sich um, macht einige hämische Bemerkungen, die ich nicht verstanden habe, grinst in der selben Art wie die Burschen, setzte sich aufs Fahrrad und verschwandt.
Wenn auch dieser Vorfall uns keine Handhabe gibt etwas zu unternehmen, so ist doch bezeichnend in Verbindung mit dem Vorgang vom Montag abend, wie frech diese Bande geworden ist.
Zu Ihrer weiteren Orientierung: Selbst auf den höheren Schulen z. B. in der Horst-Wessel-Schule, ist die KP. sehr stark vertreten und wirkt sie eifrig in den höheren Klassen.
Ich glaube, daß alle diese Angaben Ihnen helfen werden um schnellmöglichst dem Treiben ein Ende zu machen.

Heil Hitler!
der K-Führer des Bannes
gez. E.,
SS.-Sturmbannführer.

Deutsche Babcock & Wilcox-Dampfkessel-Werke AG.

Unsere Abt. Zo | Oberhausen/Rhld.
den 6. Juni 1941.

An den
Sturmbannführer Pg. Robert E.
Oberhausen/Rhld.

Ich beziehe mich auf mein heutiges telef. Gespräch mit Ihnen und teile Ihnen nochmals mit: Unser Gefolgschaftsmitglied Werks Nr. 63 B., Rudolf, geb. am 21. 4. 1921, wohnhaft Oberh.-Osterfeld, Steinstr. 9, kam gestern auf meine Aufforderung hin in mein Büro und trug den beigefügten Kragenknopf im Knopfloch seiner Jacke als Abzeichen. Auf meine Frage was das zu bedeuten habe, gab er an, daß er mit einigen älteren Freunden einen solchen Kragenknopf als Abzeichen trage, seine Freunde seien jetzt alle eingezogen.
Die Veranlassung zu dem Erscheinen in meinem Büro war die Bummelei des B. vom 16. 4. bis 27. 5. 41. B. hatte beim Meister angegeben er sei krank. Die Ermittlungen haben jedoch ergeben, daß B. unentschuldigt der Arbeit ferngeblieben ist. Nach seinen eigenen Aussagen ist er während dieser Zeit öfters im Bahnhof gewesen. Außerdem gibt B. an, daß er bereits auf Anzeige seiner Mutter hin, von der Kriminalpolizei verwarnt worden sei.
Ich bitte, Sie, festzustellen ob die Angaben stimmen und ob der Kragenknopf als Abzeichen eine politische Bedeutung hat.

Heil Hitler!
gez. S.

An den | 6. Juni 1941.
Leiter des Arbeitsamtes
Oberhausen/Rhld.
als Beauftragter des Reichstreuhänders der Arbeit
für das Wirtschaftsgebiet Rheinland.

Nach Beratung im Vertrauensrat haben wir unser jugendliches Gefolgschaftsmitglied Nr. 1506 L. wegen wiederholten unentschuldigten Fehlens mit einer Buße von ½ Schichtlohn belegt.
L. hat im Januar am 14., 15., 16., 17., 18., u. 20. ohne Entschuldigung gefehlt und (wurde) daraufhin am 20. Jan. von dem stellvertretenden Führer des Betriebes und dem Betriebsobmann verwarnt. Im April hat L. am 21. nur 3 Stunden gearbeitet, am 22., 23., und 24. hat er unentschuldigt gefehlt, daraufhin wurde er am 25. 4. wiederum

vom stellvertretenden Führer des Betriebes verwarnt. Im Mai hat L. am 2., 9., 10., 16., 23., und 24. unentschuldigt die Arbeit versäumt, einige Tage davon sind Schultage an denen L. 4 Stunden hätte arbeiten müssen. L. gab zu seiner Entschuldigung an, er habe kein Interesse mehr an der Schule und wollte damit seine Arbeitsversäumnisse an den Schultagen entschuldigen. (Freitag)
Wir bringen Ihnen dies zur Kenntnis und bitten Sie weitere Schritte gegen L. einzuleiten.

Heil Hitler!
Der Führer des Betriebes:
I. A.:
gez. Unterschrift

Betriebsobmann:
S.

Denunziationsschreiben der Gutehoffnungshütte

Gutehoffnungshütte
Oberhausen Aktiengesellschaft Werk Sterkrade.

An die
Geheime Staatspolizei
Herrn Krim. Obersekr. L.
Oberhausen,
Adolf Hitler Platz 2.

Unsere Zeichen: Oberhausen, den 25. 7. 1941.
St. K. Wi
Lö/Schu

Betrifft: Hilfsarbeiter Albert E., geb. 14. 5. 1918,
wohnhaft Oberhausen, Katharinenstr. 61.

Ich nehme Bezug auf die soeben mit Ihnen gehabte fernmündliche Unterredung, wonach ich davon Mitteilung machte, daß der vorbezeichnete Arbeiter, der wiederholt wegen unentschuldigten Fehlens verwarnt werden mußte, sich heute im Betriebe damit gebrüstet hat, wieder einmal Hitlerjungen geschlagen zu haben. Von dem zuständigen Vertrauensrat dieserhalb zur Rede gestellt, hat E. seine Erklärung wiederholt und dabei ein derartiges freches Benehmen gezeigt, daß der Vertrauensrat G. sich gezwungen sah, den Jungen mit dem

gleichen Lederriemen zu schlagen, den E. am Tage vorher bei der Auseinandersetzung mit der Hitlerjugend gebraucht hatte.
Wie schon gesagt, mußte dieser Arbeiter in den letzten Monaten häufig wegen unentschuldigten Fehlens verwarnt werden. Erstmalig wurde E. am 24. 1. 41 verwarnt, dann am 19. 6. 41 in Anwesenheit des Betriebsobmannes und mit einer halben Schicht Buße bestraft. Am 20. 6. fehlte er wiederum unentschuldigt, und am 23. 6. entfernte er sich unerlaubt von seiner Arbeitsstätte. Eine weitere Verwarnung wurde am 2. 7. 41 vorgenommen. Trotzdem fehlte E. daraufhin an folgenden Tagen unentschuldigt: 10., 11., 12. und 14. 7. 41. Außerdem beendete er am 5. 7. um 13 Uhr die Arbeit, war am 8. 7. ¾ Stunde von der Arbeit abwesend und kam am 15. 7. eine halbe Stunde zu spät.
Das Arbeitsamt Oberhausen, das wir um Einschreiten vor einiger Zeit gebeten hatten, ist über diese Angelegenheit genau unterrichtet, leider wurde aber bisher nicht eingegriffen.
Es dürfte sich dringend empfehlen, den Jungen in einem Arbeitslager unterzubringen, da trotz der wiederholten Verwarnungen mit einer Besserung nicht zu rechnen ist.

gez. L.
stellv. Abwehrbeauftragter.

Vermerk:
Ich habe schon seit einiger Zeit beobachtet, daß E. im Stadtgebiet herumlungert. Besonders gern hält er sich in der Vorhalle des Hauptbahnhofes und in der Straßenbahn-Wartehalle vor dem Hauptbahnhof auf.

gez. Unterschrift
Krim. Oberassistent.

Denunziationsschreiben des Arbeitsamts Oberhausen an die Gestapo vom 30. Juli 1941

Der Leiter des Arbeitsamtes Oberhausen/Rhld., den 30. 7. 1941
Oberhausen/Rhld. Danzigerstr. 11–13.
als Beauftragter des Reichstreuhänders der Arbeit
für das Wirtschaftsgebiet Westfalen-Niederrhein.

Geschz. IV/189/41/712 An die
Geheime Staatspolizei
Außendienststelle
Oberhausen-Rhld.

Betr.: Wanderklub KP.
Der Jungbergmann Johann S., geb. am 3. 5. 1923, wohnhaft in Bottrop, Eichendorfstraße 41, gab bei seiner Vernehmung am 29. 7. 1941 zu, dem Wanderklub KP. anzugehören und mit diesem öfters Fahrten zu unternehmen. Ich führe darauf seine verschiedenen Bummelschichten zurück. Ich melde Ihnen den Vorgang zur etwaigen weiteren Veranlassung.

Im Auftrage
gez. Unterschrift.

Produktionsausfall durch Bummelschichten beim Oberhausener Zinkwerk Altenberg A. G.

Aktiengesellschaft des Altenbergs

An die Gestapo
z. Hd. des Herrn W.
Oberhausen Unser Zeichen Oberhausen, den
aH 12. Juli 1941.

In der Anlage überreichen wir Ihnen Abschrift eines an den Beauftragten des Treuhänders der Arbeit zu Oberhausen gerichtetes Schreiben betr. Bekämpfung von Disziplinlosigkeit.

Heil Hitler!
Aktiengesellschaft des Altenbergs
für Bergbau und Zinkhüttenbetrieb
I. V. gez. M.

Abschrift
z. Hd. des Herrn W. (Gestapo)

An den
Beauftragten
des Treuhänders der Arbeit
zu *Oberhausen*

Abschrift

Sch./ 10. Juli 1941.

Betr.: Bekämpfung von Disziplinlosigkeit

zurückkommend auf die persönliche Rücksprache unsers Betriebs-Chefs, Herrn Sch., mit dem Herrn Beauftragten des Treuhänders der Arbeit möchten wir Ihnen heute einen Überblick geben über die Bummelschichten der Jugendlichen, die sich in letzter Zeit wieder besonders disziplinlos verhalten.

Insbesondere möchten wir Ihnen einen Überblick über die Arbeitszeit geben, die uns durch bewußte und vorsätzliche Bummelei der Jugendlichen verlorengegangen ist, die unmittelbar der »KP«-Organisation angehören bzw. damit sympathisieren.

Jugendliche:	geboren	in der Zeit vom Januar–Juli 1941
1) B. Reinhold	19. 3. 23	165,5 Std.
2) B. Wilhelm	22. 9. 23	93,5 Std.
3) D. Wilhelm	7. 9. 23	80,5 Std.
4) F. Bruno	13. 3. 25	92 Std.
5) H. Fritz	18.12. 24	40,5 Std.
6) H. Nikolaus	1. 4. 25	33,5 Std.
7) K. Karl-Heinz	6. 4. 24	97 Std.
8) K. Otto	1. 7. 24	156,5 Std.
9) L. Arthur	24. 3. 24	36,5 Std.*
10) M. Bernhard	30. 8. 24	124 Std.
11) O. Anton	27.10. 22	40,5 Std.
12) R. Heinrich	10.12. 25	171 Std.
13) S. Kurt	1. 4. 23	53 Std.
14) S. Jacob	14. 7. 24	52 Std.
15) W. Karl	5.11. 24	64 Std.
		1400 Std. = 400 000 kg Zinkblech-Erzeugung.

* ab 26. Juni 1941 zur Kriegsmarine.

In dieser Liste sind die Bummelschichten der einzelnen fehlenden Jugendlichen *nicht* enthalten, sondern nur die, die sich periodisch wiederholen.

Man erkennt aus dieser Zusammenstellung, daß es sich offensichtlich

um ein bewußtes Bummelsystem handelt, welches u. E. darauf hinauszielt, die Produktionskraft des Staates zu schwächen.
Allein diese 1400 Stunden der 15 Jugendlichen ergeben theoretisch errechnet einen Produktionsausfall von ca. 400 000 kg Zinkblech, doch dürfte sich diese Zahl verdoppeln, da die Walzkolonnen eine geschlossene Einheit bilden. Fehlt nämlich innerhalb der Kolonne ein Glied und ist kein Ersatz da, so fällt jedesmal für die gesamte Schicht die Kolonne aus, d. h. die übrigen Leute müssen unproduktive Arbeit leisten.
Wir haben nun heute vor einem Monat 4 Jugendliche, die besonders in der oben bezeichneten Organisation hervorgetreten sind, mit Ihrem Einverständnis fristlos entlassen. Leider müssen wir aber feststellen, daß sich besonders der von uns fristlos entlassene Helmut St., geb. am 3. 1. 23, wohnhaft zu Oberhausen, Freiherr von Steinstr. 30, mit besonderem Eifer um die Freundschaft der sich zum großen Teil in der obrigen Liste aufgeführten Jugendlichen bemüht. Nach z. B. gestern gemachten Feststellungen, wurden 3 von 4 von den Eltern zur Arbeit geschickten Jugendlichen in der Gesellschaft des St. angetroffen. Unsere Vermutungen gehen dahin, daß es St. bewußt darauf abgesehen hat, durch Verführung der betr. Jugendlichen zur Bummelei bewußte Sabotage an der Produktionskraft des Deutschen Reiches auszuüben.
Wir sind der Meinung, daß St. unbedingt unschädlich gemacht werden muß, da wir in dieser Person den Haupträdelsführer der staatsfeindlichen verdächtigen Kittelsbachpiraten sehen. Ebenfalls möchten wir Sie auf seinen ständigen Begleiter, den Jugendlichen Otto K. aufmerksam machen.
Die genannten Jugendlichen (der Liste) bedienen sich in ihrem Benehmen gegenüber den älteren Arbeitskameraden und gegen ihre Vorgesetzten einer außerordentlichen zynischen Frechheit, daß es u. E. angebracht wäre, diese Jugendlichen in der Pflicht-HJ unterzubringen, um hier etwas Disziplin beigebracht zu bekommen.
Wir haben uns gemeinsam mit unserem Betriebsobmann Pg. Sch. schon große Mühe gegeben erzieherisch auf die Jugendlichen einzuwirken, was aber bis heute leider keinen Erfolg hatte.
Wir möchten nun höflichst bitten, uns in der Erziehung der Jugendlichen mit stärkeren Strafmitteln zur Seite zu stehen.

Heil Hitler!
Aktiengesellschaft des Altenbergs
für Bergbau und Zinkhüttenbetrieb
gez. I. V. M.

Aus dem monatlichen Lagebericht des Düsseldorfer Oberlandesgerichtspräsidenten an das Reichsjustizministerium vom 3. März 1942

(. . .) Nach den bisher vorliegenden, meist von den Jugendrichtern herstammenden Mitteilungen konnte angenommen werden, daß der Jugendarrest durchweg auf die beteiligten Jugendlichen einen günstigen Eindruck gemacht und insofern ersichtlich erfolgreich gewirkt habe. Ein einigermaßen abweichendes Bild ergab sich jedoch aus einem längeren mir zugänglich gemachten Rundschreiben des Herrn Reichstreuhänders der Arbeit für das Wirtschaftsgebiet Westfalen, dessen Geschäftsbereich sich auch auf den Oberlandesgerichtsbezirk Hamm erstreckt, vom 23. 12. 1941, das sich auf die auszugsweise mitgeteilten Berichte der sämtlichen Arbeitsämter gründete. Die Mehrzahl dieser Berichte spricht sich hinsichtlich der Jugendlichen, über die Jugendarrest wegen Verstoßes gegen die Arbeitspflicht (Arbeitsdisziplin) verhängt war, dahin aus, daß eine spürbare und sogar jede Schockwirkung der Verhängung und des Vollzuges von Jugendarrest nicht zu erkennen gewesen sei. Meist wird dies freilich darauf zurückgeführt, daß die ergriffenen Maßnahmen zu spät oder zu milde gewesen seien. Dabei wurde zwar anerkannt, daß in der anfänglich vermißten Beschleunigung bei Verhängung und Vollzug später eine wesentliche Besserung eingetreten sei, anderseits aber die Meinung vertreten, daß der Wochenendarrest durchweg eine nachhaltige Wirkung auf die Betroffenen vermissen lasse. Mehrfach wurde sogar berichtet, der Wochenendkarzer sei eine Maßnahme, deren Erleben von vielen Jugendlichen als »Ehrensache« oder als eine »romantische Angelegenheit« bezeichnet werde; es seien Äußerungen gefallen wie die: »Jeder ordentliche deutsche Junge müsse auch einmal im Jugendarrest gewesen sein.« Weiter war dargelegt, der gebotenen Beschleunigung stehe schon der Umstand entgegen, daß zu viele Behörden und sonstige Stellen, z. B. die Jugendämter, die NSV-Jugendhilfe, die DAF Abt. Jugend, die HJ, die Kreisleitung der DAF, neben der Betriebsführung, dem Betriebsobmann, der Berufsberatung, der beauftragten Stelle und gegebenenfalls auch dem Amtsarzt, in den Verfahrensgang eingeschaltet seien. Im ganzen genommen hätten die Arbeitsvertragsbrüche der Jugendlichen seit der Einführung des Jugendarrestes nicht abgenommen; in einzelnen Berichten war angegeben, daß die Betroffenen rückfällig geworden seien. Viel wirksamer als der meist angewandte Wochenendkarzer hätte sich die Verhängung von Schutzhaft oder Arbeitserziehungslager wie überhaupt der unerbittliche Zwang zu harter Arbeit erwiesen. Mein von vielen Jugendrichtern geteilter Eindruck, daß der Wochenendkarzer sich als wenig wirksam erwiesen habe, hat sich durch diese Vorgänge verstärkt. Auf eine beschleunigte Erledigung der Jugendarrestsachen wird übrigens von hier aus ständig und mit steigendem Erfolg hingearbeitet. – Derselbe Treuhänder der Arbeit hat ferner hierhin eine an die Gauleitungen, Provinzialchefs und sonstige Behörden seines Bezirks gerichtete Rundverfügung über die *Bekämpfung von Disziplinlosigkeit in den Betrieben* mitgeteilt, die eine Zusammenstellung über die Strafmaßnahmen im Jahre 1941 enthält. Hiernach waren 1771 Anträge auf Schutzhaft und 1693 Anträge auf Einweisung in ein Erziehungslager gestellt, von denen am Jahresende nur noch 283 und 286 unerledigt waren. Hierzu bemerkt der Reichstreuhänder, wenn berücksichtigt werde, daß die Erziehungslager zum großen Teil voll besetzt seien und daß sich auch ein gewisser Teil von Bummelanten um Ende des Jahres noch in Schutzhaft befunden hätten, so sei mit besonderer Befriedigung festzustellen, daß durch das schnelle Arbeiten der Stellen der Geheimen Staatspolizei die Erledigung der Anträge rasch erfolge. Erwähnt wird aber auch eine erfreulich schnellere Behandlung der Jugendarrestsachen. Aus einer der Rundverfügung beigefügten Zusammenstellung ergibt sich, daß im Gau Düsseldorf (der sich ungefähr mit den Landgerichtsbezirken Düsseldorf, Wuppertal, Krefeld und M.-Gladbach deckt) wegen Verletzung der Arbeitspflicht 291 Strafanträge gestellt waren, davon 120 Anträge auf Verhängung von Jugendarrest (wovon 91 zum Jahresschluß erledigt waren), ferner 330 Anträge auf Verhängung von Schutzhaft, 544 betreffend Arbeitserziehungslager, 5 betr. Unterbringung in Konzentrationslager und 1 betr. Jugenderziehungslager, 9 betr. Wirtshausverbots und 34 betr. Verhängung von Ordnungsstrafen. (. . .)

8. Konflikte mit der HJ

Schreiben der HJ – Düsseldorf an die Gestapo vom 16. April 1942

Betr.: Bündische Jugend auf dem Hellweg und auf der Hoffeldstraße
Der Führer der Gefolgschaft 25/39 teilt mir mit, daß es im vergangenen Jahr und in den Monaten Februar bis April zwischen Jugendlichen die der Hitler-Jugend feindlich gegenüberstehen und Angehörigen der Hitler-Jugend des öfteren zu Streitigkeiten, welche dadurch hervorgerufen wurden, daß uniformierte Hitlerjungen angepöbelt wurden.
Seit etwa einem Monat ist kein Führer der Gefolgschaft 25/39 mehr in der Lage über den Hellweg oder über die Hoffeldstraße (südlicher Teil) zu gehen, ohne von diesen Leuten angepöbelt zu werden.
Die Führer sind demnach nicht in der Lage die Eltern der Jg., die auf diesen Straßen wohnen zu besuchen. Die Jg. selbst aber werden von der sog. bündischen Jugend aufgehetzt. Sie erscheinen entweder gar nicht mehr zum Dienst oder versuchen denselben zu stören.
Nachstehend gebe ich 3 Namen von Jugendlichen dieses »Vereins« an mit der Bitte, diese nach dort vorzuladen und dann energisch durchzugreifen, damit dieser Verein auffliegt:
Jakob G., Hellweg 53, 18. 4. 24 Ratingen
Hans S., Hoffeldstraße 85, 18. 2. 25 Düren
Helmut M., Hoffeldstraße 78, 10. 5. 25 Düsseldorf
G. und S. sind Angehörige der Gefolgschaft 25/39. Ein Dienstbesuch kommt für sie aber garnicht in Frage.
Ferner möchte ich noch folgendes mitteilen:
Nach Beendigung des Stammdienstes am Mittwoch, den 25. 3. 42 ließ der Führer der Gefolgschaft 25/39 sofort an der Stammdienststelle Pfeifferstraße wegtreten. Der Jg. Wolfgang H., Grafenberger-Allee 395, wohnhaft, mußte, um seine elterliche Wohnung zu erreichen, die Altenbergstraße passieren. Hier wurde H. von 5–6 Leuten der Bündischen Jugend angefallen und gehörig verprügelt. H. befand sich in Uniform, von welcher ihm beide Schulterklappen und die HJ-Armbinde abgerissen wurde.

Dieser Vorfall trug sich etwa um 21.45 Uhr zu. Ich bitte nochmals ganz energisch bei diesen Brüdern durchzugreifen. Von Ihren Maßnahmen wollen Sie mir bitte Nachricht zukommen lassen.

Heil Hitler!
gez. Unterschrift

Bericht der NSDAP-Ortsgruppe Gerresheim an die NSDAP-Kreisleitung vom 17. Oktober 1942

»Vernehmung von einigen Jugendlichen, die am Montag, dem 5. 10. 1942 am Hellweg von etwa 30–50 Personen überfallen sein wollten.
Jg. Alois O., Unter den Eichen 22, 17 Jahre alt, Angehöriger der Motor-HJ, Gefolgschaft 1/39, sagt aus:
Ich ging mit noch mehreren Jgg. in Zivil am Hellweg runter, als wir plötzlich von einer Menge Jungens überfallen wurden. Schätzungsweise waren es etwa 50 Personen. Es entwickelte sich eine Schlägerei, bei der A. einen Messerstich in die linke Hand erhielt. Es mag etwa gegen 20.30 Uhr gewesen sein.
Jg. Rudolf H., Unter den Eichen 24, 17 Jahre alt, Rottenführer in der Motor-HJ, Gefolgschaft 1/39, sagt aus:
Ich bin am Nachmittag des 5. 10. 42 an der Morperstraße von mehreren Jungen angerempelt worden. Dabei entstand eine Schlägerei. Nachdem ich einen Boxhieb auf die Nase erhalten hatte, unterlief ich den Angreifer und stürzte mich auf den am Boden Liegenden. Ich erhielt alsdann von den anderen Schläge, die meinen Kopf trafen. Ich wälzte mich aus dem Knäuel heraus und ging stiften. Am Abend dieses Tages ging ich mit ungefähr 9 anderen Jungen von der Hütte aus in Richtung Hellweg. Plötzlich waren wir am Hellweg von einer großen Anzahl Jungens umringt, die auf uns einschlugen. Wir waren den Angreifern unterlegen. Ich bekam mehrere Messerstiche, u. a. 2 Stiche in die Nierengegend und die Schulter. Behandelt wurde ich von Dr. Strunk, Webereistraße.
Ich habe zwei der Gegner erkannt und zwar: Sz., Pilgerweg und Hans B., Schönaustraße. Letzterer hat den Spitznamen ›Bulle‹.
Jg. Manfred K., Märkische Str. 27, 14 Jahre alt, Angehöriger der Flieger-HJ, Gefolgschaft 4/39, sagt aus:
Ich bin mit den anderen zum Hellweg gegangen, wo wir plötzlich von einer großen Anzahl umringt waren. Der Schlägerei bin ich dadurch

entgangen, daß ich mich in einen Graben gelegt habe. Ich habe, dort liegend verschiedenemale den Namen ›Bulle‹ rufen hören.
Auf Befragen gibt der Jg. H. zu, daß es sich bei dem abendlichen Zug zum Hellweg um einen Rachezug für die Senge vom Nachmittag handeln sollte. Ob es sich bei der ganzen Angelegenheit um politische Gegensätze handelt, geht aus der Vernehmung nicht ganz einwandfrei hervor. Verdächtig bleibt immerhin, daß die beiden erkannten Jungen der HJ nicht angehören, bzw. aus derselben ausgeschlossen wurden. Edelweißpiraten sollen öfter des Abends im Ostpark Zusammenkünfte abhalten. Vor einiger Zeit ist auf zwei in Uniform gehende Hitlerjungen in Höhe des Waldfriedhofes in Gerresheim geschossen worden (Pistolenschüsse). (. . .)«

Schreiben der NSDAP-Ortsgruppe Wersten an die NSDAP-Kreisleitung Düsseldorf vom 13. Juli 1943

Betr.: Überfall auf einen Hitler-Jungen Johann M., geboren 25. 7. 27, wohnhaft Witzheldenerstraße 44.
Am Abend des 12. 7. 43 gegen 22 Uhr 15 wurde der oben genannte Hitlerjunge auf dem Heimwege und zwar auf dem Verbindungsweg zwischen der Hügelstraße und der Werstener-Friedhofstraße von 2 unbekannten Jungens überfallen, von denen einer mehrfach mit einem kurzen Messer oder einem Dolch nach dem Hitlerjungen zu stechen versuchte, bis er ihm schließlich am linken Unterarm eine Stichwunde beibrachte, die in der gleichen Nacht noch zugenäht werden mußte (Städt. Krankenanstalten). Bei dem Überfall wurde dem Hitlerjungen das HJ-Abzeichen entrissen. Der Überfallene und sein Vater nehmen an, daß es sich um Mitglieder der berüchtigten Edelweiß-Piraten (E.P.) handelt, da der Uberfallene schon mehrfach abends auf der Straße von solchen Bengels belästigt worden war. Der Täter ist nicht erkannt worden, doch glaubt der Überfallene, daß er bei einer Gegenüberstellung den Täter erkennen würde.
Dieser Vorfall gibt Veranlassung zur erneuten Aufgreifung der Bekämpfung des groben Unfugs dieser jungen Bengels, die unter dem Rockkragen das Edelweiß-Abzeichen tragen und die abends bei Dunkelwerden in frecher Weise allerlei Unfug und Belästigungen betreiben. Schon einmal habe ich die Straßen der Stahlhaussiedlung

– um diese Gegend handelt es sich vorwiegend – Abend für Abend durch Streifen reinfegen lassen, so daß wir lange Zeit Ruhe hatten. Ich werde dieses Mittel nochmals sofort wieder anwenden. Zuvor aber muß der Messer-Stecher dingfest gemacht werden, was nicht meine Aufgabe sein kann. Die Polizei ist zu schwach besetzt, um helfend eingreifen zu können. Ich stehe natürlich der Polizei gerne zur Verfügung mit SA-Männern und Pol.Leitern, um durch eine Razzia den Täter zu stellen und durch eine Gegenüberstellung namhaft zu machen.
Ich bitte, diese Angelegenheit dem Herrn Polizeipräsidenten oder der Gestapo weiterzugeben und energisches Durchgreifen zu veranlassen.

Heil Hitler!
Der Ortsgruppenleiter
m.d.L.b.
gez. Unterschrift
Ortsgruppenamtsleiter

Bericht eines HJ-Untersuchungsführers

Willi A. Mülheim-Ruhr-Speldorf, den 7. 7. 1941.

An den
Führer des Bannes 159
Stammführer P.L.
Mülheim-Ruhr.

Betr.: Bericht über das Treiben wilder Gruppen, die sich Edelweiß-Piraten nennen.
Schon seit geraumer Zeit ist mir bekannt geworden, daß sich eine Reihe, zumeist außerhalb der Hitler-Jugend stehende Jugendlicher in Gruppen zusammenfinden und als äußeres Zeichen ein Edelweiß sowie auch rote oder sonstige bunte Halstücher tragen. Meine erste Feststellung traf ich innerhalb des Heissener Ortsgruppenbereiches. Hier war das Benehmen der Jugendlichen derart arrogant, daß es oft zu Zusammenstößen, hauptsächlich mit Angehörigen der Hitler-Jugend kam. Vor ungefähr 3–4 Wochen verlegten diese Jugendlichen ihr Tätigkeitsfeld nach Dümpten und zwar hielten sie sich zunächst im Wittkampsbusch auf. Ich habe mich selbst davon überzeugt, daß

oft 30–40 Jungen sich dort herumtrieben oder in Gruppen zusammenstanden und dabei die Passanten anpöbelten und ganz besonders Mädel und junge Frauen belästigten. Weiterhin durfte sich kein Hitler-Jugend-Führer dort sehen lassen, ohne in die Gefahr zu laufen, von diesen Burschen angerempelt zu werden. Bemerken muß ich noch, daß alle diese Jugendlichen im Besitze eines Fahrrades sind. Beschwerden über das Treiben dieser Burschen sind m. W. auch schon durch Privatpersonen der Polizei sowie der NSDAP-Ortsgruppe bekannt geworden.
Am 26. Juni gegen 21 Uhr wurde ich durch den Fähnleinführer A. benachrichtigt, daß das Treiben dieser Jugendlichen an diesem Abend ganz besonders schlimm sei. Ich habe mich sofort mit dem zuständigen Polizeirevier in Verbindung gesetzt und gebeten, einen Beamten in Zivil dorthin zu entsenden, weil ich wußte, daß beim Auftauchen eines uniformierten Beamten diese Burschen sofort Reißaus nehmen würden. Das Revier entsandte einen uniformierten Beamten. Dieser Beamte hat beim Auftauchen nur noch die Feststellung machen können, daß sich diese Jugendlichen auf ihre Räder schwangen und unter Grölen und anstößigen Flaxereien das Feld räumten. Am 28. 6. 41 habe ich selbst in der Gegend des Wittkampbusches kontrolliert. Da aber dort schon ein uniformierter Beamter mit Hund kontrollierte, hat sich selbstverständlich keiner dieser Burschen sehen lassen. Einzelne Jugendliche fuhren aber ständig durch den Busch auf und ab und aus ihren Redensarten konnte man entnehmen, daß sie sich über den Beamten lustig machten. Ich begab mich später zur Mellinghoferstraße, da ich annahm, daß die Jugendlichen doch irgendwo sein müßten. Meine Annahme stellte sich als richtig heraus, denn auf der Mellinghoferstr. sowie auf der Autorverbindungsstraße standen verschiedene Gruppen, Jungen und Mädel, teilweise in bündische Aufmachung und fast alle ein Edelweiß tragend. Ich hörte, wie sie sich über die Polizei unterhielten und alle waren der Meinung des Wortführers – ein Bursche von 17–18 Jahren – daß sie doch schlauer seien und die Polizei überlisten würden, wo sie es nur könnten. Nach meiner oberflächlichen Schätzung hielten sich in der Gegend der Mellinghoferstr. rd. 50 Jugendliche auf, die wahrscheinlich alle aus der Oberhausener Gegend sein mußten, denn bei der inzwischenzeitlichen eingetretenen Dunkelheit fuhren sie ausnahmslos die Mellinghoferstr. sowie die Auto-Verbindungsstr. in Richtung Oberhausen.
Am 29. oder 30. 6. wurde in Dümpten in der Nähe der Gastwirtschaft Schroer eine Kirmes eröffnet. Hier schien sich nun der Anzie-

hungspunkt für diese Elemente zu ergeben. Auf den ersten Blick konnte man feststellen, daß es von diesen Burschen nur so wimmelte, und auch Mädel, die fast alle einen edelweißgeschmückten Gürtel trugen, waren in großer Anzahl vorhanden. Später kam es zu den Tatsachen, die Sturmführer Sch. in einem Bericht niedergelegt hat. Am Dienstag, den 1. 7. war ich selbst wieder auf dem Kirmesplatz und meine Anwesenheit hatte sich schnellstens herumgesprochen, da nun auch Dümptener, den Kreisen nahestehende Jugendliche, anwesend waren, die mich kannten. Verschiedentlich wurde ich angerempelt und man versuchte unter allen Umständen Streit anzufangen. Auffallend war heute, daß nur noch sehr wenige Jugendliche ein Edelweiß trugen, dafür aber rote und farbige Wollplümel an den bunten Hemden getragen wurden. Aufgrund meines Ausweises habe ich ruhig und bestimmt die Ausweise aller mir auffallenden Jugendlichen verlangt und die Wollplümel, die nicht nur von den Jungen, sondern auch von den Mädels getragen wurden, eingezogen. Desweiteren wurden von anderen Jungen und Mädeln Anker und Edelweiße getragen, die aber als Leuchtplaketten anzusehen waren und somit nicht eingezogen werden konnten, trotzdem uns bekannt war, daß diese Jugendlichen auch dazu gehören. Später kam der Sturmführer Sch. hinzu und wir haben gemeinsam noch einige Jugendliche vorgenommen. Einer dieser Burschen, der uns schon während der ganzen Zeit als anmaßend aufgefallen war, versuchte mich zu schlagen, als ich ihn um seinen Ausweis bat. Ich war aber etwas schneller und konnte den Angriff mit einem entsprechenden Gegenschlag abwehren. Der P. Sch. kam mir sofort zur Hilfe und auch ihm gegenüber legte der Jugendliche einen Ton an den Tag, der einfach nicht mehr schön war. Nun konnte man bemerken, daß fast alle Jugendlichen auf dem Platz – außer den anwesenden Hitler-Jungen und Führern – gegen uns Partei ergriffen, trotzdem dieser Bursche – er war ungefähr 17 Jahre alt – provoziert hatte. Nach einiger Zeit kam die Polizei hinzu und führte ihn ab. Die Anwohner haben uns immer wieder unterstützt und in ihren Ausführungen kam immer wieder zum Ausdruck, daß es endlich einmal an der Zeit wäre, daß man sie von dieser Plage befreie. Man könne kaum noch alleine über die Straße gehen, überall würden diese Burschen in ihrer provozierenden Art auftauchen. Als ich in der anbrechenden Dunkelheit den Platz verließ, kam ein Radfahrer hinter mir her, der mir im Vorbeigehen zurief »Du bist der Nächste, der dran glauben muß.«
Dieser Bursche hatte wieder sein wahrscheinlich vorher abgelegtes rotes Halstuch um.

Ich bin der Auffassung, daß diese Gruppen zentral geführt werden und bewußt diese Zwischenfälle hervorrufen um damit Unruhe in der Bevölkerung zu stiften.

Heil Hitler!
gez. Unterschrift
HJ-Untersuchungsführer u.O.Geff.

Schreiben des NSDAP-Ortsgruppenleiters in Düsseldorf-Grafenberg an die Gestapo Düsseldorf vom 17. Juli 1943

Betr.: Angelegenheit »Edelweißpiraten«

Obige Burschen machen sich wieder breit. Mir wird gemeldet, daß sich und zwar nach dem letzten Terrorangriff auf Düsseldorf, *Ansammlungen Jugendlicher in der Ostparkanlage stärker denn je bemerkbar machen.* Diese Jugendlichen im Alter von 12–17 Jahren flegeln sich bis in die späten Abendstunden mit Musikinstrumenten und weiblichen Jugendlichen hier herum. Da dieses Gesindel zum großen Teil außerhalb der HJ steht und eine ablehnende Haltung zu dieser Gliederung einnimmt, bilden diese eine Gefahr für die übrige Jugend. Neuerdings wurde festgestellt, daß auch Angehörige der Wehrmacht mit diesen Jugendlichen zusammen sind, die aufgrund ihrer Wehrmachtsangehörigkeit ein besonders arrogantes Auftreten an den Tag legen. Es besteht der Verdacht, daß diese Jugendlichen diejenigen sind, welche die Wände in der Unterführung an der Altenbergstraße beschreiben mit »Nieder mit Hitler«, »das OKW. lügt«, »Orden und Ehrenzeichen für das große Morden«, »Nieder mit der Nazzi-Bestie« (sic!) usw. Diese Anschriften können so oft beseitigt werden, wie man will, innerhalb weniger Tage sind die Wände wieder neu beschrieben. Von den Jugendlichen wurden nachfolgende festgestellt:

L., Bruchstr. 20
S., Willi, Bruchstr. 20
C., Theodor, Bruchstr. 99
G., Adolf, Bruchstr. 101
P., Torfbruchsiedlung 209, dieser ist schon mehrfach von der Polizei und dem Jugendgericht wegen vagabundieren und Schlägerei mit seinem Meister verwarnt worden.

L., Benzstr. 17

Sch., Werner geb. 21. 3. 1925, dieser gibt sich, da der franz. Sprache mächtig, als franz. Zivilarbeiter aus. Er arbeitet bei der Gutehoffnungshütte, Grafenberg.

B., Bruchstr. 100

M., Heinr., Benzstr. 11

Außerdem war bei den Jugendlichen der Soldat, Gefreiter K., Benzstr. 4, szt. in Urlaub und nahm ein sehr freches und herausforderndes Wesen ein. Trotzdem den Jugendlichen der verbotene Aufenthalt in den späten Abendstunden im Ostpark bekannt ist, erscheinen diese immer wieder und zwar durchweg gegen Wochenende. Neben der nächtlichen Ruhestörung legen sie auch ein herausforderndes Benehmen an den Tag. Die Anwohner beschweren sich hierüber mit Recht.

Es muß in dieser Angelegenheit unbedingt etwas unternommen werden und bitte ich geeignete Maßnahmen gegen dieses Gesindel zu ergreifen.

Heil Hitler
gez. Unterschrift
Ortsgruppenleiter

Durch die Kreisleitung Gauhauptstadt Düsseldorf der NSDAP.

9. Partisanen in Köln

Aus einem Lagebericht des Kölner Generalstaatsanwalts an das Reichsjustizministerium vom 30. Januar 1945

Über die allgemeine Lage im Bezirk OLG. Köln hat der Herr Reichsminister der Justiz auf seiner Reise durch den Bezirk in der Zeit vom 18.–21. Januar 1945 durch eigne Beobachtungen ein umfassendes Bild gewonnen, das durch eine schriftliche Darstellung nicht eindrucksvoller gestaltet werden kann. Es kann deshalb nur Aufgabe dieses Berichtes sein, das gewonnene Bild skizzenhaft zu ergänzen.

War bis zum Beginn der Winteroffensive Mitte Dezember v. Js. die militärische Lage im ganzen Bezirk, namentlich aber im Raume westlich Köln zwischen der Eifel, Düren und Jülich durch das, wenn auch nur schrittweise Vordringen der amerikanischen Truppen aufs äußerste angespannt, so trat durch das schnelle Vordringen unserer Wehrmacht im Raume St. Vith und über die Eifel in den Nordteil Luxemburgs eine fühlbare Entlastung ein. Eine Wendung ins Gegenteil trat hingegen wieder ein, als das klare Winterwetter vor und während der Weihnachtstage dem westlichen Gegner die volle Entfaltung seiner Luftwaffe gestattete. Zahlreiche Städte des Bezirks, die bis dahin vom Luftkriege ganz verschont geblieben waren, waren in dieser Zeit das Ziel feindlicher Luftangriffe. Zu nennen sind hier Bonn, Siegburg, Remagen, Sinzig, Andernach, Neuwied, Weißenthurm, Koblenz, Boppard, Bad Kreuznach, Mayen, Kochem, zahlreiche Orte des Ahrtals, Wittlich und Bitburg. Der Feind hatte es offensichtlich darauf abgesehen, alle Eisenbahnlinien und Verkehrswege nach der Offensivfront auszuschalten und die Truppenunterkünfte zu zerstören. Das Vorhaben ist dem Feinde in erheblichem Umfange gelungen. Wege und Eisenbahnlinien, die bei meiner Dienstreise nach Trier im Anfang des Monats Dezember 1944 noch vollkommen intakt waren, sind jetzt erheblich angeschlagen und zum Teil für längere Zeit unbenutzbar trotz der anerkennenswerten Anstrengungen, die die Reichsbahn zu ihrer Wiederherstellung unternimmt. Seine Hauptangriffe richtete der Feind namentlich gegen die

Verkehrsknotenpunkte Köln und Koblenz. In den ersten Tagen des neuen Jahres gelang es ihm im Raume Köln die ausschließlich dem Eisenbahngüterverkehr dienende Südbrücke, die bereits durch einen früheren Angriff angeschlagen war, vollkommen zu zerstören. Am 28. Januar ds. Js. hat Köln einen neuen schweren Schlag durch die Zerstörung der Reichsautobahnbrücke bei Rodenkirchen erlitten. Die beiden noch vorhandenen Brücken, die Hohenzollern- und die Hindenburgbrücke, haben zwar auch Schäden erlitten, sind aber noch benutzbar. Die in den Strom gestürzten Eisenbahnmassen sperren die Schiffahrt vollkommen. Dies hat den Ausfall aller Kohlentransporte stromaufwärts zur Folge. Nicht weniger schwer waren die Angriffe, die der Stadt Koblenz galten. Die Zerstörungen in der Stadt sind so schwer, daß fast alle Behörden, die nicht örtlich gebunden sind, aus der Stadt verlegt sind. Auch die Justizbehörden sollen mit Ausnahme des Sondergerichts und der Anklagebehörde beim Sondergericht auf Anordnung des Reichsverteidigungs-Kommissars für den Gau Moselland die Stadt verlassen. Die Rheinbrücke, die Koblenz mit Ehrenbreitstein verbindet, hat zwar einigen Schaden erlitten, ist aber nach kurzer Sperrung wieder befahrbar. Das Eisenbahnnetz im Rhein-, Mosel-, Nahe- und Ahrtal hat empfindliche Störungen erlitten, die den Nachschub an die Front erheblich erschweren, ganz abgesehen von den Erschwernissen, die die Versorgung der Zivilbevölkerung mit Nahrungsmitteln und Brennstoffen und die der Rüstungsindustrie mit Kraftstoffen, Rohmaterialien und Halbfabrikaten erfährt. Die Ungunst des anhaltenden Winterwetters steigert diese Erschwernisse ungeheuer. Abgesehen von einem ungewöhnlichen Temperaturfall ist im Rheingebiet ein so starker Schneefall zu verzeichnen, wie er seit mehreren Jahrzehnten nicht beobachtet worden ist. Es fehlt nicht nur an dem notwendigsten Hausbrand, auch auf dem Sektor der Rüstungsindustrie ist die Versorgung mit Kohle so angespannt, daß selbst auf dem rechtsrheinischen Gebiet einige Werke in den letzten Tagen haben stillgelegt werden müssen. Davon sind auch Werke betroffen, für die das Zuchthaus in Siegburg größere Arbeitskommandos stellt, so in letzter Zeit die Rheinische Zellwolle AG. in Siegburg und die Deutsche Dynamit AG. in Troisdorf. Der Neueinsatz der freigewordenen Gefangenen ist bereits geregelt. Die Deutsche Dynamit AG. trägt sich mit dem Plan, einen Teil ihrer Produktion weiter ostwärts zu verlagern und dort auch ein größeres Lager zur Unterbringung von Gefangenen zu errichten. Ich begrüße und fördere das Vorhaben, da dadurch eine wesentliche Entlastung der Hauptanstalt erreicht werden würde.

Nicht weniger angespannt ist die Lage auf dem Sektor der Versorgung der Zivilbevölkerung mit Lebensmitteln, wie auf der Konferenz beim Reichsverteidigungs-Kommissar am 29. Januar mitgeteilt wurde. Die Vorräte an Brotgetreide reichen nur für einige Wochen. Hinzu kommt, daß die in den linksrheinischen Überschußgebieten lagernden Mengen nicht abtransportiert werden können. Mehltransporte aus den östlichen Gebieten erreichen den Gau nicht, da sie unterwegs gekapert werden. Selbst die Reichsbahn soll unterwegs Mehl angeboten haben, um die Waggons freizubekommen. Man ist deshalb dazu übergegangen, die Mehltransporte durch einen Sonderführer begleiten zu lassen, der die Mehlzüge bis zum Ziel durchschleust. Die Kartoffelversorgung ist durch die anhaltende Kälte ins Stocken geraten. Die lagernden Vorräte sind nur gering. Die im Gebiet Mayen lagernden Vorräte können nicht angefahren werden. Die Lage im allgemeinen zwingt zu einer Kürzung der Brot- und Kartoffelrationen. Die Versorgung der Bevölkerung mit Nährmitteln und Teigwaren ist dadurch ins Stocken geraten, daß die im Gaugebiet oder in den angrenzenden Bezirken liegenden Herstellungsbetriebe durch Feindeinwirkung zerstört worden sind. Das gleiche gilt von den Großmühlen des Gaues Köln-Aachen und den Großbäckereien der Stadt Köln. Besonders angespannt ist die Lage in dieser Beziehung in den rechtsrheinisch gelegenen Kreisen, wohin ein großer Teil der Bevölkerung der Stadt Köln ausgewichen ist. Diese Mangellage führt dazu, daß zahlreiche Hausfrauen aus diesen Kreisen nach Köln reisen, um ihren Bedarf an Nährmitteln und Teigwaren zu decken, wodurch die knappen Vorräte für die Kölner Versorgungsberechtigten noch mehr gekürzt werden, ganz abgesehen davon, daß diese hin und herreisenden Frauen eine schwere Belastung des Verkehrs, ja geradezu eine Landplage des Kraftwagenverkehrs bedeuten, da eine jede von ihnen einen Anspruch zu haben glaubt, von einem nicht voll besetzten Kraftwagen mitgenommen zu werden.
Die Mangellage auf dem Lebensmittelmarkt hat auch dadurch eine Verschärfung erfahren, daß die Einbruchdiebstähle in Lebensmittelgeschäfte eine erhebliche Zunahme erfahren haben. Die Kriminalpolizei steht in einem schweren Kampf mit den Dieben, die sich in Banden organisiert haben; wiederholt ist es zu Schießereien zwischen der Kriminalpolizei und den Einbrecherbanden gekommen. Es mehren sich aber auch die Fälle, daß Lebensmittelhändler Einbruchdiebstähle fingieren, um die Fehlmengen, die durch Abgabe ohne Bezugsberechtigungen entstanden sind, zu decken oder Vorräte zu sammeln. Das Landesernährungsamt hat scharfe Maßnahmen ange-

droht, um diesem Unwesen zu steuern. Der Schwarzhandel steht nach der Erklärung des Leiters der Kriminalpolizei in einer nie gekannten Blüte. Erst unlängst ist es der Kriminalpolizei gelungen, eine Bande von 30 Schwarzhändlern in einem Lokal in Köln festzunehmen. Zigaretten werden zu einem Preise von 4,– RM je Stück gehandelt.
Die Kriminalität hat im ganzen Bezirk erheblich zugenommen, dies gilt insbesondere von den vom Luftkrieg hart betroffenen Städten. In erster Linie ist hier die Stadt Köln zu nennen. Über die besonderen Vorkommnisse auf dem Gebiete der Bandenbildung mit zum Teil rein kriminellem, zum Teil aber auch politischem Einschlag habe ich fortlaufend zum Aktenzeichen IV g 1 ob 28/45 berichtet. Es kann deshalb nur die Aufgabe dieses Berichts sein, eine zusammenfassende Darstellung zu geben, indem ich dabei den Bericht des Leiters der Staatspolizeistelle Köln zugrunde lege, den dieser auf der Konferenz beim Reichsverteidigungs-Kommissar für den Gau Köln-Aachen am 29. Januar erstattete. In erster Linie ist hier die Großbande zu nennen, die seit August 1944 in dem Stadtteil Köln-Ehrenfeld ihr Unwesen trieb. Nach den Feststellungen der Staatspolizei zählte sie im ganzen 128 Köpfe. Sie setzte sich in gleicher Weise aus Deutschen und Ausländern zusammen. Sie terrorisierte nicht nur die Zivilbevölkerung, sondern hatte es auch darauf abgesehen, politische Leiter der NSDAP zu beseitigen. In ihren Reihen befanden sich auch viele Jugendliche im Alter von 16–18 Jahren, ja sogar von 15 Jahren, die früher den »Edelweißpiraten« angehört hatten. Die milde Behandlung, die den Edelweißpiraten in der Regel von dem Kölner Jugendgericht widerfahren war, ist somit fehl am Platz gewesen. Die Bande ist durch das Eingreifen der Geheimen Staatspolizei, die eine erhebliche Anzahl der Bandenmitglieder öffentlich executiert hat, zerschlagen. Neben dieser Großbande hat die Geheime Staatspolizei das Wirken von etwa 20 weiteren Banden von verschiedener Stärke von 3–20 Köpfen feststellen können. Eine Bande allein hat *acht* Morde auf dem Gewissen. Sie setzte sich aus Polen, Franzosen und einigen Deutschen zusammen.
Auf das Konto aller Banden gehen insgesamt 29 Morde. Unter den Ermordeten befinden sich 5 politische Leiter, 1 SA-Mann, 1 HJ-Angehöriger, 6 Polizeibeamte, darunter der Leiter der Staatspolizeistelle Köln, – SS-Sturmbannführer Reg. Rat *Hofman* –, der am 26. November 1944 im Kampf gegen eine Bande im Stadtteil Köln-Klettenberg fiel, und zwei weitere Beamte der Geheimen Staatspolizei, 11 Zivilisten und 5 Wehrmachtsangehörige. Von den begangenen

Morden sind bis jetzt 8 nicht aufgeklärt worden. Zahlreiche Waffen aller Art konnten bei den Bandenmitgliedern gefunden und sichergestellt werden. Es konnte festgestellt werden, daß Bestrebungen im Gange waren, alle Banden zusammenzufassen.
Durch das tatkräftige Vorgehen der Geheimen Staatspolizei konnte dieses Vorhaben vereitelt werden. Alle Banden konnten zerschlagen werden. Wie der Leiter der Staatspolizeistelle hervorhob, haben die Banden in letzter Zeit ihre Tätigkeit nach Wuppertal und Bonn verlagert, eine Tatsache, die ich hinsichtlich der Stadt Bonn selbst festzustellen vermeinte, da dort nach den heftigen Luftangriffen Ende Dezember 1944 zwei Morde zu verzeichnen waren, die von Bandenmitgliedern begangen sein mußten. Der Vortragende hob in diesem Zusammenhang hervor, daß in letzter Zeit die Tätigkeit der rein kriminellen Elemente ohne politischen Einschlag stark zunehme. Dabei handle es sich nicht allein um organisierte Banden, sondern auch um sogenannte wilde Täter, denen schwer beizukommen sei, da gegen sie nicht mit Vertrauensmännern gearbeitet werden könne.
Der Geheimen Staatspolizei ist es ferner gelungen, die Organisation »Komitee Freies Deutschland« unschädlich zu machen. Der Kopf der Organisation, bestehend aus 59 Funktionären, konnte festgenommen werden. Unter den Festgenommenen befinden sich 2 Juden, 2 Deserteure und zahlreiche erfahrene Kommunisten, die vor dem Kriege lange in Konzentrationslagern zugebracht hatten. Zu den Mitarbeitern zählte ein Kunstmaler, der gefälschte Ausweise herstellte. Einen solchen besaß ein Arzt, der zusammen mit zwei Parteigenossen zu dem Komitee gehörte. Die Organisation hatte bereits vor 15 Monaten ihre Tätigkeit aufgenommen. Sie arbeitete zunächst nur vorbereitend und hatte sich zur Aufgabe gestellt
1. auf eine schnelle Beendigung des Krieges hinzuwirken,
2. die NSDAP zu zerschlagen,
3. Mitglieder der früheren Parteien zu einer Volksfront zu sammeln,
4. eine neue Regierungsbildung vorzubereiten.
Insgesamt hat die Geheime Staatspolizei 500 Personen festgenommen. Unter den Festgenommenen befinden sich rund 200 Deutsche, der Rest sind Ausländer und Staatenlose.
Von den Festgenommenen hat die Geheime Staatspolizei 10 Personen der Staatsanwaltschaft überstellt, von denen 8 wegen Zersetzung der Wehrkraft, Feindbegünstigung, Vorbereitung zum Hochverrat, Abhören ausländischer Sender und Verbreitung der abgehörten Feindnachrichten vor dem Kölner Senat des Volksgerichtshofs ange-

klagt worden sind. In der Hauptverhandlung am 16. Januar 1945 verurteilte der Senat 3 Angeklagte zum Tode, 3 weitere zu Zuchthausstrafen von 2–5 Jahren, eine Angeklagte zu 1 Jahr und 3 Mon. Gefängnis, während ein Angeklagter freigesprochen wurde. Das Urteil an den drei zum Tode Verurteilten ist am 18. Januar 1945 durch ein Kommando der Schutzpolizei aus Köln in Siegburg durch Erschießen vollstreckt worden. Gericht und Staatsanwaltschaft haben durch die Erledigung des Falles unter Beweis gestellt, daß sie trotz aller sich entgegenstellender Schwierigkeiten in der Lage sind, auch umfangreichere Straffälle rein politischer Art abzuurteilen. Als besondere Schwierigkeit hat sich bei diesem Verfahren herausgestellt die Laienrichter rechtzeitig zur Hauptverhandlung heranzubekommen. Obwohl nur solche Laienrichter zu der Hauptverhandlung geladen waren, die in Köln oder der nächsten Umgebung der Stadt ansässig sind, waren nur zwei davon erschienen. Der Polizeipräsident, SA-Gruppenführer H., hatte sein Ausbleiben damit entschuldigt, daß er in seiner Eigenschaft als Polizeipräsident und örtlicher Luftschutzleiter von Köln seinen Dienstsitz nicht für einen ganzen Tag verlassen könne. Ebenso hat der zur Hauptverhandlung erschienene Landrat des Landkreises Köln, Oberbereichsleiter L. erklärt, daß er in Zukunft an den Sitzungen des Senats nicht teilnehmen könne, da seine Dienstgeschäfte seine Abwesenheit für mehrere Stunden am Tage nicht gestatteten. Der Herr Oberlandesgerichtspräsident wird wegen der Vermehrung der Laienrichter besonders berichten.

Im Anschluß an die Aburteilung der Strafsache gegen H. und And., über die ich besonders berichtet habe, habe ich an den Leiter der Staatspolizeistelle in Köln die Frage gestellt, ob und wann weitere Fälle, insbesondere auch gegen Bandenangehörige der Strafverfolgungsbehörde überstellt werden würden. Eine eindeutige Antwort habe ich auf meine Frage nicht erhalten. (. . .)

Aus den Tagesrapporten der Stapostelle Köln 1944

Geheime Staatspolizei
Staatspolizeistelle Köln **Köln, den 26. November 1944.**

GEHEIM!

An das
Reichssicherheitshauptamt
– IV Gst –
in Berlin SW 11
Prinz Albrecht Str. 8

Nachrichtlich;
gemäß Sonderverteiler.

Tagesrapport Nr. 2
Sabotage

Am 1. 11. 1944 wurde bei der Firma Schmidt und Clemens, Eisengießerei, in Berghausen, Oberbergischer Kreis, von unbekannten Tätern die Wasserzufuhr zu einem Hochfrequenzschmelzofen unterbrochen. Ehe größerer Schaden angerichtet wurde, der die Fabrikation in Frage gestellt hätte, konnte durch die Aufmerksamkeit eines Meisters der Sabotageakt festgestellt und die Wasserzufuhr wieder in Gang gebracht werden. Der Verdacht richtet sich gegen im Werk tätige italienische Arbeiter. Die Ermittlungen sind eingeleitet.

Widerstandsgruppen

Am 24. 10. 1944 landeten in der Gegend von Hülsebusch, Oberbergischer Kreis, zwei amerikanische Fallschirmspringer, die aus einem abgeschossenen Flugzeug ausgestiegen sind. Im Zuge der von der Wehrmacht in Zusammenarbeit mit der Gendarmerie unter Heranziehung aller zur Verfügung stehenden Werkschutzkräfte durchgeführten Fahndung wurden die Waldgebiete der näheren Umgebung durchkämmt. Hierbei wurde ein Waldlager entdeckt, das vermutlich von flüchtigen ausländischen Arbeitern oder von Kriegs-

gefangenen, die die Umgebung fortlaufend durch Einbruch und Diebstähle terrorisieren, benutzt wurde. Trotz Einsatz von Spürhunden gelang es weder der Fallschirmspringer noch der Diebesbande habhaft zu werden.
Am 7. 11. 1944 gegen 23.30 Uhr wurde in Köln-Ehrenfeld Ecke Venloer- und Gutenbergstraße, der Meister der Feuerschutzpolizei Karl L., geb. am 16. 1. 99 zu Köln, wohnhaft in Köln-Zollstock, Roisdorferstr. 14, von unbekannten Tätern erschossen (Lungendurchschuß). Als Täter kommen vermutlich flüchtige Gastarbeiter in Frage. Die Ermittlungen sind eingeleitet.
Am 19. 11. 1944 um 19.30 Uhr wurde in Köln der Hauptmann Z., der eine Gruppe von Männern nach dem Wege zum Offiziersheim fragte, von unbekannten Tätern, wahrscheinlich Ostarbeiter, durch einen Gewehrschuß am Hals und an der Schulter verletzt.
Auf der Fahndung nach flüchtigen Ostarbeitern wurde von einem Beamten der Schutzpolizei am 19. 11. 1944 der aus dem Zuchthaus entwichene Verbrecher J., nähere Personalien noch nicht bekannt, auf der Flucht erschossen. Im Besitz des Erschossenen befand sich ein Blatt aus dem Wehrpaß eines gewissen Friedrich B.
Die Ermittlungen sind eingeleitet.
Durch die Kriminalpolizeileitstelle in Köln wurden die Ostarbeiter S. und P. wegen dringenden Verdachts, die Mörder des Reichsbahngehilfen Julius Ü., geb. am 13. 5. 1916 in Köln, zu sein, festgenommen und der Staatspolizeistelle Köln überstellt. Auf Grund des Beweismaterials gestanden sie nach langwierigen Vernehmungen, daß sie Ü. am 25. 10. 1941 in Köln-Zollstock, als er ihre Ausweispapiere kontrollieren wollte, erschossen hätten. Bei den Tätern handelt es sich um Mitglieder einer bewaffneten Einbrecherbande, die sich aus arbeitsvertragsbrüchigen Ostarbeitern zusammensetzte und auf deren Konto hauptsächlich die Beraubung von Eisenbahnwaggons kommt.
(Tagesrapport Nr. 5 vom 30. 10. 1944).

Köln-Ehrenfelder Terrorgruppe

vgl. Tagesrapport Nr. 2 vom 5.10.1944
vgl. Tagesrapport Nr. 3 vom 18.10.1944
vgl. Tagesrapport Nr. 7 vom 11.11.1944.
Im Zuge der weiteren Ermittlungen gelang es, 46 weitere Personen festzunehmen, die zu der Terrorgruppe in näherer Beziehung stan-

den. Es konnte ihnen Beteiligung an Einbrüchen, Waffenschmuggel und Absatz von Diebesgut nachgewiesen werden. Insgesamt sind bisher 156 Festnahmen durchgeführt worden.
Nach dem bisherigen Ermittlungsergebnis haben die Mitglieder der Terrorgruppe neben den Morden etwa 50 Einbrüche während der Dunkelheit unter Mitführung schußbereiter Pistolen durchgeführt. Dabei sind ihnen Werte, insbesondere Lebensmittel und Mangelware, im Betrage von etwa 250 000,– RM in die Hände gefallen. Außerdem haben die Mitglieder der Terrorbande erhebliche Mengen Brennstoff, die aus den auf Straßen parkenden Wagen abgezapft wurden, 3 Personenkraftwagen, 7 Lieferwagen, 1 Motorrad und mehrere Fahrräder gestohlen. Die Fahrzeuge wurden von den Mitgliedern der Terrorbande herrenlos auf der Straße stehen gelassen oder konnten sichergestellt und den Eigentümern wieder zugestellt werden.
In den Abendstunden des 1. 11. 44 wurden durch die Ortspolizeibehörde in einem Strohschober in Weiden (Bez. Köln) 3 flüchtige Ostarbeiter festgenommen. Bei der Durchsuchung des Strohschobers wurden 3 schußbereite 08-Pistolen, etwa 50 Schuß Munition und eine Menge Diebesgut gefunden und sichergestellt. Im Laufe der Ermittlungen wurde festgestellt, daß die festgenommenen Ostarbeiter mit der Köln-Ehrenfelder Terrorgruppe in Verbindung gestanden hatten und daß die bei ihnen gefundenen Waffen von Mitgliedern der Terrorgruppe geliefert worden waren.
Es konnte der Nachweis erbracht werden, daß die Ostarbeiter
1. am 31. 10. 1944 den Wächter K. durch zwei Schüsse so schwer verletzt haben, daß er nach einigen Tagen seinen Verletzungen erlegen ist,
2. am 31. 1. 1944 den Wachtmeister der Schutzpolizei W. der ersten Standortkompanie Köln durch zwei Schüsse schwer verletzt haben und
3. Ende Oktober auf dem Lager der Altmaterialienhändler N. & K. in Köln-Bickendorf eine wüste Schießerei veranstaltet haben.
Die bisherigen Ermittlungen im Rahmen der Aktion gegen die Köln-Ehrenfelder Terrorgruppe haben zur Aufklärung folgender Morde und Mordversuche geführt:
1. Mord an dem Pol.Insp. u. Pol.Leiter *Sch.*,
2. Mord an dem Ortsgruppenleiter *Sö.*,
3. Mord an dem SA-Scharführer *Kr.*,
4. Mord an dem HJ-Streifenführer *H.*,
5. Mord an dem Wächter *Kl.*,

6. Mordversuch an dem Pol. Wachtmeister *D.*,
7. Mordversuch an dem Angestellten *E.*,
8. Mordversuch an dem Pol. Wachtmeister *W.*

Vernehmungsmäßige Hinweise deuten darauf hin, daß einige Mitglieder der Terrorgruppe zu den Angehörigen des National-Komitee »Freies Deutschland« Verbindung unterhalten haben. Die Ermittlungen in dieser Hinsicht sind eingeleitet und werden mit Nachdruck fortgeführt.

gez. Dr. H.
Beglaubigt
gez. Unterschrift
Angestellte

Geheime Staatspolizei
Staatspolizeistelle Köln **Köln, den 20. Dezbr. 1944**

GEHEIM!

An das
Reichssicherheitshauptamt – IV Ost –
in Berlin
Nachrichtlich:
gemäß Sonderverteiler.

Tagesrapport Nr. 3
Widerstandsbewegungen.

Die Staatspolizeistelle Köln führte die Bekämpfung der Terroristengefahr im Stadtbereich weiterhin energisch durch. Vermutungen gehen dahin, daß die einzelnen Terrorgruppen, insbesondere die Gruppen der Ostarbeiter nunmehr durch Agenten zentral gesteuert werden. Aussagen verschiedener Bandenangehöriger lassen jedenfalls darauf schließen. Festgestellt konnte bisher jedoch nur werden, daß die einzelnen Gruppen untereinander Fühlung halten, aber ihre Standorte sich gegenseitig nicht verraten.

Auf Grund nachrichtendienstlicher Tätigkeit und Angaben Festgenommener wurden im Stadtbereich Köln weiter folgende Aktionen durchgeführt:

VM-Meldungen wiesen seit einiger Zeit darauf hin, daß in einer berüchtigten Straße der Stadt eine große, starke Bande ihr Unwesen trieb. Führer dieser Bande sollte ein entsprungener Zuchthäusler sein. Da genaue Anhaltspunkte für den Aufenthalt dieser Bande nicht vorhanden waren, wurde in den Morgenstunden des 3. 12. 1944

in Zusammenarbeit mit der Ordnungspolizei der gesamte Straßenbereich umstellt und durchsucht. Die Aktion führte zum vollen Erfolg. Alle Mitglieder der Bande wurden gefaßt. Festgenommen wurden 22 Personen, darunter mehrere polnische Zivilarbeiter und Ostarbeiter. Dem Bandenführer gelang es, aus dem Fenster einer im 2. Stock gelegenen Wohnung hinauszuspringen und zu flüchten. Bei seiner Verfolgung wurde er auf dem Dach des Hauses einer Nebenstraße gestellt und festgenommen. Eine schußbereite Pistole wurde sichergestellt. Der Bande wurden zahlreiche Einbruchdiebstähle nachgewiesen, über eine politische Tätigkeit liegen Anhaltspunkte noch nicht vor.
In den Kellerräumen eines zerstörten Hauses der Breitestraße hatte sich eine Gruppe Ausländer festgesetzt. Die Stärke und Ausrüstung der Bande war zunächst nicht bekannt. Bei dem Zugriff am 7. 12. 1944 wurden 4 Ausländer, und zwar 1 Italiener, 1 Pole und 2 Polinnen vorgefunden und festgenommen. Erhebliche Mengen an Lebensmitteln und Kleidungsstücken wurden sichergestellt.
Am 8. 12. 44 wurde gegen eine in einem anderen Stadtviertel ihr Unwesen treibende Gruppe eingeschritten. Festgenommen wurden 10 Franzosen, darunter 2 Frauen und eine Reichsangehörige. Zwei Franzosen wurden auf der Flucht erschossen. Nach dem bisherigen Ermittlungsergebnis handelt es sich vermutlich um eine kommunistische Gruppe.
Am 10. 12. 44 wurde durch die Aussage eines Bandenangehörigen bekannt, daß in einer Straße am Großen Griechenmarkt Mitglieder einer Bande Unterschlupf gefunden hatten. Bei dem Eindringen in die Kellerräume stießen die Beamten auf Widerstand. Ein aus hiesigen Beamten gebildeter Stoßtrupp ging daraufhin mit Maschinenpistolen und Handgranaten gegen die Banditen vor. Diese verteidigten sich ebenfalls mit Maschinenpistolen und Handgranaten. Da in dem äußerst unübersichtlichen Kellergelände ein weiteres Eindringen des Stoßtrupps nicht möglich war, wurde ein Sprengkommando der Feuerschutzpolizei hinzugezogen, das zahlreiche Sprengungen vornahm, um an die Bande heranzukommen. Die Aktion begann um 14.00 Uhr und war nachts um 2.15 Uhr beendet.
Bei der Aktion wurde ein längst gesuchter Bandenführer erschossen, ein Bandenangehöriger und eine Frau wurden tot aufgefunden und eine weitere Frau wurde festgenommen. Nach ihren Angaben hielten sich 8 Bandenmitglieder in dem Kellergelände auf. Die restlichen 4 Banditen sind durch die Sprengungen verschüttet und inzwischen tot ausgegraben worden.

Am 11. 12. 44 wurde nochmals in dem gleichen Stadtteil eine Durchkämmung vorgenommen, wobei ein weiterer Angehöriger der Bande durch einen überraschenden Zugriff festgenommen werden konnte. Er war im Besitze einer Pistole – P 38 – und Stielhandgranaten.
Die am 10. und 11. 12. 44 ausgehobene Bande war eine der gefährlichsten und aktivsten Terrorgruppen. Mit ihr haben Kommandos der hiesigen Dienststelle wiederholt Feuergefechte zu bestehen gehabt. Bei einem dieser Feuergefechte mit dieser Bande wurde der Leiter der hiesigen Dienststelle erschossen. Sie hat lange Zeit durch Morde, Raub und Plünderungen die Kölner Bevölkerung in Aufregung gehalten. Verwegenheit und rücksichtsloser Schußwaffengebrauch waren die Haupteigenschaften der Mitglieder. Mit der Erledigung gerade dieser Bande konnte ein akuter Gefahrenherd beseitigt werden.
Am 15. 12. 44 konnte eine ebenfalls seit langer Zeit beobachtete Bande ausgehoben werden, die von ehemaligen Konzentrationslagerhäftlingen geführt wurde. Festgenommen wurden 20 Personen und zwar: 15 Deutsche, darunter 4 Frauen, 3 Franzosen, darunter 1 Frau, und 2 Italiener. Unter den Deutschen befindet sich ein Zellenleiter der NSDAP, und ein SHD-Mann. Der Führer der Bande war Truppführer bei der Feuerwehr. Ob diese Bande sich politisch betätigt hat, ließ sich bisher nicht feststellen, da die Ermittlungen noch nicht abgeschlossen werden konnten. Zahlreiche Einbrüche, vermutlich auch Morde, kommen auf ihr Konto.
Am 17. 12. 44 meldete ein Leutnant der Schutzpolizei, daß sich im 3. Stock eines Hauses am Thürmchenswall in Köln Banditen aufhielten, die auf Straßenpassanten geschossen hätten. Ein entsandtes Kommando stieß auf Widerstand und mußte den Wohnungseingang mit Handgranaten sprengen. Die Wohnungsinsassen verteidigten sich derart stark mit Maschinenpistolen und Handgranaten, daß Verstärkung hinzugezogen werden mußte. Trotz Einsatz eines stärkeren Kommandos Schutzpolizei und Absperrung des umliegenden Geländes gelang es den Banditen, durch die Sperrkette zu flüchten. Auch die unter ständigem Schußwechsel mit den Banditen aufgenommene Verfolgung führte nicht zur Festnahme, da sie sich in dem unübersichtlichen Trümmergelände verbergen konnten.
In der Wohnung wurde ein Karabiner und reichlich Maschinenpistolenmunition in gefüllten Magazinen sichergestellt. Außer gestohlenen Lebensmitteln wurden 3 Postsäcke mit Briefpost neuesten Datums vorgefunden, die wahrscheinlich aus einem Einbruch in ein Postamt herrühren.

Nach Zeugenaussagen gehörten zu der Bande u. a. ein Deserteur einer deutschen Nachrichtentruppe und ein entsprungener Fürsorgezögling. Die Fahndung nach den Flüchtlingen ist aufgenommen.
Am Nachmittag des 17. 12. 44 meldeten V-Personen, daß sich in einem Gelände, in dem sich ein Wehrmachtsbetrieb befände, Mitglieder einer Terrorgruppe aufhalten. Ein sofort eingesetztes Kommando nahm nach längerer Durchsuchung und wiederholten Feuergefechten 14 Personen fest. Unter den Festgenommenen befanden sich 8 Russen, 4 Russinnen und 2 Italiener.
Bei der Aktion konnten wiederum 3 längst gesuchte Terroristenführer festgenommen werden, auf deren Konto mehrere Morde, und die Erschießung zweier Beamten, (KOS. Tr. und K.S. Sch.) der hiesigen Dienststelle, zu verzeichnen sind.
Am 18. 12. 44 wurden bei einem Zugriff gegen eine Bande, die sich in einem vielverzweigten Kellergelände in der Streitzeuggasse in Köln festgesetzt hatte, 10 Personen festgenommen. Darunter befanden sich 6 Italiener, 3 Italienerinnen und ein Pole. Umfangreiches Diebesgut konnte sichergestellt werden.
Damit sind bisher, die Aktionen in Köln-Ehrenfeld ausgenommen, etwa 200 Bandenmitglieder im Stadtbereich Köln festgenommen und unschädlich gemacht worden. Unter diesen 200 Personen befinden sich mehrere Bandenführer, deren Gefährlichkeit und Aktivität hier hinreichend bekannt war. Durch umfangreiche Kleinarbeit und trotz schwieriger Lagen konnte dieses Ergebnis erreicht werden.
Nachrichtendienstliche Tätigkeit und weiterer ständiger Einsatz der hiesigen Beamten werden erreichen, daß auch die übrigen noch vorhandenen Banden zerschlagen werden.

In Vertretung:
gez.: F.

Beglaubigt:
gez. Unterschrift
Angestellte.

10. Unterdrückung und Verfolgung

Dem Regime des »Dritten Reiches« stand eine Fülle von Überwachungs-, Denunziations- und Bestrafungsmitteln zur Verfügung. Die Akten der Gestapo umfassen Denunziationen nationalsozialistischer Organisationen, staatlicher Behörden bis hin zum Arbeitsamt, von Unternehmen, ja sogar von »besorgten« Eltern.
Dem entsprachen Sanktionen von der Vernehmung und Verwarnung über die Entlassung bis zur Festnahme, Haft und Folter.
Ein Erlaß des Reichssicherheits-Hauptamtes von 1944 faßte noch einmal die juristischen »Tatbestände« und die Verfolgungsmethoden, die gegen die Edelweißpiraten und andere jugendliche Cliquen eingesetzt werden konnten, zusammen. Die brutale Realität hinter dem Behördendeutsch der Erlasse dokumentiert sich dann in einem Visitationsbericht über das Jugend-Konzentrationslager in Moringen.

Eine Meldung von vielen

Nationalsozialistische Deutsche Arbeiter-Partei
Gauleitung Düsseldorf

Abt.: *Gaugeschäftsführung* Düsseldorf, den 7. Oktober 1941
Hauptstelle Berichtswesen

An die
Geheime Staatspolizei
Leitstelle
Düsseldorf
Prinz-Georg-Str. 98

Nach uns zugehenden Berichten ist in letzter Zeit wieder eine verstärkte Tätigkeit der »Bündischen Jugend« zu beobachten. Nach

einer Meldung der Kreisleitung Niederberg machen sich dort die sogenannten »Kittelbach-Piraten« sehr bemerkbar. In einem Fall ist einem Hitler-Jungen von diesem Gesindel die ganze Uniform zerfetzt worden. Die »Kittelbach-Piraten« machen den Eindruck einer bolschewistischen Horde und sind, meist in Begleitung von jungen verkommenen Mädchen, in undisziplinierten Horden in bunten Anzügen und bunten Tüchern anzutreffen. In der letzten Zeit wurden sie z. B. häufig im Neandertal beobachtet.
Es erscheint angebracht, die Polizei-Organe zu einem schärferen Vorgehen und zu einem verstärkten Streifeneinsatz zu veranlassen, zumal auch der Streifendienst der Hitler-Jugend infolge zunehmender Einberufungen kaum mehr in der Lage ist, diese Auswüchse wirksam zu bekämpfen.

Heil Hitler!
DIE GAULEITUNG
gez. Unterschrift
Gaugeschäftsführer

Fehlgeleitete Sorge. Das Oberhausener Arbeitsamt übermittelt der Gestapo das Schreiben eines Vaters

Arbeitsamt Oberhausen. II C Oberhausen, den 9. 8. 41.

An den
Herrn Polizeipräsidenten
Geheime Staatspolizei
Oberhausen

Betr.: Berufsberatung E., Philipp, geb. 28. 2. 1925.
Wohnung: Oberhausen, Rudolfstr. 1.
In der Anlage überreiche ich eine Abschrift des Schreibens des Erziehungsberechtigten des Philipp E. vom 24. 7. 41, mit der Bitte um Kenntnisnahme.
Ich bitte, das Weitere von dort aus zu veranlassen.

gez. Unterschrift
Regierungsrat.

Abschrift von Abschrift. Oberhausen, am 24. 7. 41.

An den Herrn Vorsitzenden des Arbeitsamtes Oberhausen!
Unterzeichneter bittet folgendes Schreiben unterbreiten zu dürfen. Mein Sohn Philipp E. geb. 28. 2. 25 arbeitet seit dem vorigen Jahr auf den Babkok-Werken. Dort sollte er eine als Dreher oder Schlosserlehrling eingestellt werden, konnte es aber nicht werden wegen der großen Überzahl an Jungen. Seid dem nun mein Sohn bei den Babkok-Werken ist, und dauernd mit einer ganzen Anzahl Jungs zusammenarbeitet, ist eine vollständige Änderung in seinem Wesen vor sich gegangen. Früher still und folgsam, ist er heute ein ausgesprochener Frechdachs und grober Lümmel. Lohndüten fälschen, an der Arbeit vorbeistreichen und in der Ruhr baden gehn, dann wieder früher wie erlaubt Feierabend machen, sind an der Tagesordnung. Jetzt hat sich dort noch eine Organisation zur Bekämpfung der Hitlerjugend gebildet, da mußte er natürlich auch bei sein. Ich habe nun versucht im guten, wie im schlechten Ihn aufgefordert dieses Treiben zu unterlassen, habe Ihn mit der polizeilichen Fürsorge gedroht aber alles umsonst. Ich möchte nun den letzten Versuch machen, Ihn wieder auf guten Wege zu bringen und darum bitte ich Sie höflichst, mir die Erlaubnis zu geben, damit ich den Jungen von Babkok fortnehme damit er endlich aus dieser Gesellschaft herauskommt, ich kann Ihn bei der Hütte im Loc.-Schuppen unterbringen, da ist er dauernd nur unter Erwachsenen und einer dauernden Kontrolle unterworfen. Ich richte deshalb nochmals an Sie die dringende Bitte mir in meinem Bestreben, den Jungen wieder auf einen anständigen Weg zu bringen. Ich habe 7 Kinder, davon 3 Söhne an der Front, aber mit keinem habe ich solche Arbeit gehabt als wie mit dem Jungen. Für weitere Mitteilung stehe ich jederzeit zur Verfügung und in dem ich Ihnen für ihre Bemühungen im vorraus danke zeichne ich mit

Heil Hitler.
gez. Philipp E.

»Bäumchen, die angebunden werden müssen ...« Schreiben eines Düsseldorfer Unternehmers vom 1. Dezember 1942

Chr. H., Düsseldorf
Wärme- und wassertechnische Apparate

An die
Geheime Staatspolizei
Düsseldorf

Düsseldorf-Grafb., den

Betreff: Josef M. und Genossen.
Ich beziehe mich auf meine telef. Unterhaltung mit Herrn Prein und gebe folgendes zu den Akten:
Der hier heute Morgen abgeholte Josef M. wurde mir im September als jugendl. Schweißer vom Arbeitsamt zugewiesen, erschien aber unregelmäßig am Arbeitsplatz, weil er zeitweilig krank gefeiert habe auch sei sein Bruder im Osten gefallen. Er wurde vom Treuhänder der Arbeit verwarnt und hat in den letzten 14 Tagen seine Arbeit nicht mehr versäumt.
Der Vater hat längere Zeit im Krankenhaus gelegen und während dieser Zeit war die Mutter verschickt, so daß der Junge auf sich selbst angewiesen war und auch die Mitbewohner sich nicht um ihn kümmerten.
In der Zwischenzeit wollte auch ein Karl Heinz Sz. Pilgerweg 12, Gerresheim als Dreher bei mir anfangen, doch durch die schlechte Auskunft bei der Firma C. Sommer Nachf. ließ mich davon absehen.
Heute Morgen höre ich durch den kaufm. Lehrling und einen Arbeiter von einem Verein der Edelweißpiraten, dem M. und Genossen angehören und sich im Ostpark oder in den Wirtschaften Boosen bzw. Kleegräfe Ecke Bruch- und Flurstr. treffen sollen.
Vorgenannte machen den Eindruck, daß ihnen der häusliche Halt fehlt. Es sind Bäumchen, die angebunden werden müssen und zwar am besten durch sofortige Überweisung zum Arbeitsdienst.

Bericht über eine Razzia des Düsseldorfer HJ-Streifendienstes. 15. Oktober 1942

Bericht!

Betr.: Gruppen- und Cliquenbildung im Ostpark, Düsseldorf-Grafenberg

Nachdem die Beobachtungen des Streifendienstes und Meldungen eines Verbindungsmannes übereinstimmend ergaben, daß der Ostpark regelmäßig der Treffpunkt der bekannten Edelweißgruppen ist, wurde für Dienstag, den 13. 10. 1942 abends 19 Uhr eine Aktion angesetzt, zu der die zur Einsatzschar eingeteilten HJ-Führer und andere ältere Kameraden einberufen worden waren.

Gegen Abend begann es stark zu regnen, so daß ein erfolgreiches Einschreiten nicht möglich zu sein schien. Trotzdem wurde die Umstellung des Ostparkes planmäßig vorgenommen. In einer Schutzhütte wurde dann eine Gruppe von 12 Jungen und Mädeln festgestellt, die durch plötzliches Eingreifen sämtlich festgenommen wurden.

Die Vernehmung fand in den Diensträumen der NSDAP Ortsgruppe Düsseldorf-Grafenberg statt. Sie ergab aufschlußreiche Feststellungen über Zusammenhänge mit anderen Gruppen.

Festgenommen wurden nicht etwa nur die Jungen und Mädel, die um den Ostpark herum wohnen, sondern auch »Gäste« und Besucher aus Gerresheim, Unterbach, Oberbilk und Zoo. Es ist bedauerlich, daß durch die sehr schlechte Witterung weitere Besuche ausfielen.

Die Feststellung stimmte mit unseren Unterlagen überein. Von vielen, bei denen uns nur Spitznamen bekannt waren, konnten wir die genaue Anschrift feststellen. Die Verbindungen bestehen nicht nur mit den einzelnen Gruppen in der Stadt, sondern auch mit bereits eingezogenen, früheren Angehörigen dieser Gruppen, die noch im regen Briefwechsel untereinander stehen und sich aufmunternde Worte schreiben. (Ein Feldpostbrief wurde sichergestellt.)

Eingezogen wurden: Uniformstücke der HJ., die von der früheren Zugehörigkeit zum Jungvolk herstammten, gefälschte und ungültige Ausweise, bündische Liederzettel, Bilder von gemeinsamen Fahrten, Musikinstrumente und russisches Geld. Alle Festgenommenen gehören übrigens seit mehr als 2 Jahren nicht mehr der HJ an. Bezeichnend ist, daß bei einem noch nicht 17 Jahre alten Jugendlichen bereits Schutzmittel gefunden wurden.

Weiter wurde festgestellt, daß sich die Jugendlichen untereinander noch nicht einmal kannten, sondern einfach mitgegangen waren und sich mit dem Treiben angefreundet hatten. Überfälle auf Hitler-Jungen in der Vergangenheit rühren auch von dieser Gruppe her, konnten aber keinem der Festgenommenen nachgewiesen werden. Nach der Vernehmung wurden die Jugendlichen entlassen, nicht aber, ohne daß vorher bei den männlichen Jugendlichen für einen zeitgemäßen militärischen Haarschnitt gesorgt worden wäre.
Es bleibt nun abzuwarten, ob diese Aktion zu einem Verschwinden der anderen Gruppen führt. Wenn das nicht der Fall ist, erfolgt dort ebenfalls eine derartige Maßnahme. Die Verlegung der Tätigkeit nach draußen während einer Fahrt ist wegen der einsetzenden schlechten Wetterlage nur schwer möglich.
Unsere Feststellungen haben ergeben, daß öffentliche Lokale ebenfalls zu Zusammenkünften der Gruppen benutzt werden. Auch diese werden überwacht und zur gegebenen Zeit wird eingegriffen.

Vernehmung eines Lehrlings auf der August-Thyssen-Hütte

Betriebsgemeinschaft der
August Thyssen-Hütte, AG. Hamborn, den 18. Juli 1944.

An die
Gestapo
Duisburg

Betr.: *Gefolgschaftsmitglied Willi E.*
Beifolgend überreichen wir Ihnen eine Verhandlungsaufnahme mit obigem Gefolgschaftsmitglied zur gefl. Kenntnisnahme und weiteren Veranlassung.
Wir hatten den Vater des E. nach hier gebeten, um mit demselben Rücksprache zu nehmen, da sein Sohn, welcher als Lehrling in unserer Abteilung: Chem. Labor tätig ist, sich nicht einwandfrei führt. Bis heute ist der Vater des E. nicht erschienen.
Dem Lehrling E. wurde anheimgestellt, sich 2 Monate lang gut zu führen, anderenfalls er mit seiner Entlassung zu rechnen habe.

Wie wir von unserem Jugendwalter Pg. H. erfahren, hat E. eine Einberufung für den 29. 7. zu einem WE.-Lager.

Heil Hitler!
Betriebsobmann

1 Anlage.

An die Gestapo
Duisburg Hamborn, den 10. Juli 1944

Es erscheint der Lehrling Willi E., geb. am 27. 9. 28, wohnhaft Hamborn, Im Eikelkamp 84, und gibt auf Befragen folgendes an: Anfang Juni oder in der letzten Woche im Mai, es war an einem Sonntagabend, das Datum kann ich nicht mehr genau angeben, befand ich mich in Hamborn, Weselerstraße bei meinen Verwandten – R. – zu Besuch, da mein Cousin Otto R., vom WE.-Lager Harzbeck zurückgekehrt war. Derselbe war verwundet durch Bombenangriff und da wir uns längere Zeit über die Angelegenheit des Bombenabwurfs unterhalten hatten, trennte ich mich gegen 21 Uhr um nach Hause zu gehen. Am Mattlerbusch angekommen, es war gegen 21.30 Uhr, wurde ich von einer Streife der Luftwaffe angehalten und mitgenommen. Es befanden sich bei dieser Streife bereits 7 Jungen etwa in meinem Alter. Wir wurden dann von 2 Polizeibeamten abgeholt und zum Amtsgerichtsgefängnis transportiert. Die Nacht über blieben wir hier und wurden gegen Morgen nach Duisburg abtransportiert. Mit 8 Mann befanden wir uns in einer Zelle, außerdem waren noch 2 Russen und 2 Holländer mit uns in der Zelle. Weswegen die Ausländer in Haft waren, ist mir nicht bekannt. Meine Mutter kam nach Duisburg, da sie nicht wußte, daß ich in der Nacht festgenommen war. Wir wurden dann einzeln zur Vernehmung der Gestapo vorgeführt. Nach Feststellung unserer Personalien wurden wir wieder unserer Zelle zugeführt, die 4 anderen Jungen wurden ins Kellergeschoß geführt. Von unserer Zelle aus hörten wir schreien. Als dann die 4 Jungen wieder in unsere Zelle gebracht wurden haben wir gefragt, was ist mit euch geschehen, warum habt ihr geschrien. Darauf wurde uns geantwortet, man hat uns mit mittelalterlichen Methoden zum Sprechen bringen wollen, Anlegen von Daumschrauben, Schlagen mit Gummiknüppel. Wir wurden dann nochmals einzeln vernommen und dann zusammen. Nach den Vernehmungen wurden wir mit 4 Jungen gegen 20 Uhr in Duisburg nach Hamborn entlassen.

Bemerken muß ich, daß ich zu den sogenannten Edelweiß-Piraten keine Beziehungen habe. Mir sind auch die Mitglieder nicht bekannt, bei einer evtl. Gegenüberstellung würde ich dieselben wohl wieder erkennen. Bei der H.J. bin ich als Kameradschaftsführer eingesetzt, jedoch noch nicht bestätigt. Häufig bin ich und einige meiner Kameraden von den Edelweiß-Piraten überfallen worden und mußten jedesmal die Flucht ergreifen, da wir nur zu 4 Jungen waren und die Gegner 10 bis 20 Jungen.
Sonst habe ich keine weiteren Angaben zu machen.

v. g. u.
gez. Unterschrift
g. w. o.
....

»Bekämpfung jugendlicher Cliquen« Erlasse des Reichsführers SS und Chef der Deutschen Polizei, des Reichsjugendführers und des Reichsjustizministers

Der Reichsführer-SS und Chef der Deutschen Polizei

Berlin, den 25. Oktober 1944.

S V A 3 Nr. 2530/44

Streng vertraulich!

An die Sicherheitspolizei und den SD – Verteiler E.
An die Ämter III und IV des Reichssicherheitshauptamts.
An die Befehlshaber der Ordnungspolizei.

Nachrichtlich:
An die Partei-Kanzlei.
An den Jugendführer des Deutschen Reichs.
An den Herrn Reichsminister der Justiz.
An den Herrn Reichsminister für Wissenschaft, Erziehung und Volksbildung.
An das Oberkommando der Wehrmacht.
An das Hauptamt Ordnungspolizei.
An Abteilung B im Reichsministerium des Innern.
An die Gau(Landes)jugendämter.
An die Höheren SS- und Polizeiführer.

Betrifft: Bekämpfung jugendlicher Cliquen

In allen Teilen des Reiches, insbesondere in größeren Städten, haben sich seit einigen Jahren – und in letzter Zeit in verstärktem Maße – Zusammenschlüsse Jugendlicher (Cliquen) gebildet. Diese zeigen zum Teil kriminell-asoziale oder politisch-oppositionelle Bestrebungen und bedürfen deshalb, vor allem im Hinblick auf die kriegsbedingte Abwesenheit vieler Väter, Hitler-Jugend-Führer und Erzieher, einer verstärkten Überwachung.
Allen Zusammenschlüssen Jugendlicher ist daher in Zukunft besondere Aufmerksamkeit zu schenken und gegen sie nach Maßgabe der folgenden Bestimmungen – soweit erforderlich im Einvernehmen mit den Dienststellen der Hitler-Jugend, der öffentlichen und parteiamtlichen Jugendhilfe (Jugendamt und NSV-Jugendhilfe) und der Justiz – vorzugehen.
Bei der Durchführung nachstehender Anordnungen ist stets zu beachten, daß derartige Erscheinungen in der Jugend nicht nur mit polizeilichen Zwangsmitteln und gerichtlichen Strafen bekämpft werden können, sondern daß durch vorbeugende erzieherische Maßnahmen vor allem eine Besserung der Grundhaltung der Jugendlichen angestrebt werden muß.

I. Art und Auftreten der Cliquen

1. Cliquen sind Zusammenschlüsse Jugendlicher außerhalb der Hitler-Jugend, die nach bestimmten mit der nationalsozialistischen Weltanschauung nicht zu vereinbarenden Grundsätzen ein Sonderleben führen. Gemeinsam ist ihnen die Ablehnung oder Interesselosigkeit gegenüber den Pflichten innerhalb der Volksgemeinschaft oder der Hitler-Jugend, insbesondere der mangelnde Wille, sich den Erfordernissen des Krieges anzupassen.
2. Die Cliquen treten unter den verschiedensten Bezeichnungen auf (Clique, Mob, Blase, Meute, Platte, Schlurf, Edelweißpiraten usw.). Eine feste Organisation ist im allgemeinen nicht vorhanden, der äußere Zusammenschluß ist oft nur lose und ungeregelt. Gelegentlich werden besondere Erkennungszeichen getragen (z. B. Edelweißabzeichen, Totenkopfringe, farbige Nadeln usw.). Mitgliederbeiträge werden meist nicht erhoben, in Einzelfällen dagegen Ausweise ausgestellt. Die Cliquen haben mehr oder weniger feste Treffpunkte und Wirkungsbereiche; sie gehen oft gemeinsam auf Fahrt. Zwischen den

einzelnen Cliquen bestehen gelegentlich Querverbindungen, die sowohl freundschaftlicher als auch feindlicher Art sein können.
Den Cliquen gehören vorwiegend junge Burschen, mitunter aber auch Mädchen an.
3. Zur Cliquenbildung kommt es u. a. durch die gemeinsame Zugehörigkeit zu einem Betrieb, einer Schule oder einer Organisation oder durch das Wohnen im gleichen Bezirk. Zunächst können derartige Zusammenschlüsse ganz harmlos sein (Straßengemeinschaften, Eckensteher usw.), später jedoch, je nach den sich durchsetzenden Überzeugungen und Zielen, eine bedrohliche Entwicklung nehmen. Das ist nicht selten auf das Wirken eines einzelnen asozial oder kriminell ausgerichteten Burschen zurückzuführen, der sich die anderen Jugendlichen gefügig zu machen versteht und ihre harmlose Abenteuerlust unversehens in gefährliche Bahnen lenkt.
Im allgemeinen können innerhalb der einzelnen Cliquen drei verschiedene Grundhaltungen festgestellt werden, wobei jedoch beachtet werden muß, daß die wenigsten Cliquen nur eine dieser Grundhaltungen in ausgeprägter Form zeigen. Vielmehr führt die Betätigung auf einem Gebiet meist auch zu einer Betätigung auf dem anderen. Es sind zu unterscheiden:
a) Cliquen mit *kriminell-asozialer* Einstellung. Diese äußert sich in der Begehung von leichten bis zu schwersten Straftaten (Unfug, Raufhändel, Übertretungen von Polizeiverordnungen, gemeinsamen Diebstählen, Sittlichkeitsdelikten – insbesondere auf gleichgeschlechtlicher Grundlage – usw.). Sie bewirkt bei den Cliquenangehörigen eine mehr oder weniger weitgehende, allgemeine charakterliche und sittliche Verwahrlosung.
b) Cliquen mit *politisch-oppositioneller* Einstellung, jedoch nicht immer mit fest umrissenem gegnerischen Programm. Sie zeigt sich in allgemein staatsfeindlicher Haltung, Ablehnung der Hitler-Jugend und sonstiger Gemeinschaftspflichten, Gleichgültigkeit gegenüber dem Kriegsgeschehen und betätigt sich in Störungen der Jugenddienstpflicht, Überfällen auf Hitler-Jugend-Angehörige, Abhören ausländischer Sender und Verbreitung von Gerüchten, Pflege der verbotenen bündischen oder anderen Gruppen, ihrer Tradition und ihres Liedgutes usw. Derart eingestellte Jugendliche versuchen häufig, zur eigenen Tarnung oder um die Möglichkeit zersetzenden Einwirkens zu gewinnen, in Parteiorganisationen einzudringen.
c) Cliquen mit *liberalistisch-individualistischer* Einstellung, Vorliebe für englische Ideale, Sprache, Haltung und Kleidung (englisch-lässig), Pflege von Jazz- und Hottmusik, Swingtanz usw. Die Angehöri-

gen dieser Cliquen stammen größtenteils aus dem »gehobenen Mittelstand« und wollen lediglich ihrem eigenen Vergnügen, sexuellen und sonstigen Ausschweifungen leben. Dadurch kommen sie sehr bald in scharfen Gegensatz zur nationalsozialistischen Weltanschauung. Anforderungen von Hitler-Jugend, Arbeits- und Wehrdienst widerstreben sie und nähern sich insofern der unter b) charakterisierten Grundhaltung.

4. Die Angehörigen der Cliquen können nach dem Grad ihrer Beteiligung unterschieden werden in Anführer, aktive Teilnehmer und Mitläufer.

Anführer der Cliquen (Rädelsführer) sind – ohne daß immer eine feste Führergewalt besteht – eine oder mehrere Personen, oft auch Erwachsene oder Ausländer, die durch besondere Intelligenz, Initiative oder Roheit hervortreten. Sie sind teils in krimineller Hinsicht vorbelastet, teils entstammen sie den früher bündischen oder anderen politisch-oppositionellen Kreisen. Der Hitler-Jugend gehören sie nur selten an. Sind sie aber in der Hitler-Jugend, so versehen sie ihren Dienst dort nicht oder nur unlustig oder sind bereits wegen irgendwelcher Verfehlungen oder Interesselosigkeit aus der Hitler-Jugend ausgeschieden worden. Es sind jedoch auch Fälle bekannt, in denen der Hitler-Jugend-Dienst tadellos abgeleistet wurde, um nach außen hin keinen Verdacht zu erregen.

Auch die aktiven Teilnehmer und Mitläufer der Cliquen sind zum Teil kriminell vorbelastet oder entstammen ungeordneten Familienverhältnissen und asozialen Sippen. Andere kommen aber auch aus ordentlichen Familien und sind im Grunde selbst noch ordentlich. Sie sind in vielen Fällen durch ein Mitverschulden der Eltern (Vernachlässigung der Aufsichts- und Erziehungspflichten) oder durch fehlgeleitete Abenteuerlust, romantische Vorstellungen oder andere pubertätsbedingte Gründe zur Teilnahme bewogen worden.

Die Angehörigen einer Clique zeigen häufig einen übereinstimmenden Stil in Kleidung, Haartracht und Benehmen und führen oft Spitznamen, die sie ihrer Vorstellungswelt oder dem von ihnen bejahten Gedankengut entnehmen.

Infolge des Krieges sind viele Jugendliche sich weitgehend selbst überlassen. Die Cliquen üben daher eine starke Anziehungskraft auf sie aus, und zwar auch auf an sich noch ordentliche junge Menschen.

II. Maßnahmen der Überwachung und Bekämpfung

1. Bei den Cliquenbildungen Jugendlicher handelt es sich um Erscheinungsformen der Jugendgefährdung und Jugendkriminalität; ihre Überwachung und Bekämpfung auf polizeilichem Gebiet obliegt daher hauptverantwortlich zentral dem Reichskriminalpolizeiamt und örtlich in erster Linie der Kriminalpolizei. Soweit es sich jedoch um Cliquen mit ausgesprochen oder vorwiegend politischen oder staatsfeindlichen Bestrebungen handelt, ist die Geheime Staatspolizei zuständig.

2. Überwachung und Bekämpfung der Cliquen sind kriegswichtig. Alle Zusammenschlüsse Jugendlicher sind aufmerksam zu beobachten. Dazu ist ein regelmäßiger Erfahrungsaustausch mit allen anderen in der Jugendarbeit stehenden Dienststellen von Partei und Staat notwendig, wozu die Gauarbeitsgemeinschaften für Jugendbetreuung und ihre Arbeitskreise die beste Gelegenheit bieten. Durch enge Zusammenarbeit mit allen in Frage kommenden Stellen ist dafür zu sorgen, daß Maßnahmen verschiedener Stellen in erziehlich wirksamer Weise aufeinander abgestimmt werden. Bezüglich der Zusammenarbeit mit der Hitler-Jugend wird auf den RdErl. »Zusammenarbeit zwischen Polizei und Hitler-Jugend bei der Bekämpfung der Jugendgefährdung und Jugendkriminalität« vom 30. 1. 1944 (MBliV. S. 119) verwiesen.

3. Wird eine Cliquenbildung festgestellt oder vermutet, so sind die erforderlichen polizeilichen Maßnahmen in engster Fühlungnahme mit der örtlich zuständigen Dienststelle des Sicherheitsdienstes des Reichsführers-SS (SD) sorgfältig vorzubereiten. Ihre Durchführung ist nur dann erfolgversprechend, wenn vorher ein Gesamtüberblick über die Clique und ihre Tätigkeit vorliegt. Ein zu frühzeitiges Eingreifen führt häufig dazu, daß nur ein kleiner Teil erfaßt wird, während die übrigen Beteiligten unter besonderen Vorsichtsmaßnahmen ihr Treiben fortsetzen. Nach Abschluß der Vorarbeiten ist sofort energisch durchzugreifen. Jede Nachlässigkeit oder Verzögerung bestärkt die Cliquen in ihrer Tätigkeit und beeinträchtigt das Vertrauen der Bevölkerung in die Staatsführung. Oft kann die Cliquenbildung schon dadurch im Keim erstickt werden, daß gegen von auswärts zugezogene einzelne Jugendliche, die an ihrem neuen Wohnort das dort bisher unbekannte Cliquenwesen einführen wollen, unverzüglich vorgegangen wird. Auf solche zugezogenen Einzelgänger, die in ihrem ganzen Auftreten den Verdacht der Cliquenzugehörigkeit erwecken können, ist daher besonderes Augenmerk zu richten.

Vor der Durchführung von Großaktionen (Razzien und dgl.) gegen die Cliquenangehörigen ist tunlich der örtlich zuständige Gauleiter zu unterrichten.

4. Bei der Bekämpfung der Cliquen sind nicht nur einzelne strafbare Handlungen aufzuklären, sondern vor allem Feststellungen über die Cliquenbildung selbst zu treffen. Dazu gehören alle Feststellungen über Art und Auftreten der Cliquen gemäß Abschnitt I, insbesondere über Personalien der Anführer, aktiven Teilnehmer und Mitläufer; Organisation, Erkennungszeichen, Ausweise, Kleidung usw.; Verbindung zu anderen Cliquen (auch überörtliche); Treffpunkte und Wirkungsbereich; Leitgedanken, Ziele und Betätigungen, auch soweit diese nicht krimineller Natur sind.

5. Alle Maßnahmen gegen den einzelnen Jugendlichen werden bestimmt durch das Ziel seiner Einordnung oder Rückgewinnung in die Volksgemeinschaft. Deshalb soll jeder Fall möglichst frühzeitig erfaßt und bei seiner Bearbeitung scharf durchgegriffen werden, wobei aber jedes Aufbauschen der Vorgänge zu vermeiden ist. Es ist ohne Ansehen der Person vorzugehen, jedoch niemals schematisch. Harte Maßnahmen sind da anzuwenden, wo leichtere wirkungslos geblieben sind oder ungenügend erscheinen. Daher ist bei den Ermittlungen auch sorgfältig die *innere* Einstellung der Cliquenangehörigen zu erforschen.

Gegen Anführer und aktive Teilnehmer muß u. U. mit aller Schärfe eingeschritten werden, insbesondere gegen Erwachsene und Ausländer sowie in Fällen, in denen zum Zwecke der Abschreckung ein warnendes Beispiel gegeben werden muß. Ihre sofortige Entfernung aus der Öffentlichkeit wird in der Regel erforderlich sein. Bei jugendlichen Mitläufern werden jedoch erzieherische Maßnahmen den erstrebten Erfolg am besten gewährleisten, besonders dann, wenn es sich um im Grunde noch ordentliche Jugendliche handelt, deren pubertätsbedingte Aktivität durch geeignete Beeinflussung auf ein besonderes Betätigungsfeld hingelenkt werden kann. Die Bereitwilligkeit dazu ist u. U. durch den erziehlich wirkenden Schock einer kurzfristigen Freiheitsentziehung zu wecken oder zu verstärken.

6. Bei der Bearbeitung von Cliquenvorgängen ist stets anzustreben, daß vor allem der Kern des rechts- und ordnungswidrigen Verhaltens, eben die Cliquenbildung selbst, bei der Auswahl der Maßnahmen Berücksichtigung erfährt. Im einzelnen kommen in Betracht:

a) *Gerichtliche* Maßnahmen, sofern die polizeilichen Ermittlungen die Begehung strafbarer Handlungen erwiesen haben. Bei Abgabe des Vorgangs an die Staatsanwaltschaft ist im Schlußbericht auf die

Cliquenzugehörigkeit des Beschuldigten einzugehen, die Rolle, die er dabei gespielt hat, darzustellen und u. U. die gemeinsame Aburteilung aller Angehörigen einer Clique anzuregen.
Das deutsche Strafrecht enthält keine Bestimmung, die die Cliquenbildung Jugendlicher an sich unter Strafe stellte. Jedoch können folgende Rechtsnormen – gegebenenfalls unter Heranziehung des § 2 RStGB – eine Strafbarkeit begründen:
RStGB.:

§ 82 Abs. I und II	Verabredung hochverräterischer Unternehmungen.
§ 83 Abs. I und III	Aufforderung zum Hochverrat und Bildung von organisatorischen Zusammenschlüssen zur Vorbereitung des Hochverrats.
§ 115 in Verbindung mit §§ 113 u. 114	Öffentliche Zusammenrottungen in Verbindung mit Nötigung oder Widerstand gegen Beamte.
§ 116	Auflauf.
§ 125	Landfriedensbruch.
§ 127	Bildung bewaffneter Banden.
§ 128	Geheimbündelei.
§ 129	Teilnahme an staatsfeindlichen Verbindungen.
§ 227	Raufhandel.
§ 243 Abs. I Z. 6	Bandendiebstahl.
§ 250 Abs. I Z 2	Schwerer bandenmäßig begangener Raub.

Neben den §§ 82, 83 RStGB. kommen in den Alpen- und Donau-Reichsgauen noch folgende Bestimmungen des öStG. in Betracht:

§§ 68 ff.	Aufstand.
§ 81	Gewaltsame Handanlegung oder gefährliche Drohung gegen obrigkeitliche Personen.
§ 83	Landfriedensbruch und Hausfriedensbruch.
§§ 143, 157, 411	Tötung oder Verletzung bei Schlägerei, Raufhandel.
§ 174 I c	Bandendiebstahl.
§§ 190, 192	Raub durch mehrere Raubgenossen.
§ 212	Boshafte Nichthinderung eines Verbrechens.
§§ 214, 307	Vorschubleistung.
§§ 279 ff.	Auflauf.
§§ 285 ff.	Geheimbündelei.
§ 300	Aufwiegelung.
§ 302	Aufreizung zu Feindseligkeiten.

§ 305 Gutheißung ungesetzlicher oder unsittlicher Handlungen.

Außerdem sind anwendbar:

Gesetz gegen Neubildung von Parteien vom 14. 7. 1933 (RGBl. I S. 479);

Verordnung des Reichspräsidenten zum Schutz von Volk und Staat vom 28. 2. 1933 (RGBl. I S. 83) § 4, in Verbindung mit den dazu ergangenen Anordnungen, insbesondere dem Runderlaß des Reichsführers-SS und Chefs der Deutschen Polizei vom 20. 6. 1939 über das Verbot der bündischen Jugend (MBliV. S. 1529) und den in den Ländern ergangenen PolVO.en gegen die konfessionellen Jugendverbände (in Preußen PolVO. vom 23. Juli 1935 – GS. S. 105 –).

Zeigen die Cliquen eine arbeitsdienst- und wehrdienstfeindliche Einstellung, so kommen noch folgende Strafvorschriften in Betracht:

§ 5 Abs. 1 Nr. 1 der KriegssonderstrafrechtsVO. vom 17. 8. 1938 (RGBl. 1939 I S. 1455) – Öffentliche Aufforderung zur Verweigerung des Wehrdienstes –;

§ 3 der VO. zur Ergänzung der Strafvorschriften zum Schutz der Wehrkraft des Deutschen Volkes vom 25. 11. 1939 (RGBl. I S. 2319) – Teilnahme an einer wehrfeindlichen Verbindung –;

§ 1 der VO. zum Schutze des Reichsarbeitsdienstes vom 12. 3. 1940 (RGBl. S. 485) – Öffentliche Aufforderung zur Verweigerung der Arbeitsdienstpflicht –.

b) *Polizeiliche* Maßnahmen. Sie werden angewandt, wenn es sich bei den betroffenen Jugendlichen lediglich um Übertretungen oder Gefährdetenerscheinungen handelt und eine Abgabe des Vorganges an die Staatsanwaltschaft nicht erforderlich ist. In derartigen Fällen ist stets durch eingehende Rücksprache und ruhige Vorhaltung zu versuchen, den Jugendlichen zur Einsicht in das Irrige und Gefährliche seines Verhaltens zu bringen.

aa) *Begangene Übertretungen* werden nach den allgemein geltenden Bestimmungen geahndet. Als Rechtsgrundlage kommen in Betracht:

Polizeiverordnung zum Schutze der Jugend vom 10. 6. 1943 (RGBl. I S. 349);

Polizeiverordnung über Tanzlustbarkeiten im Kriege vom 17. 1. 1942 (RGBl. I S. 30);

Jugenddienstverordnung vom 25. 3. 1939 (RGBl. I S. 710) § 12 Abs. 1.

Für das Verfahren gilt der RdErl. »Übertretungen Jugendlicher« vom 30. 3. 1944 (MBliV. S. 369). Dem Jugendlichen können auch

andere als Arbeitsauflagen gemacht werden (z. B. die Auflage, daß er sich mit ordentlichem Haarschnitt, in ordentlicher Kleidung oder zu einer bestimmten Zeit, einmal oder in regelmäßigen Abständen, auf der Dienststelle vorstellt), mit deren freiwilliger Erfüllung er beweisen kann, daß es ihm mit der geforderten Umkehr ernst ist.
Falls erforderlich, ist auf Einziehung der von den Cliquen benutzten Geräte (z. B. englische Schallplatten, Abzeichen usw.) zu erkennen.
bb) Hat der Jugendliche keine Polizeistrafe verwirkt und ergeben die Feststellungen, daß bei ihm eine *Gefährdung* vorliegt, so genügt *in leichten Fällen* u. U. eine unter Beteiligung der Eltern ausgesprochene Ermahnung. Falls zweckmäßig, kann in derartigen Fällen auch die Schule oder die Hitler-Jugend oder beide zur Unterstützung der elterlichen Bemühungen auf den Jugendlichen aufmerksam gemacht oder, falls die elterliche Erziehung unzulänglich erscheint, die Erziehungsberatung des Jugendamtes bzw. der NSV-Jugendhilfe eingeschaltet werden; diese kann in geeigneten Fällen die Anordnung der Schutzhaft durch die Vormundschaftsgerichte beantragen.
Bei *schwererer Gefährdung* ist in der Meldung an das Jugendamt bzw. die NSV-Jugendhilfe[1] die Übernahme der Betreuung (z. B. im Wege der Erziehungsfürsorge)[2] oder die Herbeiführung vormundschaftsgerichtlicher Maßnahmen anzuregen. Der Vormundschaftsrichter kann in solchen Fällen neben der normalen (vorläufigen oder endgültigen) Fürsorgeerziehung, die der Verhütung oder Beseitigung einer *allgemeinen* Verwahrlosung dienen soll, besonders auch die Einweisung in ein Erziehungslager anordnen, wie sie auch bei den jugendlichen Arbeitsbummlern angewandt wird.[3] Die Jugendlichen werden auf dem Wege der »vorläufigen Fürsorgeerziehung« in besondere Heime oder Lager eingewiesen und dort etwa drei Monate lang einer straffen Erziehung unterworfen. Hat diese Maßnahme Erfolg, so behält es bei ihr sein Bewenden. Erweist sich aber während dieser Erziehung, daß eine längere planmäßige erzieherische Beeinflussung des Jugendlichen notwendig ist, so wird die endgültige Fürsorgeerziehung herbeigeführt. Um diese Maßnahmen wirkungs-

1 Gemäß RdErl. des RFSSuChdDtPol. »Die Behandlung der Kinder und Jugendlichen bei der Polizei« vom 3. 1. 1944 (MBliV. S. 81).

2 Nach dem RdErl. des RMdI. »Fürsorge für erziehungsbedürftige Minderjährige (Erziehungsfürsorge; Unterbringung in Jugendheimstätten der NSV)« vom 25. 8. 1943 (MBliV. S. 1387).

3 RdErl. »Arbeitserziehung der Jugend« des RMdI. vom 21. 12. 1943 (MBliV. S. 1967).

voll durchführen zu können, ist vor ihrer Einleitung das Einvernehmen mit der Fürsorgeerziehungsbehörde über die Anzahl der unterzubringenden Jugendlichen herzustellen; nur so besteht die Gewähr, daß diese nicht an Raum- oder Personalmangel scheitern.
In Fällen *schwerster Gefährdung oder Verwahrlosung* kann die Einweisung des Jugendlichen in ein Jugendschutzlager nach den geltenden Bestimmungen beantragt werden.[4]
7. Gegen Personen, die die Bildung von Cliquen dadurch unterstützt haben, daß sie ihre Aufsichts- und Erziehungspflichten vernachlässigten, soll ebenfalls mit geeigneten Maßnahmen vorgegangen werden. Ihr Verantwortungsbewußtsein muß durch entsprechende Rücksprache gestärkt werden. Sofern eine Belehrung oder Verwarnung nicht genügt, ist eine polizeiliche oder gerichtliche Bestrafung herbeizuführen. Handhaben dafür bieten:
§§ 139 b, 170 d RStGB (in den Alpen- und Donau-Reichsgauen § 139 b RStGB, § 4 der VO. zum Schutz von Ehe, Familie und Mutterschaft vom 9. 3. 1943, RGBl. I S. 410),
Polizeiverordnung zum Schutze der Jugend vom 10. 6. 1943 (RGBl. I S. 349) § 12,
Jugenddienstverordnung vom 25. 3. 1939 (RGBl. I S. 710), § 12 Abs. 2.
Außerdem u. U. das Gaststättengesetz vom 28. 4. 1930 (RGBl. I S. 146), das Lichtspielgesetz vom 16. 2. 1934 (RGBl. I S. 95) sowie arbeits- und disziplinarrechtliche Bestimmungen.
8. Der vorbeugenden Cliquenbekämpfung dient am besten ein regelmäßig durchgeführter Streifendienst der Polizei. Dabei ist grundsätzlich zu beachten, daß die laufende Durchführung von kleinen Streifen wirksamer ist, als in großen Abständen wiederholte Streifengroßaktionen. Zur Verstärkung der Polizei sind weitgehend Hitler-Jugend-Führer, Politische Leiter und geeignete Angehörige der Gliederungen der NSDAP und des Jugendamtes sowie der NSV hinzuzuziehen. In besonderen Fällen werden ältere und erfahrene Hitlerjugend-Führer zweckmäßig in Zivil auftreten, wozu ihnen nähere Anweisungen von der Reichsjugendführung erteilt werden. Die Streifen werden immer von dem rangältesten Angehörigen der Sicherheitspolizei geführt. Mit den örtlichen Standortkommandanten der Wehrmacht ist die regelmäßige Teilnahme von Angehörigen des Wehrmachtstreifendienstes zu vereinbaren, um auch jugendliche

4 RdErl. des RFSSuChdDtPol. »Einweisung in die polizeilichen Jugendschutzlager« vom 25. 4. 1944 (MBliV, S. 431).

Mädchen, die sich in Begleitung von Wehrmachtangehörigen befinden, erfassen zu können.[5] Zur Sicherstellung von Überführungsmaterial empfiehlt es sich, den Tascheninhalt der Jugendlichen sofort bei der Ergreifung – nicht erst auf der Sammelstelle – in dazu bereitgehaltenen Tüten in Verwahrung zu nehmen. Erzieherisch besonders wirksam ist es, wenn die Eltern der aufgegriffenen Jugendlichen sofort – zweckmäßig durch uniformierte Kuriere der Hitler-Jugend – benachrichtigt werden und die Entlassung der – nicht in Haft zu nehmenden – Jugendlichen erst dann erfolgt, wenn sie von den Eltern abgeholt werden.
Zusatz für die Befehlshaber der Ordnungspolizei:
Es wird ersucht, die staatlichen und gemeindlichen Polizeiverwaltungen, soweit es erforderlich erscheint, von dem RdErl. zu unterrichten.
Überdrucke können beim Reichskriminalpolizeiamt, Berlin C 2, Werderscher Markt, angefordert werden.

In Vertretung:
gez. Dr. Kaltenbrunner.

Der Jugendführer des Deutschen Reichs

Berlin-Charlottenburg, den 10. 12. 1944
Kaiserdamm 45/46

PÜ – Z III – 3181

An die
Führer der Gebiete und Banne,
nachgeordneten staatl. Dienststellen.
Nachrichtlich an: *Vertraulich!*
Partei-Kanzlei
Reichsführer-SS und Chef der Deutschen Polizei
Reichsminister der Justiz
Reichsminister für Wissenschaft, Erziehung u. Volksbildung
Oberkommando der Wehrmacht
Reichsministerium des Innern,
Hauptamt Ordnungspolizei, Abteilung B.

5 Vgl. Anweisung des Oberkommandos der Wehrmacht Berlin vom 10. 6. 1941 Nr. 3472/41 Awa/W Allg. (II c), näher aufgeführt im RdErl. »Schutz der Jugend« vom 1. 7. 1943 (MBliV. S. 1127).

Die Jugend ist seit jeher von einem starken Gemeinschaftsempfinden beseelt. Der gesamte Dienst in der Hitler-Jugend baut darauf auf. Daneben haben sich jedoch auch Zusammenschlüsse Jugendlicher außerhalb der Hitler-Jugend gebildet. Diese Cliquen Jugendlicher verstoßen nicht nur gegen den totalen Erziehungsauftrag der Hitler-Jugend außerhalb von Elternhaus und Schule, sondern können auch infolge ihrer Unkontrollierbarkeit – je nach Art der Clique – erhebliche politische, kriminelle und sittliche Gefahren mit sich bringen.
Die Bekämpfung derartiger Cliquen durch alle sachlich daran interessierten Stellen ist daher vordringlich. Der RFSS.u.ChdDtPol. hat zu diesem Zweck in einem RdErl. vom 25. 10. 1944 eingehende Richtlinien erteilt (Anlage 2), die ich nachstehend zugleich mit der RdVerf. des Reichsministers der Justiz vom 26. 10. 1944 (Anlage 1) bekanntgebe.
Im einzelnen ordne ich dazu folgendes an:
1. Die Hitler-Jugend hat bei der Bekämpfung der Cliquen vornehmlich erzieherische Aufgaben zu erfüllen. Wenn auch gegen die Rädelsführer und besonders aktiven Teilnehmer mit aller Schärfe eingeschritten werden muß, so sind doch die im Kern oft ordentlichen Mitläufer in erster Linie durch besondere erzieherische Maßnahmen zu betreuen. Ihrer oft nur fehlgeleiteten Aktivität und Einsatzbereitschaft muß ein besseres Betätigungsfeld gegeben werden. Dadurch kann ihre Wiedereingliederung in die Gemeinschaft der Hitler-Jugend am wirkungsvollsten erreicht werden. Hierzu dient vor allem die Heranziehung zum Dienst in straff geführten Einheiten, die Betätigung im Kriegseinsatz der Hitler-Jugend und die Beauftragung dieser Jugendlichen mit kleineren verantwortungsvollen Aufgaben und Sonderaufträgen nach Eignung und Neigung. Eine Zusammenfassung von Cliquen-Angehörigen in besonderen Einheiten ist unzulässig.
2. Die Bekämpfung der Cliquen setzt ein besonders enges Zusammenwirken mit allen daran beteiligten Stellen, insbesondere Sicherheitspolizei und SD. sowie Justiz voraus. Die Führer der Gebiete und Banne sowie ihre Überwachungsdienststellen und Rechtsreferenten haben die Bildung von Cliquen aufmerksam zu beobachten, die beteiligten Dienststellen außerhalb der Hitler-Jugend rechtzeitig zu unterrichten und dann bei der Bekämpfung mit den in dem RdErl. d. RFSS.u.ChdDtPol. genannten Mitteln mitzuwirken. Bezüglich der Durchführung der Überwachungsmaßnahmen weise ich auf Ab-

schnitt 2 des Runderlasses des RFSS.u.ChdDtPol. über die Bekämpfung jugendlicher Cliquen hin.

3. Die Disziplinarmittel der Hitler-Jugend sind je nach Lage des Einzelfalles ergänzend zu polizeilichen und gerichtlichen Maßnahmen oder allein anzuwenden. Bei Mitläufern kann auch die Anordnung von Sonderdiensten oder die Erteilung von Arbeitsauflagen am Platze sein.

4. Bei Cliquenbildungen, denen nach Anzahl oder Aktivität der Teilnehmer oder wegen der Schwere ihrer Verfehlungen besondere Bedeutung zukommt, ist über die Erscheinungsform und die getroffenen Maßnahmen dem Personalamt – Überwachung, über die Durchführung gerichtlicher Verfahren der Rechtsdienststelle der Reichsjugendführung unverzüglich zu berichten.

gez.: Axmann

Der Reichsminister der Justiz
4210 – IVa[3] 317/44 Berlin W 8, den 26. Oktober 1944

Der Reichsführer-SS und Chef der Deutschen Polizei hat im Einvernehmen mit dem Jugendführer des Deutschen Reichs und mir in dem beiliegenden Runderlaß vom 25. 10. 1944 – V A 3 Nr. 2530/44 – Richtlinien zur Bekämpfung jugendlicher Cliquen aufgestellt.

Dazu bestimme ich ergänzend folgendes:

1. Die ständig zunehmende Zahl von Cliquenbildungen begründet die ernste Gefahr einer politischen und moralischen Zersetzung der Jugend. Die *nachdrückliche Bekämpfung* der Cliquen gehört daher zu den wichtigsten Aufgaben der Jugendstrafrechtspflege.

2. Da bei den *Anführern* und den *aktiven Teilnehmern* der Cliquen die Betätigung in der Clique meist ein Verwahrlosungssymptom ist, muß den Ursachen, die zu dieser Betätigung des Jugendlichen geführt haben, sorgfältig nachgegangen werden. Bei der Auswahl der Maßnahmen darf jedoch der Gesichtspunkt der Abschreckung nicht außer Betracht gelassen werden. Unangebrachte Milde ist wegen der Gefährlichkeit der Cliquenbildung fehl am Platze. Bei den Anführern und besonders aktiven Mitläufern werden meist längere Jugendgefängnisstrafen erforderlich sein. Soweit aber noch keine allgemeine Verwahrlosung vorliegt, ist häufig auch die Einweisung in ein Erziehungslager, die bisher auf die Bekämpfung von Disziplinlosigkeiten Jugendlicher am Arbeitsplatz beschränkt war (vgl. AV. v. 16. 12. 1943 – Dt. Just. S. 572 –), ein geeignetes Mittel, um auf den

Lebenskreis des Jugendlichen abschreckend zu wirken und den Jugendlichen selbst zu Disziplin und Einordnung in die Volksgemeinschaft zu erziehen. Ist nach der Persönlichkeit des Jugendlichen mit den Mitteln des Jugendstrafrechts und der öffentlichen Jugendhilfe kein Erziehungserfolg mehr zu erwarten, so ist die Unterbringung in einem polizeilichen Jugendschutzlager anzuregen (vgl. AV. v. 27. 4. 1944 – Dt. Just. S. 151/187 –).
Bei weniger beteiligten *Mitläufern* wird häufig mit der Zerschlagung der Clique die Ursache der Gefährdung weggefallen sein. Bei ihnen wird, soweit nicht eine Ermahnung ausreicht, meist die Erteilung von Arbeitsauflagen oder Weisungen oder Jugendarrest zur Erziehung genügen.
3. Schwierigkeiten bereitet bisweilen die *rechtliche Würdigung*. In dem Runderlaß sind die gesetzlichen Bestimmungen aufgeführt, die im wesentlichen in Frage kommen. Die Cliquenbildung als solche wird strafrechtlich am ehesten durch § 4 der VO. des Reichspräsidenten zum Schutze von Volk und Staat vom 28. 2. 1933 (RGBl. I S. 83) in Verbindung mit dem Runderlaß des Reichsführers-SS und Chefs der Deutschen Polizei vom 20. 6. 1939 (MBliV. 1939 Sp. 1529) über das Verbot der bündischen Jugend erfaßt. Ein Verstoß gegen das Verbot der bündischen Jugend wird schon dann angenommen werden können, wenn ein organisierter Zusammenschluß Jugendlicher sich in bewußten Gegensatz zur Hitler-Jugend stellt, insbesondere das Ziel verfolgt, Unruhe zu stiften und die Arbeit der Hitler-Jugend zu stören. Dabei brauchen weltanschauliche oder politische Ziele nicht erkennbar zu sein.
4. Die Verfahren sind mit besonderer *Beschleunigung* durchzuführen. Jede Verzögerung fördert den Zusammenhalt und die weitere Ausdehnung der Cliquen.
5. Die Wirkung der Maßnahmen gegen jugendliche Cliquen hängt entscheidend davon ab, daß ihre Anführer und die besonders aktiven Teilnehmer sofort aus ihrem Lebenskreis entfernt werden. Gegen sie ist daher, soweit nicht andere vorläufige Maßnahmen – z. B. die Unterbringung in Jugendarresträumen gemäß § 45 RJGG – angezeigt sind, die *Untersuchungshaft* anzuordnen.
6. Bei umfangreicheren Verfahren gegen jugendliche Cliquenangehörige wird es sich meist empfehlen, die Anklage vor der *Jugendkammer* zu erheben.
7. Ist ein Verfahren gegen eine größere Anzahl von Cliquenangehörigen anhängig und ist zu befürchten, daß bei einer gleichzeitigen Verhandlung das Zusammengehörigkeitsgefühl der Cliquenangehö-

rigen gestärkt würde, so kann es sich empfehlen, das Verfahren gegen einen Teil der Beschuldigten *abzutrennen* oder die Verhandlung gegen sie gesondert durchzuführen.
8. Über wichtige Beobachtungen und Erfahrungen, die das Auftreten und die Bekämpfung der Banden und Cliquen in den Bezirken betreffen, bitte ich mich laufend (in zwei Stücken) zu unterrichten; insbesondere bitte ich mir über Strafverfahren, die wegen der Zahl der Beteiligten, wegen der Beteiligung von Staatsfeinden, Ausländern usw. oder aus sonstigen Gründen von Bedeutung sind, zu *berichten.* Die Berichte bitte ich auch auf die Beobachtungen und Erfahrungen anderer Dienststellen von Partei und Staat zu erstrecken.
9. Meine Rundverfügung vom 25. März 1943 – 4210 IV a^4 409 – hebe ich hiermit auf.

Dr. *Thierack.*

Das Jugend-KZ in Moringen Bericht des Essener Landgerichtspräsidenten an das Reichsjustizministerium vom 31. Juli 1944

Der Landgerichtspräsident. Essen, den 21. Juli 1944
42 E 3 *Persönlich!*

An
Herrn Oberregierungsrat Dr. Kümmerlein
in *Berlin.*

Betrifft: Das polizeiliche Jugendschutzlager Moringen.
Auf Veranlassung des OLGPr. in Hamm haben unter meiner Führung eine Anzahl Richter des Oberlandesgerichtsbezirks das polizeiliche Jugendschutzlager Moringen besichtigt. In der Annahme, daß mein Bericht über das Lager Sie interessieren wird, übersende ich Ihnen eine Abschrift des Berichts zur Kenntnisnahme.

Heil Hitler!
gez. Unterschrift

Der Landgerichtspräsident. Essen, den 31. Juli 1944
42 E 3.

Vertraulich!

An
den Herrn Oberlandesgerichtspräsidenten
in *Hamm i. W.*

Betrifft: Das polizeiliche Jugendschutzlager Moringen.
Vfg. v. 10. 6. 1944 – 421 – I. 1 –.

Zur Unterbringung solcher männlichen Minderjährigen, die mit Mitteln der öffentlichen Jugendhilfe nicht erziehbar sind und anderweitig untergebracht werden müssen (AV. d. RJM. v. 27. 4. 1944, DJ. S. 151) hat das Reichskriminalpolizeiamt bereits im Jahre 1940 das Jugendschutzlager Moringen eingerichtet. Das Jugendschutzlager, das zur Zeit für etwa 1000 Zöglinge Platz bietet, besteht aus Gebäuden und Einrichtungen des Landeswerkhauses Moringen der Provinz Hannover und aus einem auf einem Nachbargrundstück errichteten Barackenlager. Die noch im Landeswerkhaus verbliebenen erwachsenen Insassen (Trinker, Arbeitsscheue und Landstreicher) sind nunmehr aus dem Landeswerkhaus verlegt worden oder werden aus ihm in Kürze verlegt.

Das Jugendschutzlager beruht auf dem Grundsatz der Gemeinschaftsunterbringung. Die Zöglinge sind in Gemeinschaftsschlafräumen und Gemeinschaftstagesräumen untergebracht; sie werden auch zur Arbeit gemeinschaftlich angesetzt. Entsprechend der Zweckbestimmung des Lagers (Erziehungsbewahrung) sind die Zöglinge räumlich durch entsprechende Sicherungsvorkehrungen (Einfriedungsmauern, Umzäunung und ständige Bewachung durch eine Wachmannschaft) von der Außenwelt abgeschlossen. Nur bei einem kleinen Teil der Zöglinge, der in dem Landwirtschaftsbetrieb des Lagers angesetzt ist, wird neuerdings der Versuch gemacht, sie ohne besondere Überwachung in der näheren Umgebung des Lagers arbeiten zu lassen.

Dem Lager ein- und angegliedert sind die für die Verwaltung des Lagers erforderlichen Bauten und Einrichtungen (Küche, Kammern, Reparaturwerkstätten, Verwaltungsräume, Lazarett, Arrestbau, Unterbringungsräume und Kantine für die Wachmannschaft usw.).

Die Gebäude und Einrichtungen sind geräumig, hell und peinlich sauber. Der Teil des Lagers, der im Landeswerkhaus liegt, ist allerdings ziemlich unübersichtlich, weil das Landeswerkhaus nicht zweckentsprechend gebaut ist.

Das Lager untersteht einem Lagerkommandanten (z. Zt. SS-Sturmbannführer Kriminalrat Dieter), dem ein Vertreter (z. Zt. ein Kriminalobersekretär) zur Seite steht. Die Lagerverwaltung ist planmäßig aufgegliedert. Das Lagerpersonal umfaßt zur Zeit bei etwa 800 Zöglingen 150 Personen, darunter etwa 80–90 Wachmannschaften, die von der Waffen-SS zum Jugendschutzlager kommandiert sind. Die unmittelbare Betreuung der Zöglinge obliegt 12 Erziehern, denen ein »leitender Erzieher« übergeordnet ist, der gleichzeitig Sachbearbeiter des Kommandanten ist. Die Erzieher, deren Herkunft und Ausbildung nicht einheitlich ist (sie setzen sich aus Volkspflegern, Lehrern und aus Angehörigen anderer Berufe zusammen) tragen die Uniform des Sicherheitsdienstes des Reichsführers SS. Die Wachmannschaften haben lediglich die Aufgabe die Zöglinge zu bewachen und zu den Arbeitsstätten zu geleiten. Erzieherische Befugnisse stehen ihnen nicht zu. Sie haben etwaige Verstöße gegen die Lagerordnung lediglich festzustellen und zu melden.
Dem Zweck des Jugendschutzlagers »die Insassen nach kriminalbiologischen Gesichtspunkten zu sichten, die noch Gemeinschaftsfähigen so zu fördern, daß sie ihren Platz in der Volksgemeinschaft ausfüllen können und die Unerziehbaren bis zu ihrer endgültigen anderweitigen Unterbringung unter Ausnutzung ihrer Arbeitskraft zu verwahren« dienen die bei der Besichtigung des Lager ins Auge fallenden Maßnahmen und Einrichtungen.
Das Lager wird laufend überprüft durch Kräfte des kriminalbiologischen Instituts des Reichssicherheitshauptamtes, dessen Direktor Prof. Dr. Ritter das Lager häufig aufsucht und das einen ständigen Sachbearbeiter (z. Zt. Regierungsrat Dr. Abshagen) in das Lager abgeordnet hat. Das Lager ist die Fundgrube dieses Forschungsinstitutes, das die Lagerzöglinge kriminalbiologisch untersucht, überprüft und nach diesen Gesichtspunkten gemeinsam mit dem Lagerkommandanten differenziert. Jeder Zögling wird bestimmungsgemäß (AV. d. RJM. v. 27. 4. 1944 Abschnitt B Ziffer 3) vor der Einweisung kriminalbiologisch untersucht. Bei seiner Aufnahme wird er dem Zugangsblock B (Beobachtungsblock) zugeteilt und dort längere Zeit überprüft. Die Überprüfung und Sichtung führt zur Einweisung in einen anderen Block. Die Zöglinge sind nämlich in verschiedene Blocks eingeteilt, die voneinander getrennt gehalten werden. Untaugliche (Geistesschwache und geistig Geschädigte), die nicht lagerfähig sind, kommen in den U.-Block (Block der Untauglichen) mit dem Ziele, demnächst in eine Heil- und Pflegeanstalt (soweit ärztliche Betreuung erforderlich ist) oder aber später in eine Bewah-

rungsanstalt überwiesen zu werden. Dieser Block umfaßt 5–10% der Lagerzöglinge.
Zöglinge, die schwierig sind, charakterlich Abartige, mit Gemütsmängeln Behaftete, Überrege, Erregbare, anlagemäßig Unzufriedene, Mißgestimmte, unverbesserliche Quälgeister, rücksichtslose Gauner, also Zöglinge, die ständig im Zwiespalt zur Gemeinschaft stehen, sind klare Bewahrungsfälle. Nach der Praxis des Kriminalbiologischen Instituts und des Lagers werden diese Zöglinge »Störer« genannt und sobald sie als solche erkannt sind, dem S-Block (Block der Störer) zugewiesen. Aus diesem Block, der 5–10% der Zöglinge umfaßt, erfolgt, wenn der Zögling das Alter erreicht hat, die Überweisung in ein Konzentrationslager oder aber, sobald das Gemeinschaftsfremdengesetz ergangen ist, die Überweisung in eine entsprechende Anstalt des Landesfürsorgeverbandes.
Zöglinge mit charakterlichen Schwächen, Unstete und Antriebsarme, die keine Belastungsprobe überstehen und hangmäßig unweigerlich abirren, sind ebenfalls durchweg Bewahrungsfälle. Sie werden dem D-Block (Block der Dauerversager) zugeteilt und später ins Konzentrationslager oder in halboffene oder geschlossene Anstalten überführt. Der D-Block umfaßt 10–15% der Zöglinge.
Vorwiegend Haltlose, Unselbständige, Leichtsinnige, die stark gefährdet sind und immer wieder rückfällig werden, kommen in den G-Block (Block der Gelegenheitsversager). 10–15% der Zöglinge kommen in diesen Block; ein Teil von ihnen wird später in die Freiheit entlassen werden können, ein anderer Teil wird der Bewahrung zugeführt werden müssen. Etwa 20–25% der Zöglinge kommt in den F-Block (Block der fraglich Erziehungsfähigen). In diesem Block wird die Hauptarbeit des Lagers an Ungeratenen und Schwerverwahrlosten und an vielleicht Spätreifenden, die noch erziehungsfähig werden können, geleistet. Aus diesem Block erfolgt bei festgestellter Unerziehbarkeit die Überstellung in einen der vorgenannten Blocks oder aber die Überführung ins Konzentrationslager nach Erreichung der Volljährigkeit. Diese obere Altergrenze wird gelegentlich überschritten; vielleicht sogar bis zum 25. Lebensjahr in Sonderfällen ausgedehnt, weil die Überprüfung in diesem Block auf weite Sicht gestellt werden soll. Ergibt sich, daß der Zögling noch erziehbar ist, wird er dem E-Block zugeteilt. Der E-Block (Block der Erziehungsfähigen) umfaßt Zöglinge die unmittelbar aus dem B-Block oder nach weiterer Sichtung aus dem F-Block überwiesen werden. Es handelt sich um solche Zöglinge, bei denen Hoffnung auf Erziehungserfolg besteht, also um Verwahrloste, Erziehungsgeschä-

digte Pubertätsversager u. ä. In diesem Block wurden nach den bisherigen Erfahrungen 6–8% der Zöglinge erfaßt. Aus diesem Block werden laufend Zöglinge in die Freiheit d. h. meist zum RAD oder zum Wehrdienst entlassen.
Die vorstehende Schilderung der im Jugendschutzlager gehandhabten Differenzierung zeigt deutlich den starken Einfluß kriminalbiologischer Gesichtspunkte und Erwägungen auf die in dem Lager geleistete Arbeit. Der Sachbearbeiter des kriminalbiologischen Instituts ist an der Zuteilung jedes einzelnen Zöglings zu einem der genannten Blocks maßgeblich beteiligt. Die angegebenen Prozentsätze könnten zu dem Schluß verleiten, daß die in dem Lager geleistete Arbeit sinnlos, zumindest aber wenig lohnend sei. Es ist aber zu berücksichtigen, daß dem Jugendschutzlager eine negative Auslese von Jugendlichen zugewiesen wird. Die biologisch vorgenommene Wertung und Differenzierung der Jugendlichen zeigt, daß die Verworfenheit sehr vieler Zöglinge biologisch bedingt ist. Die biologische Sichtung der Zöglinge soll neben ihrer Auswertung für Forschungszwecke und neben der Unschädlichmachung erkannter Gemeinschaftsfremder durch Bewahrung dazu dienen, noch Erziehungsfähige auszusondern und weitmöglichst zu fördern. Die Erziehungsaufgabe, die die Polizei bei der Zweckbestimmung des Lagers ziemlich stark in den Vordergrund stellt, tritt, wenn man die Erfolge zahlenmäßig wertet, in den Hintergrund. Es darf aber nicht verkannt werden, daß auch zahlenmäßig geringe Erziehungserfolge gerade bei diesem Menschenmaterial hoch zu bewerten sind und daß die Erziehungsarbeit in diesem Lager besonders schwierig ist. Außerdem stellt neben der eingehenden biologischen Sichtung gerade auch die Erziehungsarbeit für das Lager ein weiteres Sicherheitsventil dar, durch das Fehler in der Einweisung ausgeglichen werden können.
Leider gab die Besichtigung wenig Einblick in die Erziehungsarbeit, weil die Besichtigung zu einer Zeit erfolgte, als fast sämtliche Zöglinge sich an den Arbeitsstellen befanden. Der Lagerkommandant, der sich sehr aufgeschlossen zeigte und weitgehend und mit größter Bereitwilligkeit Einblick in alle Einrichtungen und Angelegenheiten des Lagers gewährte, erörterte in seinem ausführlichen einleitenden Vortrag auch die Erziehungsarbeit, die er stark betonte. Alle Einsatzkräfte sind auf die Erziehung ausgerichtet. Der Lagerbetrieb ist straff durch Dienstpläne sowohl für die Zöglinge als auch die Einsatzkräfte geordnet. Auf die Disziplin der Einsatzkräfte wird besonderer Wert gelegt, weil das Beispiel der Einsatzkräfte gerade bei diesem Zöglingsmaterial sich sehr stark auswirkt. Es herrscht militä-

rische Zucht und zwar auch im Verhältnis zwischen dem Lagerkommandanten und den Erziehern. Erstaunlich stark ist die Anspannung der Einsatzkräfte, die nur einen freien Sonntag im Monat haben. Der Lagerkommandant vertritt den Standpunkt, daß die Einsatzkräfte mindestens genau so beansprucht werden müssen wie die Zöglinge. Für die Wachmannschaften ist die Beanspruchung sehr stark angesichts der Notwendigkeit der Sicherung gegenüber dem starken Fluchtdrang der Zöglinge, der aus ihrer Jugendlichkeit, dem Mangel an Erfahrung, der schlechten Veranlagung, der unbestimmten Dauer der Verwahrung, aus den räumlichen Verhältnissen des Lagers und aus dem Umstande zu erklären ist, daß die Arbeitsstellen außerhalb des Lager sich befinden. Hier mag erwähnt werden, daß es ein einziges Mal vorgekommen ist, daß ein Zögling von einem ihm körperlich unterlegenen Wachmann, den er tätlich angegriffen hatte, auf der Flucht erschossen worden ist. Neben der beispielhaften Haltung der Einsatzkräfte spielt die Arbeit als Erziehungsfaktor eine wesentliche Rolle. Die Zöglinge arbeiten in 4 Arbeitsbetrieben und zwar 270 in einer Schlosserei, die eigens als Arbeitsbetrieb für die Zöglinge eingerichtet worden ist, und 10–15 Zöglinge in dem anstaltseigenen Landwirtschaftsbetrieb (120 Morgen mit Viehwirtschaft); der Rest verteilt sich auf die Betriebe einer Heereswerkstätte und einer Heeresmunitionsanstalt. Der Arbeitseinsatz der Zöglinge ist sehr intensiv. Die Betriebsführer waren mit den Leistungen nicht nur zufrieden, sondern lobten bei den Betriebsbesichtigungen die Anstelligkeit und Leistungsbereitschaft ausdrücklich. Die Forderung, daß die Arbeitskraft der Zöglinge ausgenutzt werden soll, ist also erfüllt. Andererseits machten die Zöglinge bei den Betriebsbesichtigungen einen frischen, keineswegs erschöpften Eindruck. Augenscheinlich ist auch der Gesundheits- und Ernährungszustand günstig.

Neben der durch Arbeitseinsatz bewirkten Erziehung, geht die Erziehungsarbeit der »Erzieher«, die jeweils einen Block unter sich haben, vor sich. Sie wird in den Tagesdienstplan eingeschaltet, der mit dem Wecken um 5.45 Uhr beginnt und mit dem Einschluß in die Schlafräume um 20.45 endet. Die Arbeitszeit dauert von 6½ bis 11¾ und 13 bis 18.15 Uhr. Sonntagsarbeit wird von Fall zu Fall eingelegt. In der Freizeit können die Zöglinge lesen, schreiben, basteln und spielen, sowie Sport treiben nach jeweiliger planmäßiger Anordnung. Gelegentlich wird Kino veranstaltet. Sonntags werden Morgenfeiern abgehalten. Hin und wieder können die Zöglinge eigene Veranstaltungen aufziehen z. B. Schaustellungen mit akrobatischen oder sonstigen Leistungen aus den Reihen der Zöglinge. Die planmäßige Ausgestaltung der Freizeit ist auf einen gewissen Ausgleich gegenüber der sonst starken und disziplinierten Beanspruchung abgestellt. Die Erziehungsarbeit der Erzieher besteht zunächst allgemein in der Schulung und Ausrichtung der Zöglinge auf allen möglichen Gebieten, sodann in der erzieherischen Einwirkung auf den einzelnen Zögling, der sich auf die Gemeinschaft einstellen muß. Es herrscht eine straffe Lagerzucht. Bei Verstößen gegen die Lagerzucht erfolgt eine scharfe Ahndung, die im Einzelfalle jeweils nur auf Anordnung des Lagerkommandanten erfolgt, dem der zuständige Erzieher einen Strafvorschlag unterbreitet. Die Disziplinarstrafen reichen von der Verwarnung, Ordnungsstrafe allgemeiner Art (z. B. Bettenbau), Strafdienst, Kostentzug (z. Zt. nur in beschränktem Umfange möglich) Strafstehen in einem geschlossenen Raum, hartem Lager bis zu 3 Wochen, verschärftem Arrest bis zu 3 Wochen bis zur körperlichen Züchtigung (Höchstmaß: 15 Stockschläge). Über die Disziplinarstrafen wird genau Buch geführt. Der Lagerkommandant hat sich durch ein weit ausgedehntes Meldesystem einen genauen Einblick in alle Vorgänge des Lagers gesichert. Unbotmäßigkeiten und sonstige Verfehlungen sowohl der Einsatzkräfte als auch der Zöglinge müssen ihm nach diesem System unverzüglich schriftlich gemeldet werden. Er spricht die Vorgänge täglich mit den leitenden Erziehern durch und richtet danach seine erzieherischen und sonstigen Maßnahmen an.

In gewissen Abständen (z. Zt. halbjährlich) hat der zuständige Erzieher über jeden einzelnen Zögling seines Blocks einen Führungsbericht vorzulegen, der eine tatsächliche Darstellung enthalten und mit einer Beurteilung und einem Vorschlag (Differenzierung) enden muß. Alle Vorgänge über die einzelnen Zöglinge werden in Personalakten der einzelnen Zöglinge vereinigt, zu denen auch die Ergebnisse der sippenkundlichen und charakterologischen Forschungen des kriminalbiologischen Sachbearbeiters genommen werden. Diese aktenmäßigen Unterlagen ermöglichen schließlich die abschließende Beurteilung der einzelnen Zöglinge.

In das Jugendschutzlager Moringen wurden bis Mitte Juli 1944 1231 Zöglinge eingewiesen, darunter befanden sich 75 Zöglinge nichtdeutschen aber artverwandten Blutes. Die Mehrzahl dieser Zöglinge (968) war ehelicher Abkunft, 240 Halbwaisen, 66 Vollwaisen. 93 Zöglinge stammten aus geschiedenen Ehen, 29 von getrennt lebenden Eltern. Die vorgenannten Zahlen sprechen dafür, daß es sich bei der Mehrzahl der Zöglinge um biologisch Verworfene handelt, daß also Erziehungsmängel nicht eine so ausschlaggebende Rolle spielen wie bei an sich erziehungsfähigen Jugendlichen, bei denen in Strafverfahren auffallend oft das Fehlen eines oder beider Elternteile festzustellen ist. Nach ihrer Schulbildung kamen (nur) 165 aus der Hilfsschule, 1018 aus der Volksschule, 36 aus der höheren Schule (offenbar durchweg politische Häftlinge, die in einer besonderen Abteilung vorübergehend untergebracht waren); 12 Zöglinge waren ohne jede Schulbildung.

Nach ihrer beruflichen Vorbildung stammten 225 aus Lehrberufen und 129 aus Anlernberufen, die Mehrzahl mit 877 waren ungelernte Arbeiter. 50% (675) der Zöglinge waren bereits in Fürsorgeerziehung. 50% waren vor der Einweisung vorbestraft, darunter 360 einmal, 48 zweimal, 267 mehr als zweimal. Vor der Einweisung in das Lager wurden insgesamt bei den 1231 Zöglingen festgestellt Eigentumsverfehlungen in 830 Fällen, homosexuelle Handlungen in 90 Fällen, andere Sittlichkeitsdelikte in 76 Fällen, Gewalttätigkeiten in 48 Fällen, staatsfeindliche Betätigung in 92 Fällen, asoziales Verhalten in 67 Fällen. Bei der Einweisung waren unter 16 Jahre alt 80 Zöglinge, 16–18 Jahre alt 496 Zöglinge, 18–20 Jahre alt 651 Zöglinge und über 20 Jahre alt 4 Zöglinge.

Die Notwendigkeit der Bewahrung ergibt sich aus einer Statistik, die über das Verhalten der Zöglinge während der Lagerzeit geführt wird.

Von den Zöglingen haben 156 das Lager durch Flucht verlassen. Zur Zeit waren 3 noch nicht wieder ergriffen. Während der Flucht oder im Lager sind an strafbaren Handlungen 140 Eigentumsdelikte, 8 homosexuelle Verfehlungen, 23 Gewalttätigkeiten und 10 staatsfeindliche Handlungen begangen worden. Daraufhin sind gerichtliche Verurteilungen erfolgt zum Tode in 3 Fällen, zu Zuchthaus von mehr als 1 Jahr in 18 Fällen, zu Zuchthaus von 1 Jahr in 3 Fällen, zu unbestimmter Verurteilung in 6 Fällen, zu Gefängnis von mehr als 1 Jahr in 16 Fällen, zu Gefängnis von 6–12 Monaten in 18 Fällen und zu Gefängnis bis zu 6 Monaten in 47 Fällen.

Die Bewegung der Zöglinge durch Abgang aus dem Lager war bei dem Einweisungsstand von 1231 Zöglingen am 21. Juli 1944 wie folgt: Sterbefälle 41, darunter 3 Selbstmorde und 1 Sterbefall durch Erschießen auf der Flucht. Entlassen wurden 138 zur Wehrmacht, 5 zum Reichsarbeitsdienst, 45 in die Heimat, 31 in die halboffene Heimstätte Heimathof Herzogsägmühle. Überführt wurden 52 in die Heil- und Pflegeanstalt, 53 in Konzentrationslager, 11 ins Gefängnis und 16 ins Zuchthaus.

Bis zum Abgang befanden sich von den voraufgezählten 390 Zöglingen 149 bis zu 1 Jahr, 119 bis zu 2 Jahren, 89 bis zu 3 Jahren und 33 über 3 Jahre im Lager. Das Abgangsalter lag bei 57 Zöglingen unter 18, bei 223 von 18 bis 21 Jahren und bei 110 Zöglingen über 21 Jahren.

Die Zahlen lassen einen kleinen Überblick über den Lagerbetrieb und über die Auswirkung der Sichtung und der Erziehung der Lagerzöglinge gewinnen, wenn sie auch lediglich einen groben Umriß geben können.

Wesentlich für die Jugend- und Vormundschaftsrichter, die aus den allgemeinen und auch aus den statistischen Angaben einige Schlüsse ziehen können, wird aber die Frage bleiben, welche Typen der Jugendlichen für die Einweisung in das Jugendschutzlager in Betracht kommen. Aus der Charakterisierung der einzelnen Typen für die verschiedenen Blocks ergeben sich wesentliche Anhaltspunkte, die aber m. E. noch einer Erläuterung durch eine intensive kriminalbiologische Schulung der Jugend- und Vormundschaftsrichter bedürfen. Insofern bietet das negative Menschenmaterial, das in dem Jugendschutzlager Moringen bewahrt wird, eine wertvolle Unterlage zur Schulung, weil sich bei diesem Material in grober Form und zum Teil in Reinkultur die Fehler zeigen, die in Ansätzen bei den noch nicht verdorbenen aber gefährdeten Jugendlichen, soweit überhaupt die Gefährdung biologisch bedingt ist, zu finden sind. Die Arbeit am Negativen ist also auch für die positive Arbeit von ziemlicher Bedeutung.

11. Subkulturen und Protestverhalten von Jugendlichen im Dritten Reich

Die Edelweißpiraten waren nicht allein. Ähnliche Proteste gegen die angebliche Volksgemeinschaft der Nationalsozialisten kamen von Leipziger Arbeiterjugendlichen, die sich in »Meuten« organisierten, von jungen Angehörigen der Mittelschichten besonders in größeren norddeutschen Städten, die sich in Swing-Cliquen zusammenfanden, und von vielen anderen Jugendlichen, die sich in spontanen Gruppen den Befehlen und Normen der faschistischen Gesellschaft entzogen. Ein interner Bericht der nationalsozialistischen Reichsjugendführung von September 1942 gibt über die verschiedenen Formen der »Cliquen- und Bandenbildung« erschöpfend Auskunft. Gleichzeitig führt er aber auch die schier endlose Liste von Verbotsvorschriften und Verfolgungsmethoden an, die den Justizbehörden, der politischen Polizei und der Privatjustiz der nationalsozialistischen Organisationen gegen unbotmäßige, nicht angepaßte Jugendliche zu Gebote standen. Vor allem versuchte dieser Bericht wie auch die Analysen des Kölner Jugendrichters und der Düsseldorfer Gestapo Erklärungen dafür zu liefern, daß sich der Nationalsozialismus auf einmal massiver Ablehnung seitens vieler Jugendlicher gegenübersah, obwohl doch der organisierte Widerstand (aus den ehemaligen Arbeiterparteien) längst bis auf geringe Reste zerschlagen worden war und der massive propagandistische Einsatz der H.J. und NSDAP gegenüber der Jugend eigentlich die Heranzüchtung einer angepaßten, wenn nicht begeistert folgsamen Jugend hatte erwarten lassen.
Diese Erklärungsversuche der Nationalsozialisten gaben sich relativ offen und kritisch, weil nur für den internen Gebrauch gedacht. Dennoch umgingen sie eine entscheidende Frage: ob es sich bei den Protestbewegungen wirklich nur um zeitbedingte Ausnahmehandlungen handelte, oder ob sie nicht das Scheitern der nationalsozialistischen Gesellschaftsdoktrin von der Volksgemeinschaft und die letztliche Wirkungslosigkeit der Mittel, sie zu erzwingen, also von Propaganda und Terror, signalisierten.

Insofern die Erklärungsversuche der Nationalsozialisten zeitbedingte Ursachen ansprachen, sind sie nicht völlig von der Hand zu weisen. Sie begründeten die Jugendproteste entweder mit der »Verwahrlosung«, die die Ausnahmesituation des Krieges nach sich zog, oder mit der Wirkung feindlichen Ideenguts aus der Vergangenheit (etwa der bündischen Tradition bei den Edelweißpiraten und der kommunistischen bei den Meuten) oder aus dem Ausland (wie bei der »anglophilen« Swing-Jugend). Andere Autoren betonten, von einem jugendpsychologischen Ansatz ausgehend die altersbedingte Neigung zu Protest während der Pubertätsjahre.
Diese Deutungen können jedoch nicht befriedigen. Wer die Jugendproteste nur als Verwahrlosung beschreibt und die Kriegssituation für sie verantwortlich macht, verschleiert, daß sich die Edelweißpiratenbewegung genauso wie die Leipziger Meuten schon in den späten dreißiger Jahren bemerkbar machte. Außerdem sagt der Begriff Verwahrlosung mehr über die rigiden Ordnungsvorstellungen derjenigen aus, die ihn benutzten, als über die Edelweißpiraten, die Meuten und die Swing-Jugend. Sicher war es ein beliebtes Denkschema, einen identifizierenden Bogen von der Aufsässigkeit eines Lehrlings oder Schülers über gelegentliche Jugendkriminalität bis zur politischen Gegnerschaft zu schlagen, aber selbst scharfsichtigere nationalsozialistische Autoren haben, wie wir in dem folgenden Dokument lesen können, sorgfältig zwischen vornehmlich kriminellen Banden und solchen Cliquen unterschieden, die vor allem in der politischen Einstellung oder dem alltäglichen Sozialverhalten protestierend von der nationalsozialistischen Norm abwichen.
Auch für die letzteren gilt, daß sie oft strafbare Handlungen begangen haben. Aber man lese nur einmal in der folgenden Denkschrift der Reichsjugendführung nach, was alles strafbar, kriminell war! Allerdings kam es unter den Edelweißpiraten, den Meuten und den Swing-Gruppen auch manchmal zu Handlungen, die nicht nur im nationalsozialistischen Strafrecht, sondern auch in demokratischen Gesellschaften strafbar sind, zu gelegentlichen Diebstählen oder zu Schlägereien. Ein Teil solcher Straftaten ergab sich aus der besonderen Konfrontation mit dem NS-System, zum Beispiel, wenn die Auseinandersetzung von Edelweißpiraten auf der Fahrt mit dem H.J.-Streifendienst als »Körperverletzung« geahndet wurde, oder wenn Edelweißpiraten in Köln-Ehrenfeld geflohene politische Häftlinge und ausländische Zwangsarbeiter, die sich mangels Lebensmittelkarten nicht legal versorgen konnten, mit Hilfe von Einbrüchen verproviantierten. Jedoch soll gar nicht geleugnet werden, daß es

manchmal im Umfeld der Cliquen auch zu Diebstählen ohne politische Motivation kam. Aber gerade wenn man bedenkt, wie gerne die Nationalsozialisten ihre jungen Gegner als Kriminelle eingestuft hätten, fällt auf, wie selten eigentlich die Akten der Polizei konkrete Belege selbst für eine zu allen Zeiten nicht ganz unübliche Klein- und Gelegenheitskriminalität Jugendlicher anführen können.
Kurz: die Mangelsituation des Krieges mag zur Ausbreitung der Unzufriedenheit beigetragen und so manche Gelegenheit geboten haben, dem dichten Netz sozialer Kontrolle zu entgehen, aber die Anfänge und somit auch die Ursachen der Protestbewegungen lagen schon in der Vorkriegszeit.
Auf den Vorwurf, die Jugendbewegungen seien vor allem Ergebnis fremder Propaganda gewesen, braucht eigentlich kaum eingegangen zu werden. Er erklärt weder, warum diese Propaganda gerade Ende der dreißiger Jahre wirksam wurde, noch, warum sich die Jugendlichen nicht mit der viel massiveren nationalsozialistischen Indoktrination zufriedengaben, sondern ausgerechnet den dünnen und von Störsendern überlagerten Tönen von Radio Moskau und BBC lauschten, obwohl dies verboten war und im Kriege sogar mit dem Tode bestraft werden konnte. Damit »fremde« Propaganda wirken konnte, mußte ein Unbehagen an der nationalsozialistischen vorhanden sein, mußte die Maschinerie des Dr. Goebbels an den Erfahrungen und den Bedürfnissen vieler Jugendlicher vorbeirauschen.
Bleibt die jugendpsychologische Erklärung. Auch sie erscheint berechtigt, wo sie darauf hinweist, warum gerade in der Pubertät, der Zeit, in der man seine Geschlechtsrolle lernt und sich seine Stellung im Arbeitsleben und der Gesellschaft aneignet, die überlieferten Werte und Verhaltensweisen in Frage gestellt werden. Insofern wird verständlich, daß solche Wellen nichtangepaßten Verhaltens gerade von Jugendlichen ausgingen. Damit ist aber weder erklärt, warum die Jugendlichen solche Formen des Protestes, solche Stilmittel alternativen Verhaltens und die Anschauungen gewählt haben, die sie bei den Edelweißpiraten zeigten. Auch läßt sich nicht begreifen, warum sie ihre angeblich pubertätsbedingte Opposition gegen den Nationalsozialismus gerichtet haben. Gerade die H.J. hatte doch immer wieder versucht, den Generationskonflikt für sich auszuschlachten und unter der Parole zu schüren, daß Jugend nur von Jugend geführt werden dürfe, daß diese Jugend Deutschlands Zukunft und die beste Stütze des »Führers« sei. Zur Erklärung, warum sich der Generationskonflikt also nicht zugunsten, sondern gegen die nationalsozialistische Jugendpolitik auswirkte, reicht die blasse Hilfskonstruktion, im

Kriege wären eben die besten H.J.-Führer an der Front, der H.J.-Dienst also unattraktiv gewesen, nicht aus. Es scheint vielmehr, daß das Anwachsen der Jugendopposition nicht nur auf Schwachstellen der NS-Propaganda, sondern auch auf das Scheitern der Integrationsbemühungen seitens der nationalsozialistischen Massenorganisationen hindeutet.

Die Anschauungen und Formen der spontanen Jugendopposition sind also nicht nur an sich, als Beispiel von Nichtanpassung und Protest im Dritten Reich interessant, sondern sie werfen auch ein klärendes Bild auf die realen Wirkungen der nationalsozialistischen Gesellschaftspolitik. In den Akten der politischen Polizei spiegelt sich insofern auch ungewollt die Alltagserfahrung von Jugendlichen im Dritten Reich. So erhalten wir Auskunft darüber, wie sie die örtlichen nationalsozialistischen Würdenträger beurteilten, was sie vom H.J.-Dienst hielten, inwieweit sie den Anforderungen der Älteren an »strammes«, »anständiges« Benehmen genügten. Wir können durch die Augen der damals 16jährigen und durch die Feder derjenigen, die sich für berufen hielten, sie zu kontrollieren, einzuordnen oder zu bestrafen, einiges aus dem Alltag im Dritten Reich erkennen, wie er ablief, was nicht »wie geschmiert« funktionierte, sondern einhakte, widerstand, und mit welchen Mitteln solche Widerstände gebrochen wurden.

Lassen wir uns einmal darauf ein, wie ein etwa 16jähriger Arbeiter, Mitglied einer Edelweißpiratengruppe seine Umgebung sah. Nehmen wir sein Verhalten, seine Kluft und seine Sprüche ernst als Zeichen, mit denen er seine Welt erklärte und seine Rolle darin ausprobierte.[1]

Nicht nur die sogenannte höhere Kultur wie Dichtung oder Kunst gibt eine symbolische Darstellung und Deutung der Lebenswelt ihrer Produzenten und Rezipienten, auch die Alltagskultur erzeugt eine Vielfalt von symbolischen Systemen und von Aktionen, die die Alltagswelt interpretieren. Die Inhalte der Lieder der Edelweißpiraten, ihre Aussprüche, die Formen ihrer Abgrenzung von den Zumutungen der Nationalsozialisten gehören zu dieser Alltagskultur der Arbeiterjugend im Dritten Reich. Ihre Urteile über sich selbst und über die Hitlerjugend markieren eine genaue Topographie der Welt,

1 In den folgenden Überlegungen zum symbolischen Verhalten in Alltagskulturen folge ich dem Ansatz des Centre for Contemporary Cultural Studies; Vgl. John Clarke u. a.: Jugendkultur als Widerstand. Milieus, Rituale, Provokationen. Frankfurt (Syndikat-Verlag) 1979; Paul Willis: Spaß am Widerstand. Gegenkultur in der Arbeiterschule. Frankfurt (Syndikat-Verlag) 1979.

in der sie leben. Die markanten Punkte auf dieser Landkarte ihrer Alltagserfahrung sind auf der einen Seite die Stellungen der Arbeiter, in die sie nach der Schulentlassung gerade übergewechselt sind, auf der anderen Seite die machthabenden Institutionen der Nationalsozialisten und ihre sozial bessergestellten Träger. Diese Spannung zwischen »uns« hier unten und »denen da oben« wird nun aber nicht demütig hingenommen, sondern kritisch umgekehrt.

Die eigene Welt besteht aus »Kumpels«, ihr Verhalten und ihre Umgebung werden positiv bewertet, während man an denen von der anderen Seite kein gutes Haar läßt. Hier wendet sich das Selbstbewußtsein derjenigen, die hart körperlich arbeiten, gegen das Bild vom schwachen und feigen Drückeberger bei der H.J., der nicht einmal den selbstgestellten Anforderungen genügt (siehe hierzu das Edelweißpiraten-Flugblatt auf Seite 82), hier steht Gruppensolidarität gegen Befehlsgehabe und gegen Systeme formaler Strafen, steht die ungebundene Freizeit gegen fremdbestimmte Verplanung in Einsätzen der Schule und H.J. Nicht zuletzt steht eine unbefangene Körperlichkeit, die es erlaubt, Sexualität lustvoll, von der Gruppe akzeptiert und ohne die prüden moralischen Restriktionen der Älteren zu erleben, gegen die offizielle Sexualnorm, die einhellig von den in männliche H.J. und weiblichen BDM geteilte NS-Jugendorganisation bis zu den Hütern der öffentlichen Sitten in Schule, Polizei und Fürsorgebehörden gepredigt wurde.

Aber es blieb nicht bei der symbolischen Interpretation der Alltagswelt. Die Edelweißpiraten brachten eigene Formen kultureller Produktion hervor. Die Jugendlichen eigneten sich Lieder in Texten und Melodien an, indem sie sie in ihren Erfahrungszusammenhang übersetzten, mit ihren musikalischen Mitteln wiedergaben, sie textlich ergänzten, umformten oder neu dichteten. Sie entwickelten einen eigenen Stil, den Stil der informellen Gruppe mit Kluft, Treffs, Wanderfahrten. An die Stelle der unpersönlichen Hierarchien der nationalsozialistischen Massenorganisationen und ihre formale Befehlsstruktur trat die Clique, die sich aus vertrauten Freunden bildete, Sprecher, aber keine formellen Führer kannte, und in der solidarisches Verhalten herrschte, was sich durch das Zusammenlegen des Geldes bei Wanderfahrten ausdrückte.

Die symbolischen Deutungen der Umwelt, der kreative Stil der Gruppe stellten nun die Formen bereit, in denen die Jugendlichen trotz des massiven Konformitätsdrucks des NS-Systems Elemente eigener Identität, eigener Persönlichkeit entwickeln konnten. Sie verfügten im Symbol der Edelweißpiraten über ein Gegenbild von

Werten und Verhaltensweisen, auf das sie bauen konnten, aus dem sie die Kraft schöpften, einen eigenen, von der herrschenden Norm abweichenden Weg zu gehen. Dabei besaßen sie offenbar einige Ausstrahlungskraft und Attraktivität auch für viele ihrer Altersgruppe, die sich ihnen nicht direkt angeschlossen hatten, wie etwa der Bericht des Oberhausener Berufschullehrers (siehe Seite 84) belegt.
Sicher wiesen für die Edelweißpiraten viele Erfahrungen darauf hin, daß sie zum unterlegenen, beherrschten Teil der Gesellschaft gehörten. Viele von ihren Vorstellungen ließen sich nur in der Freizeitclique verwirklichen, wenn man sich – durchaus wörtlich – der umgebenden bedrückenden Gesellschaft entzog und in die Wälder wanderte. Letztlich ging das Ringen um eine selbstbestimmte Freizeit, dem über weite Strecken auch bei Provokationen und Prügeleien mit der H.J. zunächst spielerische Elemente anhafteten, unweigerlich verloren, wenn die Herrschenden Ernst machten und ihren Polizei-, Justiz- und Sozialfürsorgeapparat in Bewegung setzten.
Um so erstaunlicher ist, daß die Edelweißpiraten nicht aufgaben, sondern sich immer wieder zusammenfanden, auch nachdem sie Razzien miterlebt und von Verurteilungen und Bestrafungen gehört hatten. Dies läßt sich nur erklären, wenn man davon ausgeht, daß ihre alltägliche Erfahrung selbst ihnen immer neue Anstöße dafür gab, sich auf kritische Weise mit dem System auseinanderzusetzen. Der Übergang der Jugendlichen ins Arbeitsleben, wie schon die Erfahrungen der Arbeiterkinder zuvor in ihrer Wohnumgebung und Schule, stießen die Jugendlichen – ob sie wollten oder nicht – darauf, daß es mit der nationalsozialistischen Volksgemeinschaft nicht weit her sein konnte. Harte Arbeitsbedingungen, Unterordnung unter die Befehlsgewalt der Vorgesetzten wie zuvor der Lehrer und weiterhin der Behörden, soziale Rechtlosigkeit, niedriges Einkommen und gedrückter Lebensstandard charakterisierten wie eh und je den Alltag der Arbeiter auch im Dritten Reich. Entgegen aller Propaganda wies die Realität des Nationalsozialismus den Arbeitern eine eindeutige Klassenlage zu. Zwar waren die Gewerkschaften und die Parteien der Arbeiterbewegung verboten und verfolgt, zwar wurden die offenen politischen Traditionen, die sich vor 1933 sogar in eigenen proletarischen Sport- und Bildungsvereinen ausgedrückt hatten, systematisch ausgelöscht. Was sich aber nicht beseitigen ließ, waren die täglichen neuen Erfahrungen der Klassengesellschaft und die vielfältigen alltäglichen kleinen Zeichen von Gemeinsamkeit unter Arbeitern, das Gespräch und die gegenseitige Hilfe in der

Nachbarschaft und am Arbeitsplatz, die Art, wie man miteinander umging und wie man sich gegen Vorgesetzte, Hausbesitzer und Würdenträger der Partei verhielt. Dazu gehörte ein gewisses Selbstbewußtsein, daß man nun nicht mehr die Schulbank drückte, sondern etwas Handfestes tat, körperliche Arbeit leistete und dafür seinen hartverdienten Lohn erhielt (jedenfalls nach der Lehre oder wenn man angesichts des hohen Arbeitskräftemangels seit etwa 1937 gleich eine gutbezahlte Hilfsarbeiter- oder angelernte Tätigkeit ausübte).

Diese Aneignung von Erfahrungen des Arbeiterlebens, dessen Rhythmus für die Jugendlichen mit einiger Wahrscheinlichkeit bis zur Rente unausweichlich bestimmend sein würde, erfolgte nicht widerspruchsfrei. Dem Stolz auf die gegenüber den weiterhin die Schulbank drückenden Mittel- und Oberschülern doch gehobene Bedeutung dessen, der jetzt »im Leben steht« und »richtig arbeitet«, entsprach durchaus keine naive willige Unterordnung unter die Befehle der Meister und die Arbeitsnorm des Betriebs. Im Gegenteil, viele Edelweißpiraten waren aufmüpfig und undiszipliniert. Arbeitsverweigerung, Bummelei und Krankfeiern zeigten ihre Unlust an, sich einem fremden Reglement unterzuordnen. Manche systematische Arbeitsverzögerung nahm bereits Züge der Sabotage von Kriegsproduktion an.

Damit griffen die Edelweißpiraten Formen von Widersetzlichkeit auf, wie sie von der organisierten deutschen Arbeiterbewegung vor 1933 weitgehend ignoriert worden waren. Sie übten sich in unmittelbarem, spontanem Protest, sicher auch, weil ihnen die längerfristigen Strategien gewerkschaftlicher Interessenvertretung, tariflicher Verbesserungen oder arbeitsrechtlicher Regelungen durch das NS-System verschlossen waren. Die Nationalsozialisten waren mit dem Verbot der Gewerkschaft und der Parteien darauf aus gewesen, den Klassenkampf abzuschaffen. Sie beseitigten aber nur dessen organisierte Form. Informell gingen die Versuche, bedrückende Arbeitssituationen spontan zu verbessern, weiter. An die Stelle tariflicher Lohnverhandlungen trat die Ausnutzung des Arbeitskräftemangels im Rüstungsboom. Durch Kündigung oder bloße Drohung, den Arbeitsplatz zu wechseln (was alle behördlichen Einschränkungen nicht wirklich eindämmen konnten), erreichte man trotz stagnierender Tariflöhne höhere Effektivlöhne: »Tarifpolitik« auf eigene Faust. An die Stelle gewerkschaftlicher Kampagnen für Arbeitszeitverkürzung traten Bummelei und Krankfeiern.

Die nationalsozialistische Doktrin von der Volksgemeinschaft scheiterte an der Klassenrealität. Die Arbeitsverweigerungen in den Betrieben wie die Ablehnung der H.J.-Freizeitangebote durch die Edelweißpiraten belegen, daß der Nationalsozialismus zwar zerstören, daß er die Organisationen der Arbeiter zerschlagen konnte, daß er aber bei der Durchsetzung der eigenen Gesellschaftskonzeption versagte. Dennoch waren die Schäden, die die nationalsozialistischen Zerstörungen der Arbeiterkultur anrichteten, verheerend genug.

Auch nach 1945 konnte die Arbeiterbewegung nicht ungebrochen an die Zeit vor 1933 anknüpfen. Proletarisches Alltagsverhalten hatte überlebt, nicht aber die zuvor recht entwickelte politische Kultur. Das zeigte sich übrigens auch bei den Edelweißpiraten. Nur wenige von ihnen knüpften direkt an die sozialistische oder kommunistische Tradition an. Soweit die Quellen ein Urteil zulassen, scheinen relativ wenige Kinder von ehemaligen SPD- oder KPD-Mitgliedern zu den Edelweißpiraten gehört zu haben. Auch das Liedgut der Arbeiterjugend wurde von den Edelweißpiraten nicht aufgenommen. (Es gibt meines Wissens nur ein Beispiel in den umfangreichen Akten der Düsseldorfer Gestapoleitstelle, in denen es um das Absingen eines kommunistischen Liedes geht.) Umgekehrt kann man aber auch keine ideelle oder personelle Kontinuität mit der organisierten bündischen Bewegung der Weimarer Republik konstruieren, die sich nämlich eher aus bürgerlichen Schichten rekrutierte. Die Edelweißpiraten übernahmen von ihnen Stilelemente, Lieder und das Fahrtenwesen, wie sie sich schon vor 1933 auch bei den sogenannten wilden Gruppen (im Gegensatz zu den offiziellen, organisierten Bündischen) verbreitet gewesen waren.

Auf dem Hintergrund solcher Einschätzungen der Rolle der Edelweißpiraten läßt sich auch die eingangs gestellte Frage, ob es sich bei ihnen um Widerstandskämpfer gehandelt habe, klarer beantworten. Vieles spricht dafür, bei einem engen exakt bestimmten Begriff von Widerstand zu bleiben, der nur solches Handeln umfaßt, das auf den Sturz des NS-Regimes unmittelbar oder mittelbar hinzielte. Einen solchen bewußten und politisch gezielten Widerstand haben die Edelweißpiraten nicht geleistet, konnten 14- bis 17jährige Arbeiterjugendliche damals auch wohl gar nicht leisten. Es gab unter den Edelweißpiraten einzelne politische Widerstandskämpfer, aber eben nur einzelne. Widerstand war unter den Bedingungen des Dritten Reichs ohnehin ein Geschäft von Minderheiten. Er konnte jedoch nur bestehen, wenn er in ein breiteres Feld von Einstellungen und Verhaltensweisen eingebettet war, die den Nationalsozialismus oder einzelne seiner Aspekte ablehnten. In dieses breite Feld von Nonkonformismus, von Verweigerung und Protest gehört die Edelweißpiratenbewegung.

Ohne den moralischen Wert von politischem Widerstand mindern zu wollen, muß doch überlegt werden, ob diese alternative Alltagskultur von Arbeiterjugendlichen nicht auch einen wichtigen Beitrag zu den antifaschistischen Bewegungen geleistet hat. In ihr drückten sich die Erfahrungen der Klassengesellschaft aus, die auch nicht durch Zwang, organisatorische Integrationsangebote und Volksgemeinschaftspropaganda aus der Welt geschafft werden konnten. Unter härtestem Konformitätsdruck bestanden die Edelweißpiraten auf einem Typus alternativen, abweichenden Verhaltens, fanden sie Formen, ihren Freiheitsdrang auszudrücken.

Das macht verständlich, warum die nationalsozialistischen Behörden so erbittert auf die Edelweißpiratenbewegung und andere Jugendgruppen wie die Leipziger Meuten und die Hamburger Swing-Cliquen reagiert haben: mit einem Haß und einer Verfolgungswut, die auf den ersten Blick in keinem Verhältnis mehr zu den eher harmlosen Anzeichen abweichenden Verhaltens standen. Man vergleiche etwa den H.J.- offiziellen Bericht über ein Hamburger Swingfest (siehe Seite 201) und die hysterische Reaktion Heinrich Himmlers auf solche Nachrichten (siehe dazu den folgenden Brief Himmlers an Heydrich[2]).

Drei Eigenschaften der spontanen Jugendprotestbewegung machten den Nationalsozialisten besonders zu schaffen: erstens, daß es sich nicht um Aktivitäten »verbohrter Anhänger« der aufgelösten Parteien handelte, sondern um das Auftreten von Jugendlichen, die sämtliche nationalsozialistischen Erziehungsmaßnahmen in Schule und H.J. über sich hatten ergehen lassen. Das mußte sie an der Wirksamkeit ihrer pädagogischen Doktrin irre machen.

Zweitens, daß diese Bewegungen sich der scharfen Definition, und damit der Kontrolle und polizeilichen Zerschlagung weitgehend entzogen. Es gab keine Organisation, die man verbieten konnte, keine Mitgliedsbücher, die man als Beweisstücke sammeln konnte, nicht einmal »richtige« Führer- und Gefolgschaftsbeziehungen, die die Verurteilung erleichtert hätten. Die Grenzen zwischen gerade noch erlaubter, alltäglicher Unbotmäßigkeit und verbotener Auflehnung waren fließend.

Drittens, daß die Edelweißpiraten, die Meuten und die Swing-Jugend nationalsozialistische Verhaltensnormen (und mit ihnen die Wert-

2 BA Koblenz, NS 19/neu 219, Bl. 68, 71, 72.

DER JUGENDFÜHRER DES DEUTSCHEN REICHS
UND REICHSJUGENDFÜHRER DER NSDAP.

Berlin-Charlottenburg · Kaiserdamm 45 · Ruf 99 62 61

8. Januar 1942

An den
Reichsführer SS
Pg. H i m m l e r
B e r l i n SW 11
Prinz Albrecht-Str. 8

Sehr verehrter Parteigenosse Himmler!

In Hamburg hat sich in den Oberschulen bzw. in der Jugend der Kaufmannschaft eine sogenannte "Swing-Jugend" gebildet, die zum Teil eine anglophile Haltung zeigt. Dieser Kreis umfasst einige Hundert Jugendliche, zum Teil auch Personen über 18 Jahre.
Da die Tätigkeit dieser "Swing-Jugend" in der Heimat eine Schädigung der deutschen Volkskraft bedeutet, halte ich die sofortige Unterbringung dieser Menschen in ein Arbeitslager für angebracht. Die beteiligten Dienststellen haben bereits in Hamburg die entsprechenden Massnahmen in Betracht gezogen.

Beiliegend übermittle ich Ihnen zu Ihrer Kenntnis einige Berichte aus den Schulen. Ich wäre Ihnen für einen Hinweis an Ihre Hamburger Dienststelle sehr dankbar, dass mit den schärfsten Mitteln gegen die "Swing-Jugend" vorzugehen ist.

Heil Hitler!
Ihr
Axmann

vorstellungen der traditionellen bürgerlichen Gesellschaft) verlachten und übertraten. Hier scheint mir der psychologische Hauptgrund für die Erbitterung der Nationalsozialisten zu liegen. Die Edelweißpiraten und »Swing-Boys« veralberten das Ideal des militärischen Mannes, hart, diszipliniert, befehlsgewohnt und gehorsam, »zäh wie Leder, hart wie Krupp-Stahl«. Sie spotteten der angemaßten Amtsautorität der braunen Uniformträger. Sie hielten weder etwas von

Geh. / 179 71

Der Reichsführer-SS
Tgb.Nr.AR/883/6
RF/V.

Führer-Hauptquartier
16. Jan.1942

Lieber H e y d r i c h !

Anliegend übersende ich Ihnen einen Bericht, den mir der Reichsjugendführer Axmann über die "Swing-Jugend" in Hamburg zugesandt hat.

Ich weiß, daß die Geheime Staatspolizei schon einmal eingegriffen hat. Meines Erachtens muß jetzt aber das ganze Übel radikal ausgerottet werden. Ich bin dagegen, daß wir hier nur halbe Maßnahmen treffen.

Alle Rädelsführer, und zwar die Rädelsführer männlicher und weiblicher Art, unter den Lehrern diejenigen, die feindlich eingestellt sind und die Swing-Jugend unterstützen, sind in ein Konzentrationslager einzuweisen. Dort muß die Jugend zunächst einmal Prügel bekommen und dann in schärfster Form exerziert und zur Arbeit angehalten werden. Irgendein Arbeitslager oder Jugendlager halte ich bei diesen Burschen und diesen nichtsnutzigen Mädchen für verfehlt. Die Mädchen sind zur Arbeit im Weben und im Sommer zur Landarbeit anzuhalten.

Der Aufenthalt im Konzentratiosslager für diese Jugend muß ein längerer, 2 - 3 Jahre sein.

- 2 -

fremdbestimmter Arbeit, noch von fremdbestimmter Freizeit. Sie lebten ihre Körperlichkeit aus. Vor allem setzten sie der prüden offiziösen Moral offenere und freiere Formen von Liebe und Sexualität entgegen. Kurz: sie verkörperten beinahe in allem das genaue Gegenbild zu den Normen, auf die die Nationalsozialisten besonderen Wert legten.

Die Akten der Justiz und Gestapo dokumentieren ein umfangreiches

72

\- 2 -

Es muß klar sein, daß sie nie wieder studieren dürfen. Bei den Eltern ist nachzuforschen, wie weit sie das unterstützt haben. Haben sie es unterstützt, sind sie ebenfalls in ein KL. zu verbringen und das Vermögen ist einzuziehen.

Nur, wenn wir brutal durchgreifen, werden wir ein gefährliches Umsichgreifen dieser anglophylen Tendenz in einer Zeit, in der Deutschland um seine Existenz kämpft, vermeiden können.

Ich bitte um weitere Berichte. Diese Aktion bitte ich im Einvernehmen mit dem Gauleiter und dem Höheren ᛋᛋ- und Polizeiführer durchzuführen.

Heil Hitler !
Ihr

Anlage

Arsenal von Kontroll- und Verfolgungsmethoden. Es beginnt bei eher traditionellen »pädagogischen« Maßnahmen, wie dem empörten Pochen von Autoritätspersonen auf dem Einhalten von Ordnungsnormen, dem werbenden Versuch, das Freizeitangebot der H.J. attraktiver zu machen, und eher symbolischen, demütigenden Bestrafungen wie Wochenendarresten oder dem Abschneiden der Haare bei einer Razzia.

Diese Methoden leiten über in das Feld amtlich-fürsorgerischer, polizeilicher und justizieller Sanktionen, einen langen Katalog von Straftatbeständen und von Bestrafungsformen. Aber selbst die erschöpfende Aufzählung von Paragraphen des nationalsozialistischen Strafrechts reichte nicht aus, um die alltäglichen spontanen Gruppenbildungen wirklich zu erfassen, so daß die H.J. vorschlug, als einen neuen Straftatbestand die Bildung jeglicher Gruppen außerhalb der Staatsjugend einzuführen. Diese Empfehlung, der aus praktischen Gründen weder die Justiz noch die Gestapo zu folgen bereit waren, zeigt die Widersinnigkeit und die Unmöglichkeit totaler Kontrolle: Wo würde die Gruppenbildung beginnen? Wenn in der Pause drei Leute zusammenstehen? Wenn sie gemeinsam ins Kino gehen? Oder erst, wenn sie gemeinsam einen Wochenendausflug machen?
Die nationalsozialistische Lösung des Problems sah anders aus. Sie »beschied« sich mit den vorhandenen Gummiparagraphen, die bereits praktisch jeden bedrohen konnten, und konzentrierte sich darauf, die Masse der Jugendlichen durch Einschüchterung in Zaum zu halten, während die sogenannten Rädelsführer, die angeblich Unverbesserlichen, isoliert und letztlich »ausgemerzt« werden sollten. Zwar war der Entwurf des »Gemeinschaftsfremden-Gesetzes«, das die »Sonderbehandlung« all jener regeln sollte, die sich nicht anpaßten oder einpassen ließen, im Kompetenzdschungel zwischen Fürsorgebehörden, Justiz und Gestapo vorläufig hängengeblieben[3], aber immerhin konnte sich die Gestapo einige Eingriffsmöglichkeiten in jene Bereiche sichern, die bisher Domänen der Fürsorgebehörden und der Jugendgerichtsbarkeit gewesen waren.
Den vorläufigen Höhepunkt des Gestapomodells für eine Behandlung »unverbesserlicher« Jugendlicher markiert die Errichtung eines besonderen Jugend-KZs in Moringen 1940. Der Besichtigungsbericht des Essener Landgerichtspräsidenten von 1944 (siehe oben in Kapitel 10) macht deutlich, daß die Behandlung Jugendlicher in diesem Lager nach angeblich rassebiologischen Einteilungen verfuhr, wo es in Wirklichkeit um die Ahndung unangepaßten Verhaltens ging. Das wird bei der Beschreibung der Blöcke der »Untauglichen«, »Störer«, »Dauerversager« und »fraglich Erziehungsfähigen« ganz klar. Hier ging es nicht um die Vernichtung von Geisteskranken, die verwerflich genug war, sondern um die Dauerinhaftierung (und in der Konsequenz des KZ-Systems und der Euthanasie-Programme die »Endlösung«) von Jugendlichen, die fast alle ihre Volksschulaus-

3 Siehe BA, R 22, unter anderem die Bände 1176, 1178, 1191.

bildung und berufliche Ausbildung geschafft hatten, aber eben durch Arbeitsbummelei, Kleinkriminalität, Aufsässigkeit, kurz: durch unangepaßtes Verhalten aufgefallen waren.

Hier begegnen wir einer wichtigen, oft unterschätzten Komponente des nationalsozialistischen Rassismus. Er richtete sich eben nicht nur nach außen, gegen angeblich »rassisch minderwertige Völker«, sondern gleichermaßen nach innen, indem er alles, was der Ordnungsnorm für »deutschblütige, nordrassische Menschen: rechtwinklig an Leib und Seele«[4] widersprach, jedes sozialabweichende Verhalten, auszurotten versuchte.

Ein beängstigend kurzer Weg führte von der Ächtung langer Haare, undisziplinierten Benehmens und mangelnder »Moral« zu den Konzentrationslagern und ihren Vernichtungsmaschinerien.

Um so erstaunlicher ist, daß sich ein Teil der Jugend nicht dem Konformitätsdruck der Nationalsozialisten unterwarf. Die Vielfalt unangepaßten Verhaltens dokumentiert die folgende HJ-Denkschrift*.

4 Zitiert bei: Gisela Bock: Frauen und ihre Arbeit im Nationalsozialismus, in: Annette Kuhn/Gerhard Schneider (Hrsg.): Frauen in der Geschichte. Düsseldorf (Schwann-Verlag) 1979, S. 113–153, hier Seite 126. Dieser Aufsatz geht ausführlich auf den Sozialrassismus als innenpolitischer nationalsozialistischer Ordnungsnorm ein.

* Diese Denkschrift wird nach einem maschinenschriftlichen Entwurf wiedergegeben, der ausführlicher ist als spätere Fassungen. Gewisse Unregelmäßigkeiten der Gliederung gehen auf die Originalvorlage zurück.

Inhaltsübersicht

Cliquen- und Bandenbildung unter Jugendlichen

Reichsjugendführung – Personalamt – Überwachung

Berlin, im September 1942.

I. Entwicklung und gegenwärtige Lage des Cliquenwesens

Die Bildung von Cliquen, das heißt von Zusammenschlüssen Jugendlicher außerhalb der Hitler-Jugend, hat sich seit einigen Jahren vor dem Kriege, besonders aber im Kriege, in einem Maße verstärkt, daß von einer ernsten Gefahr der politischen, sittlichen und kriminellen Zersetzung der Jugend gesprochen werden muß.

Die Cliquen stehen zum Teil in offener politischer Gegnerschaft zum Nationalsozialismus und zur Hitler-Jugend. Aber auch die Kriminalität der Jugendlichen hat in den Cliquen an Umfang und Schwere ganz erheblich zugenommen. Es ist daher unerläßlich geworden, diese Zusammenschlüsse im ganzen Reich einheitlich und unnachsichtlich zu bekämpfen. Ihre weitere Entwicklung würde bei der kriegsbedingten Abwesenheit vieler Väter, Hitler-Jugend-Führer und Erzieher in der Gegenwart eine öffentliche Gefahr und für die Zukunft die Möglichkeit unabsehbarer Schäden bedeuten.

Zusammenschlüsse von Jugendlichen zu größeren oder kleineren Gruppen sind an sich seit jeher bekannt. Besonders Gelegenheitszusammenschlüsse und kriminelle Banden hat es stets gegeben. Darüber hinaus gab es in der Zeit vor der Machtübernahme eine Vielzahl organisierter Gruppen von Jugendlichen, so insbesondere die sogenannte »Bündische Jugend«, die konfessionellen und politischen Jugendverbände usw. Nach 1933 wurde jedoch die Hitler-Jugend die einzige deutsche Jugendorganisation. Alle anderen Jugendverbände wurden entweder ihr eingegliedert oder aufgelöst. Die Jugenddienst-VO. v. 25. 3. 1939 (RGBl. I S. 710 f.) macht es jedem jungen Deutschen im Alter von 10 bis 18 Jahren zur Pflicht, in der Hitler-Jugend Dienst zu tun. Die hiernach festgelegte allgemeine Jugenddienstpflicht ist noch nicht ganz durchgeführt, da führungsmäßige und sachliche Schwierigkeiten, die zum großen Teil kriegsbedingt sind, eine restlose Heranziehung aller Jugendlichen zum Dienst bisher nicht zugelassen haben.

Nach der Auflösung oder Einschmelzung der bündischen, konfessionellen und politisch gegnerisch eingestellten Jugendverbände, die in den Jahren 1933 bis 1935 erfolgte, kam es besonders im Westen des Reiches zu einer Unzahl wilder Cliquenbildungen, die als illegale Nachfolger bündischer Gruppen gelten müssen.

Diese Gruppen bildeten sich so zahlreich und waren Träger so erheblicher allgemeiner Verwahrlosung, daß zu ihrer Bekämpfung von der Reichsjugendführung in Zusammenarbeit mit Sicherheitspolizei und Staatsanwaltschaft eine besondere »Zentralstelle-West« mit dem Sitz in Düsseldorf geschaffen werden mußte, die von 1937 bis 1938 bestand.

Seit den Jahren 1936/37 machte sich auch im übrigen Reich eine stärkere Bildung wilder Jugendgruppen bemerkbar. Die innerhalb und außerhalb der Hitler-Jugend noch vorhandenen bündischen Elemente versuchten, wieder eigene Gruppen aufzuziehen. Da und dort gingen die großen Religionsgesellschaften daran, ihre früheren Jugendverbände wieder aufleben zu lassen. Auch ein stärkeres Hervortreten krimineller und zur Verwahrlosung neigender Banden macht sich seitdem bemerkbar. Diese Entwicklung stieg erneut an mit Ausbruch des Krieges. Seitdem erreichte das Cliquenwesen in verschiedenen Teilen des Reiches einen Umfang, der die Reichsjugendführung und die örtlichen Führungsstellen der Hitler-Jugend veranlaßte, gegen Ende des ersten und zu Beginn des zweiten Kriegsjahres in größeren Aktionen (vor allem im Rahmen der Überwachung des Fahrtenwesens) in Zusammenarbeit mit Sicherheitspolizei und Justiz gegen die Bandenbildungen Jugendlicher einzuschreiten. In der Folge ergab sich – vermutlich durch die Schockwirkung dieses Vorgehens – eine mehrere Monate anhaltende Beruhigung. Im Verlauf des Jahres 1941 tauchten jedoch die wilden Zusammenschlüsse Jugendlicher aller Art erneut auf und erreichten in den Großstädten einen Umfang an Verwahrlosung und Kriminalität, der nunmehr eine auf das ganze Reich ausgedehnte planmäßige Überwachungs- und Bekämpfungsaktion, sowie den Ausbau einer ständigen Überwachung und Verfolgung derartiger Umtriebe erforderlich macht.

In dieser jüngsten Entwicklung der Cliquen lassen sich der Grundtendenz nach drei Typen unterscheiden, wobei ausdrücklich hervorzuheben ist, daß die Übergänge zwischen den einzelnen Gruppen fließend sind und daß zwischen den einzelnen Betätigungen Wechselwirkungen bestehen. So wird eine Gruppe, die sich zum Zweck gemeinsamer Vergnügungen zusammengeschlossen hat, leicht dazu übergehen, sich das erforderliche Geld durch Eigentumsdelikte zu verschaffen und damit kriminell werden. Ebenso wird sie bei fortschreitender Verwahrlosung immer mehr in Gegensatz zur Erziehungsgemeinschaft der Hitler-Jugend geraten und dann u. U. auch zu bewußter, politischer Gegenarbeit übergehen usw.

Es können unterschieden werden:

I. Zusammenschlüsse mit vorwiegend krimineller Tätigkeit (Kriminelle Gruppen)

Hierbei handelt es sich um Gruppen, zu denen sich entweder mehrere Jugendliche zusammengeschlossen haben mit der von vornherein gegebenen Absicht, gemeinsam Straftaten zu begehen, oder aber bei denen sich die kriminelle Betätigung zur Hauptttätigkeit herausgebildet hat, neben der andere Tendenzen nicht ins Gewicht fallen. Den Hauptanteil stellen Diebes- und Einbrecherbanden. – Es ist besonders auffällig, daß bei einem zahlenmäßigen Rückgang der Gesamtkriminalität der Jugendlichen, die von mehreren Jugendlichen gemeinsam (bandenmäßig) begangenen Diebstähle und Einbrüche an Zahl und vor allem an Schwere der Tat und Einsatz von verbrecherischer Energie bedeutend zugenommen haben. – In weitem Abstand folgen Erpresserbanden und Zusammenschlüsse auf homosexueller Grundlage, doch sind die letztgenannten ebenso unter den folgenden Gruppen II und III zu finden.
Bei den Eigentumsdelikten bildet wirtschaftliche Not nur höchst selten den Tatgrund. Dieser ist vielmehr regelmäßig in Abenteuerlust, Vergnügungs- und Genußsucht zu finden. Vielfach sind Kinder aus durchaus ordentlichen Familien Mitglieder solcher Banden. Das gilt auch für die übrigen Gruppen.

II. Zusammenschlüsse mit politisch-weltanschaulich gegnerischer Grundhaltung (Gegnergruppen)

Diese Gruppen setzen bewußt Traditionen der ehemaligen bündischen Jugend und der konfessionellen Jugendverbände fort.
Ausgesprochen *parteipolitisch*-gegnerische Gruppen (Marxisten, Kommunisten) sind dagegen nur noch selten nachweisbar (Leipziger Meuten). Aus der jüngsten Zeit liegen keine diesbezüglichen Meldungen von einer Bedeutung mehr vor.

III. Vergnügungs- und Swing-Gruppen (Gefährdetengruppen)

Das sind Zusammenschlüsse Jugendlicher, die zum großen Teil aus dem sogenannten »gehobenen Mittelstand« stammen und lediglich ihrem Vergnügen, sexuellen und sonstigen Ausschweifungen leben wollen, sich teilweise ganz nach »englischem Vorbild« geben und

fanatische Anhänger möglichst ausgefallener Jazzmusik (Hott- und Swingmusik) sind. Durch ihre haltungsmäßig bedingte Ablehnung jeder Beschränkung der persönlichen Freiheit (auch des Hitler-Jugend-, Arbeits- und Wehrdienstes) sind sie sehr bald in scharfen Gegensatz zur Hitler-Jugend und zum Nationalsozialismus gekommen. Sie sind daher auch als politische Gegner aufzufassen. Der Unterschied zu Gruppe II liegt darin, daß die hier gekennzeichneten Jugendlichen wohl Staat und Bewegung ablehnen, aber kein festumrissenes gegnerisches Programm vertreten. Zu dieser Gruppe gehört der zahlenmäßig weitaus größte Teil der zur Zeit auftretenden Cliquen, die zum Teil ganz erhebliche sittliche und allgemeine Verwahrlosungserscheinungen aufweisen und daher für die übrige Jugend eine besondere Gefahr darstellen. Dies umso mehr, als sie auf die noch gesunde Jugend eine starke Anziehungskraft ausüben, der der örtliche untere H.J.-Führer und auch die Eltern oft nicht genügend entgegentreten können.
Auch die große Masse der noch in »bündischen« Formen auftretenden Banden gehört hierher – soweit sie nur noch eine verschwommene Vorstellung vom eigentlich »bündischen« Wesen haben. – Typische Beispiele von »Gefährdetengruppen« sind neben der neuerdings immer häufiger auftretenden »Swing-Jugend«, die »Gangs« in Frankfurt a. M., ein Großteil der rheinisch-westfälischen Cliquen, die meistens sächsischen »Meuten«, die Münchener »Stenzenblasen« usw.
Neben diesen 3 Gruppen steht als vierte, nicht eigentlich faßbare, die große Masse der sich ständig neu bildenden, ständig wieder wechselnden und zerfallenden *Gelegenheitszusammenschlüsse* Jugendlicher, die keine besondere Eigenart aufweisen. Hierher gehören die »Eckensteher«, die meisten der typischen »Straßengemeinschaften« (Kippe), die sich aus Schulklassen, gemeinsamen Wohngebieten, gemeinsamer Betriebszugehörigkeit usw. ergebenden engeren Gemeinschaften. Diese Gruppen können durchaus harmlos sein, sind aber vielfach die Keimzelle gefährlicher Entwicklungen.

II. Ursachen der Bildung von Gefährdetengruppen und Gelegenheitszusammenschlüssen

1. Psychologische Ursachen

Im Entwicklungsalter (der »Pubertät«) gerät der Jugendliche mit wachsendem Selbstgefühl in Gegensatz zu den früher von ihm anerkannten Autoritäten Elternhaus, Schule und zur gesamten Erwachsenenwelt. Gleichzeitig hat er das Bestreben, mit Gleichaltrigen und damit Gleichgesinnten eine Gemeinschaft zu bilden[1]. Während er sich innerlich immer mehr von »den Alten« abwendet, ist er bereit, sich freiwillig in eine von ihm selbst geschaffene oder gewählte Gemeinschaft einzuordnen und bringt dafür ohne weiteres auch persönliche Opfer.

Die Hitler-Jugend hat ihre Erziehungsarbeit mit auf dieser psychologischen Grunderkenntnis aufgebaut. Sie will aber – im Gegensatz zur früheren »Bündischen Jugend« – nicht die Jugendgemeinschaft als Selbstzweck, sondern sieht in ihr vor allem ein Mittel zur Erziehung der jungen Menschen zum kommenden Träger des nationalsozialistischen Reiches. Das bedingt eine einheitliche und straffe Führung, die an die Disziplin des Einzelnen oft hohe Anforderungen stellt und für ein wildromantisch-ungebundenes Eigenleben wenig Raum läßt. Dazu kommt, daß ein Teil der Jugendlichen sich von vornherein nicht in eine festumrissene Gemeinschaft wie die Hitler-Jugend einordnen will. Sei es, daß er anlagemäßig asozial ist, daß er aus persönlichen Gründen den Eintritt in die Hitler-Jugend ablehnt, oder daß er auf Grund politischer oder konfessioneller Beeinflussung, deren Träger in manchen Fällen noch das Elternhaus selbst ist, sich gegen die Hitler-Jugend auflehnt.

Diese unruhigen Elemente sammelten sich außerhalb der Hitler-Jugend. Sie ergänzten sich durch viele, die wieder aus der Hitler-Jugend ausschieden, weil ihnen die dort geforderte Ein- und Unterordnung nicht behagte, oder die im Zeitpunkt der Überweisung vom Jungvolk zur Hitler-Jugend »verloren gingen«, weil sie es nicht fertig brachten, sich in die neue Gemeinschaft einzuleben.

2. Soziologische Ursachen der Cliquenbildung

Die Cliquenbildung ist eine ausgesprochen städtische Erscheinung. Auf dem flachen Lande spielen gruppenmäßige Zusammenschlüsse Jugendlicher keine Rolle. Das ist bedingt durch die geringere Bevölkerungsdichte, die aufgelockerte Siedlungsweise, durch die Eigenart landwirtschaftlicher Arbeit, die an keine feste Stundenzahl gebunden ist und schließlich auch durch die erschwerte Zugänglichkeit von Kitsch- und Kriminallektüre, Jazzmusik und ähnliche Beeinflus-

1 Vornehmlich tritt diese Entwicklung bei männlichen Jugendlichen hervor. (Anm. i. Orig., D. P.)

sungsmittel, die in den Städten die Entwicklung der Cliquen zu einer »Modeangelegenheit« ermöglichten[2].

Wichtig ist auch das Fehlen von Eisdielen und ähnlichen Einrichtungen, die fast nur von Jugendlichen besucht werden und ihnen unkontrollierte Zusammenkünfte ermöglichen, sowie das Fehlen der städtischen Vergnügungsstätten zweiten und dritten Ranges, die sehr viel gerade zur Entwicklung der »Swing«-Typen beitragen und von jeher in der (städtischen) Jugendverwahrlosung eine bedeutsame Rolle gespielt haben. In manchen Fällen aus den Kreisen der »Swing-Jugend« haben auch vermögende Eltern der Jugendlichen der Verwahrlosung dadurch Vorschub geleistet, daß sie ihren Kindern erhebliche Geldmittel überließen oder ihnen gestatteten, in den Räumen des Hauses unbeaufsichtigt Feste, Hausbälle usw. zu veranstalten, bei denen es dann zu erheblichen Ausschreitungen kam.

3. Zeitbedingte Ursachen der verstärkten Cliquenbildung

a) Mängel in der Arbeit der Hitler-Jugend

Die Arbeit der Hitler-Jugend ist noch nicht bis in die letzten Einzelheiten einheitlich ausgerichtet. Durch den mit Kriegsbeginn verstärkt einsetzenden Führermangel wurde der Dienst vielfach einseitig und ungenügend. Die Gestaltung und Durchführung des Dienstes liegt seitdem zu stark auf den Schultern der unteren Führerschaft, die ihres Alters wegen Arbeits- und Wehrdienst noch nicht abgeleistet hat, naturgemäß häufig wechselt und daher in Eignung, Wissen und Können sehr unterschiedlich ist. Oft müssen Jungen als Einheitenführer eingesetzt werden, die – bei aller Anerkennung ihrer Leistungen im einzelnen – ihrer Aufgabe noch nicht gewachsen sind. Oft beschränken sie sich darauf, bei jedem Dienst »Ordnungsübungen« zu machen, weil die wenigen Kommandos sich rasch einprägen und durch den militärischen Akzent eine Autorität vorgetäuscht werden kann, die nicht vorhanden ist. Der junge Führer glaubt vielfach, durch forsches Auftreten der Mühe überhoben zu sein, sich echte Anerkennung zu erringen. Das macht selbst dienstwillige Jungen sehr bald dienstmüde und drängt die Aktiveren in Opposition. Eine innere Erfassung der Jugendlichen wird durch den Hitler-Jugend-

2 Die »Swing-Jugend« z. B. ist heute zu einer fast über ganz Europa verbreiteten Modeseuche geworden. Es sei hier an die »Swings« und »Sasous« in Frankreich erinnert. (Anm. i. Orig., D. P.)

Dienst heute nur selten erreicht. Die Jungen, die der Dienst nicht befriedigt, verfallen leicht dem Einfluß eines »Cliquenbullen«, der meist eine sehr vitale Persönlichkeit ist und die Jungen durch Appell an die niedrigsten Instinkte an sich fesselt, der auf Jungen im Reifealter seine Wirkung oft nicht verfehlt. Selbst von Hause aus durchaus »ordentliche« Jungen geraten auf diese Weise in Cliquen und ähnliche Zusammenschlüsse.
Verschärft wurde diese Entwicklung durch die Einführung der Jugenddienstpflicht im Frühjahr 1939. Es mußten alle Jugendlichen erfaßt und zum Dienst herangezogen werden, die bis dahin nicht freiwillig der Hitler-Jugend beigetreten waren. Das war an sich der schwieriger zu behandelnde Teil der deutschen Jugend, der der Hitler-Jugend gleichgültig oder ablehnend gegenüberstand. Da der Beginn der praktischen Durchführung der Jugend-Dienstpflicht mit dem Beginn des Krieges zusammenfiel, kamen alle oben schon erwähnten Erschwerungsgründe noch hinzu. So gelang es oft nicht, die Hitler-Jugend-feindliche Einstellung gemeinschaftsfremder Elemente zu überwinden. Die Entwicklung führte in solchen Fällen nach der falschen Seite. Diese Jugendlichen sahen nun die Drohung staatlichen Zwanges vor sich, dem sie am besten entgehen zu können glaubten, wenn sie unter sich zusammenhielten. Durch die Bildung solcher »Fremdkörper« wurde vielfach auch der Zusammenhalt bisher guter Hitler-Jugend-Einheiten zerstört und die Stamm-Hitler-Jungen in die Cliquen hineingezogen.

b) Einflüsse des Krieges auf die Stellung der Jugendlichen

Der kriegsbedingte Mangel an Arbeitskräften hat dazu geführt, daß Jugendliche vielfach die Arbeit von Erwachsenen übernehmen mußten. Sie wurden gesuchte Arbeitskräfte. Man behandelte sie weniger streng, weil man auf sie angewiesen war. Sie erhielten höhere Löhne. Auch sexuelle Versuchungen wurden häufiger. Zugleich ließ die häusliche Zucht nach, da viele Väter und erwachsene Erzieher an der Front stehen und viele Frauen wieder berufstätig sind. Das steigerte das »Selbstgefühl« der Jugendlichen und entfremdete sie in eben dem Maße der Gemeinschaftserziehung der Hitler-Jugend.

c) Personalmäßige Einschränkung der staatlichen Aufsichts- und Vollzugsorgane

Auch diese kriegsbedingte Erscheinung half zur Verstärkung der Bandenbildung, da das bei größeren Cliquenbildungen notwendige staatliche Eingreifen nicht immer rasch genug erfolgen konnte und auch die staatliche Überwachung der Cliquen hinter vordringlicheren Aufgaben zurücktreten mußte. Dazu kam, daß die Jugendfragen von den jeweils sachlich zuständigen Einzeldezernaten bearbeitet wurden, wodurch der Überblick über die Gesamtentwicklung erschwert wurde, der bei der Eigenart der Erscheinungen jugendlicher Verwahrlosung und Kriminalität (wozu die Cliquenbildungen gehören) unerläßlich ist. Die neue Einrichtung der »Jugendsachbearbeiter« bei allen Dienststellen der Sicherheitspolizei, in deren Hand die Bearbeitung aller diesbezüglichen Jugendfragen vereinigt werden wird, wird hier grundsätzlich Wandel schaffen.

4. Mangelhafte Zusammenarbeit zwischen Hitler-Jugend, Elternhaus und Schule

Eine wesentliche Förderung des Cliquenwesens ergibt sich aus der vielfach noch mangelhaften Zusammenarbeit zwischen Hitler-Jugend und Schule und besonders zwischen Hitler-Jugend und Elternhaus. Die Jugend hat ein feines Gefühl für Spannungen und weiß sie für sich auszunutzen, indem sie eine Institution gegen die andere ausspielt. Sehr gefährlich ist vor allem, daß heute noch manche Eltern das Bestehen der Hitler-Jugend zum Anlaß nehmen, die ihnen unbequeme Verantwortung für die Erziehung ihrer Kinder auf die »Staatsjugend« abzuwälzen. Viele Eltern schenken auch den Angaben ihrer Kinder, daß diese so und so oft und womöglich bis tief in die Nacht hinein Dienst hätten, blinden Glauben und leisten so dem unkontrollierten Herumstreunen, das leicht zu Verwahrlosungserscheinungen führt, Vorschub. Die Hitler-Jugend hat es ihrerseits nicht immer erreichen können, daß die Dienstpläne der unteren Einheiten regelmäßig in geeigneter Form – wenigstens nachträglich – bekanntgegeben werden, damit die Eltern die Angaben ihrer Kinder prüfen können.

Vielfach stehen Eltern der Hitler-Jugend noch unsicher oder fremd gegenüber. Es ist bisher noch nicht genügend gelungen, ihnen die wirklichen Ziele und Aufgaben der Hitler-Jugend näherzubringen und Einblick in ihre Arbeit zu geben. Ein Junge aber, der zu Hause Unsicherheit, Interesselosigkeit oder Ablehnung seiner Eltern gegenüber der Hitler-Jugend wahrnimmt, wird dadurch in seiner Dienstfreudigkeit nicht bestärkt. Dies gilt zumindest für Angehörige der Pflicht-H.J., die mit ihrer Zugehörigkeit zur Hitler-Jugend keine politische Überzeugung vertreten.

III. Bisherige Bekämpfungsmaßnahmen

In der Zeit nach 1933 haben alle beteiligten Stellen, insbesondere Polizei, Justiz und Hitler-Jugend der Bekämpfung der Cliquen- und Bandenbildung unter Jugendlichen erhöhte Aufmerksamkeit gewidmet. Soweit es sich dabei um kriminelle und ausgesprochen gegnerische Gruppen handelte, standen zur Bekämpfung – allerdings nicht immer ausreichende – gesetzliche Mittel zur Verfügung. Das war nicht der Fall gegenüber den »Gefährdetengruppen« und den »Gelegenheitszusammenschlüssen«, d. h. gegenüber Gruppen, bei denen das gemeinschaftsstörende oder -schädigende Auftreten und Verhalten der Gesamtheit gegenüber der kriminellen Betätigung des einzelnen Gruppenangehörigen im Vordergrund stand. Der gemeinschaftsstörende Zusammenschluß Jugendlicher zu »Gefährdetenzusammenschlüssen« ist für sich allein noch kein tatbestandsmäßig festgelegtes Unrecht und kann daher von der Justiz garnicht, von der Polizei nur bei Annahme eines (sicherheits-)polizeilichen Notstandes verfolgt werden. Ausnahmen gelten nur für bündische oder konfessionelle Gruppen, deren Betätigung durch besondere Polizeiverordnungen und Erlasse eingeschränkt oder verboten wurde. (Vgl. Teil IV.) Partei und Hitler-Jugend waren daher zur Bekämpfung dieser Erscheinungen auf ihre eigene Initiative angewiesen und haben wiederholt zur Selbsthilfe gegriffen. Dies geschah meist in Zusammenarbeit mit der Geheimen Staatspolizei, da die eigenen disziplinarrechtlichen Erziehungs- und Strafmittel der Hitler-Jugend nicht immer ausreichten und auch nur auf Angehörige der Hitler-Jugend angewendet werden können.

1. Maßnahmen der Geheimen Staatspolizei

Die Geheime Staatspolizei hat sich energisch für die Bekämpfung des Cliquen- und Bandenwesens eingesetzt. Da – wie erwähnt – eine ausreichende Rechtsgrundlage nicht immer vorhanden war, hat die Geheime Staatspolizei mit den ihr zur Verfügung stehenden Sondermaßnahmen eingegriffen[3].

Das Eingreifen der Geheimen Staatspolizei gegen Cliquen ist notwendig und in schwerwiegenden Fällen nach der jetzigen Rechtslage unerläßlich. Bei der großen Menge der Durchschnitts-Fälle bestehen jedoch gegen die Anwendung staatspolizeilicher Maßnahmen gegen Jugendliche einige grundsätzliche Bedenken.

Das Eingreifen geschieht jeweils im Einzelfall nach Ermessen der zuständigen Stelle. Es fehlt die psychologisch sehr wichtige »ständige Drohung«, die durch eine tatbestandsmäßige, strafbedrohte Festlegung des Unrechts gegeben ist.

Es ist ferner erwünscht, gegen Cliquenbildungen schon im Anfangsstadium der Gefährdung einzuschreiten. Hier kann ein Eingreifen der Geheimen Staatspolizei – deren Aufgabenkreis in Umrissen jedem Volksgenossen bekannt ist – zu einer unnötigen Dramatisierung führen.

Staatspolizeiliche Maßnahmen bleiben erforderlich in allen Fällen, wo besonders rasches und energisches Zufassen nötig ist. Enge und reibungslose Zusammenarbeit zwischen den Dienststellen der Hitler-Jugend und der Sicherheitspolizei ist auch hier Voraussetzung.

2. Zusammenarbeit mit der Ordnungspolizei

Die Zusammenarbeit mit der Ordnungspolizei ist noch nicht genügend ausgebaut. Durch die weitgehende Ersetzung der aktiven Beamtenschaft durch Polizeireservisten und die Überlastung mit anderen Aufgaben hat die Ordnungspolizei mit besonderen Schwierigkeiten zu kämpfen. Sie hat daher an der Bekämpfung der Jugendgefährdung zum Teil nur geringes Interesse gezeigt. Vielfach mußte in größeren Städten festgestellt werden, daß die unteren Vollzugsbeamten der Durchsetzung der Bestimmungen der Jugendschutzverordnung, die hauptsächlich zum Aufgabenbereich der Schutzpolizei gehört, ausweichen. Ebenso sind den Vollzugsbeamten die Bestimmungen der Jugendschutz-Polizeiverordnung häufig nicht ausreichend bekannt. Eine Vertiefung der Jugendarbeit der Schutzpolizei erscheint sehr wünschenswert, da sie für die Vorbeugung der Bandenbildung von großer Bedeutung ist.

3 Für die Maßnahmen im einzelnen 1. Teil IV. (Anm. i. Orig., D. P.)

3. Selbsthilfemaßnahmen der Partei und der Hitler-Jugend

Außerhalb der rein staatspolizeilichen Maßnahmen wurden vereinzelt auf Anregung der Hitler-Jugend oder der Partei örtliche Einrichtungen zur Bekämpfung der Cliquen geschaffen, die allerdings nur auf augenblickliche Notwendigkeiten abgestellt waren.

a) Jugenderziehungslager in Erfurt (17. 3. bis 31. 3. 42)

In Erfurt war früher eine Art Strafgefolgschaft (Gef. 66/71) für disziplinlose Jugendliche eingerichtet worden (vgl. Anhang 3; die Bildung von »Strafgefolgschaften« oder ähnlichen Einrichtungen innerhalb der Hitler-Jugend ist verboten!).
Diese Maßnahme genügte nicht, die dort zusammengefaßten Jugendlichen zu bessern. Es wurde daher mit dem Polizeipräsidenten in Erfurt vereinbart, für die Angehörigen dieser Gefolgschaft einen »polizeilichen Erziehungslehrgang« – wie es in dem vom Polizeipräsidenten und vom Führer des Bannes 71 unterzeichneten Einberufungsschreiben heißt – durchzuführen. Der Lehrgang fand in einer leer stehenden Polizei-Kaserne in Erfurt statt. Regierungspräsident, Kreisleiter und Deutsche Arbeitsfront waren unterrichtet. Lehrgangsleiter war ein Hauptmann der Schutzpolizei. Ihm standen Polizeiunterführer zur Seite. Die H.J.-mäßige Betreuung des Lagers lag in Händen des Führers der Gefolgschaft 66/71. Behandlung und Ausbildung der Jungen war straff militärisch, wie überhaupt der Lehrgang vormilitärischen Charakter trug. Als Schutzkleidung hatte die Wehrmacht Drillichanzüge zur Verfügung gestellt. Die Jungen mußten pro Tag 1.– RM. für Verpflegung bezahlen. Die restlichen Kosten wurden aus Jugendpflegemitteln gedeckt.
Die Zeit der Einberufung wurde den Jugendlichen auf den Erholungsurlaub 1942 angerechnet, so daß für die Betriebe kein Ausfall an Arbeitszeit entstand.
Verabschiedet wurde der Lehrgang durch den Polizeipräsidenten und den Bannführer. Anschließend wurden die Lehrgangsteilnehmer aus der Gefolgschaft 66/71 in andere Einheiten überwiesen.
Die Erfolge des Lehrgangs waren angeblich gut. Beanstandet wurde, daß der Lehrgang zu wenig H.J.-mäßigen Charakter getragen habe und daß keine Rechtsgrundlage für ihn vorhanden war.

b) Sonderschulungen in Jena

Im Bann Jena ist seit längerer Zeit folgende Einrichtung getroffen: Alle Jugendlichen, Jungen und Mädel, die sich im Laufe eines Monats in irgendeiner Form vergangen haben, werden an einem Sonntagmorgen zu einer Schulung zusammengezogen.
Ein Polizeioffizier gibt eine Stunde lang eine Belehrung über die Verordnung zum Schutze der Jugend. Es können Fragen gestellt werden. Anschließend werden allgemeine Aufklärungen über die Organisation der Hitler-Jugend, Aufgaben des Streifendienstes und Haltungsfragen gegeben. Den Abschluß bildet eine weltanschauliche Ausrichtung.
Die Maßnahme soll sich bei geringfügigen Verstößen gegen Zucht und Ordnung bewährt haben. Es ist geplant, in allen Bannen des Gebietes Thüringen ähnliche Einrichtungen zu treffen.

c) Schulungslager in Leipzig

In Leipzig wurden im Zuge der Bekämpfung der »Meuten« Anfang 1939 mit Einverständnis sämtlicher beteiligter Stellen Maßnahmen zur Unterbringung oppositioneller Jugendlicher getroffen, und zwar in Form von »Schulungslagern« mit einer Dauer von bis zu 3 Monaten. Die Finanzierung übernahm der Oberbürgermeister. Das Lager wurde in einer abgesonderten Unterkunft des Erziehungsheimes Mittweida untergebracht, wo es völlig unabhängig vom Betrieb der Fürsorgeerziehungsanstalt geführt werden konnte, trotzdem aber den Vorteil hatte, keine eigenen Verwaltungseinrichtungen zu brauchen. Das Lager war nur vorgesehen für Angehörige von »Gefährdetengruppen«, die also nicht erheblich politisch-gegnerisch oder kriminell hervorgetreten waren. Dagegen sollte der Personenkreis entsprechend den Möglichkeiten des Reichsgesetzes für Jugendwohlfahrt bis zum vollendeten 19. Lebensjahr ausgedehnt werden.
Der Jugendrichter kann (nach § 8 JGG.) die Schulungshaft als »vorläufige Erziehungsanordnung« treffen in den Fällen, in denen bisher auf Antrag des Staatsanwaltes Untersuchungshaft verhängt wurde, mit einer höheren Strafe als 6 Monate Gefängnis aber nicht gerechnet zu werden braucht. Bei guter Führung in der Schulungshaft kann das Gericht von Strafe absehen oder diese aussetzen. Bei einem Jugendlichen, der noch nicht an Stelle von Untersuchungshaft in Schulungshaft war, kann das Gericht die Vollstreckung der Ge-

samt- oder einer Teilstrafe davon abhängig machen, daß der Verurteilte sich freiwillig der Schulungshaft unterwirft. – Die hier erwähnten Vorzüge der Schulungshaft sind seit Einführung des Jugendarrestes und der unbestimmten Verurteilung weitgehend gegenstandslos geworden. Das Absehen von gerichtlicher Strafe im Falle von freiwilliger Unterwerfung unter die Schulungshaft erscheint zudem nicht bedenkenfrei. –

Bei der Durchführung der Schulungshaft stand im Mittelpunkt Arbeitsdienst (regelmäßige, meist schwere Arbeit). Daneben wurde wöchentlich mehrfach politische Schulung durch einen Parteiredner durchgeführt. Der Dienstplan wurde ergänzt durch Ordnungsübungen, Sport und Spiele.

Die Einweisung der Jugendlichen in das Lager erfolgte entweder nach § 8 JGG. als vorläufige Erziehungsanordnung (s. o.) durch Gerichtsbeschluß, oder durch vormundschaftsgerichtliche Anordnung (dieser Weg wurde praktisch nicht eingeschlagen), oder auf Antrag des Erziehungsberechtigten (soll häufig geschehen sein). Auch freiwillige Unterwerfung des Jugendlichen war im oben geschilderten Rahmen möglich.

Im März 1940 wurde berichtet, daß die Erfolge des Lagers zufriedenstellend seien. Weitere Berichte liegen nicht vor. –

Hier wurden zwar die bestehenden Rechtsgrundlagen für eine derartige Lagererziehung berücksichtigt, die Unterbringung wurde jedoch dadurch wieder zu unbeweglich und für ein rasches Zugreifen ungeeignet. Auch war die Einweisung stets an ein verhältnismäßig schwieriges und umständliches Verfahren gebunden.

d) Wochenend-Sammelarrest in München

In München wurde im Frühjahr 1942 ein Jugenddienstarrest als Wochenend-Sammelarrest vollstreckt, zu dem 214 Jugendliche geladen wurden. Die Schutzpolizei hatte die Räume zur Verfügung gestellt, die Gebietsführung sorgte für die Einrichtung (Betten usw.). Ausbilder für den durchgeführten Geländedienst wurden von der Waffen-SS gestellt. Der Erfolg, besonders die Schockwirkung dieser Aktion war gut. Weitere Maßnahmen dieser Art konnten nicht mehr durchgeführt werden, da mit dem 1. 2. 42 der Vollzug des Jugenddienstarrestes auf die Justizbehörden überging. Die vorhandenen Jugendarrestanstalten können z. Zt. nur wenige Jugendliche fassen und reichen knapp für den Bedarf der Justiz aus.

Alle hier genannten Versuche waren Behelfsmaßnahmen, die schon deshalb auf die Dauer nicht Bestand haben konnten, weil ihnen eine sichere und brauchbare Rechtsgrundlage fehlte. Außerdem vermochten diese Einrichtungen wohl im Augenblick gefährliche Entwicklungen hemmen. Durch einmalige – wenn auch scharfe – Eingriffe läßt sich aber das Cliquenwesen nicht nachhaltig zurückdämmen.
Dagegen ist der Gedanke, Cliquenangehörige der »Gefährdetengruppen« (und u. U. der »Gelegenheitszusammenschlüsse«) in Erziehungslagern zusammenzufassen, durchaus erwägenswert.
Einmal bedeutet die lagermäßige Zusammenfassung eine Erleichterung des Vollzugs des Zuchtmittels, da es sich bei Cliquenangehörigen stets um eine größere Anzahl von Jugendlichen handelt. Zum anderen bietet die Lagerform die Möglichkeit einer besonderen Ausgestaltung des Zuchtmittels, die schon deshalb geboten ist, weil es sich bei den hier zu erfassenden Cliquenangehörigen nicht um eigentlich »Kriminelle« handelt, sondern um Jugendliche, die sich haltungsmäßig vergangen haben und deren politisches und kulturelles Verständnis noch besonders ausgebildet werden muß. Dabei müßte entschieden werden, ob solche Lager von der Justizverwaltung als »Jugendarrestlager« mit eigener Vollzugsordnung, oder etwa als polizeiliche Einrichtung geschaffen werden sollen.

IV. Maßnahmen zur Bekämpfung der Cliquen- und Bandenbildung

Einleitung

Partei und Staat, Hitler-Jugend, Schule und Elternhaus müssen in der Erziehungsarbeit wie im Bekämpfen von Fehlentwicklungen eine Wirkungseinheit bilden. Dabei muß das Vorgehen gegen Außenseiter und Cliquen planmäßig erfolgen. Es darf keine schwere Maßregel in harmlosen Fällen ergriffen werden. Der Grundsatz, daß eine schwerere Maßnahme erst angewandt werden darf, wenn die leichtere wirkungslos geblieben oder offenbar ungenügend ist, muß gewahrt bleiben. Wo bisher keine oder keine zweckentsprechenden Mittel vorhanden sind, müssen sie geschaffen werden. Wenn die Einsicht des einzelnen fehlt, müssen die Machtmittel des Staates die Erfüllung des Notwendigen sichern.
Nachstehend sind die heute bereits möglichen und die für die Zukunft erwünschten Mittel zur Hemmung und Beseitigung der Cliquen- und Bandenbildung zusammengestellt.

1. Allgemeine Maßnahmen

a) Mit Elternhaus und Schule ist eine enge und vertrauensvolle Zusammenarbeit anzustreben. Das Interesse und Verständnis der Volksgenossen, insbesondere der Eltern, für Sinn und Zweck der Hitler-Jugendarbeit muß gesteigert werden. Das kann z. B. geschehen durch allgemeine Propagandamittel (Presse, Filmschau usw.), Elternabende (möglichst mit Lichtbildvorführungen), besondere Ehrungen zu Muttertagen, Gefallenengedenktagen, anläßlich der Geburt eines Kindes usw. Ferner durch Gelegenheit zu Aussprachen (Elternsprechstunde des örtlichen H.J.-Führers, Beratungsstunden der Rechtsreferenten usw.) und regelmäßige Veröffentlichung der Dienstpläne unter Angabe der Dienststunden.
b) Innerhalb der H.J.-Arbeit ist besonderer Wert auf Charakterschulung, weltanschauliche und kulturelle Erziehung zu legen. Diese Aufgaben müssen neben den kriegswichtigen Einsätzen stärker betont werden. Innerhalb der Kulturarbeit ist die Geschmacksbildung wichtig, um den Jugendlichen richtige Wertmaßstäbe gegenüber Kitsch und Schund und ortfremden Einflüssen zu vermitteln (Swing-Jugend!, Jazz-Musik, englisch-amerikanischer »Stil« usw.). –
Zur Verhütung der Kriminalität ist in größeren Zeitabständen eine Belehrung über die Disziplinarordnung, sowie die wichtigsten Straftaten (besonders Eigentums- und Urkundendelikte) und deren Folgen durch geeignete Führer (Rechtsreferenten, Untersuchungsführer, SRD-Führer) in den Dienstplan aufzunehmen.
Von allen, besonders den höheren Führern, muß stärkerer persönlicher Einsatz in der Formationsarbeit gefordert werden. Der H.J.-Führer muß immer erneut durch persönlichen Einsatz und bestmögliche Dienstgestaltung die Lauen und Abseitsstehenden zu überzeugen und gewinnen suchen. Erst wenn jede dieser Möglichkeiten erschöpft ist, ist das Verlangen nach Strafen und staatlichen Zwangsmaßnahmen gerechtfertigt.

2. Überwachung

Voraussetzung einer wirkungsvollen Überwachung und Bekämpfung der Jugendgefährdung und -kriminalität ist eine ständige, reibungslose Zusammenarbeit und gegenseitige Unterrichtung mit der Sicherheitspolizei (Jugendsachbearbeiter) und dem SD. und – soweit möglich – mit der Ordnungspolizei.
Für die Zusammenarbeit und ständige persönliche Fühlungnahme

mit der Polizei sind das Personalamt-Überwachung der Reichsjugendführung und deren nachgeordnete Dienststellen (Gebietsinspekteure für den SRD., Bannstreifendienstführer) verantwortlich. – Im einzelnen richtet sich die Zusammenarbeit mit der Sicherheitspolizei nach den Arbeitsrichtlinien der Hitler-Jugend (8/40) »Die Überwachung der Gefährdung der Jugend«, Neuauflage v. 1. 9. 41, S. 45 ff. Gegenüber der Ordnungspolizei ist auf verständnisvolle Förderung der Aufgaben der Hitler-Jugend hinzuwirken.
a) Der Streifendienst wird angewiesen, Cliquen- und Bandenbildungen, an denen Jugendliche beteiligt sind, besonders aufmerksam zu überwachen. Erhöhte Aufmerksamkeit ist gegebenenfalls den Jugendgruppen der DAF. (Jugendwandergruppen) und der Sportvereine zuzuwenden, da Jugendliche die Zugehörigkeit zu diesen Gruppen erfahrungsgemäß schon zur Formung von Cliquenbildungen benutzen. Alle 2 Monate ist durch die Gebietsinspekteure über die Ergebnisse ein kurzer, zusammenfassender Bericht an die Reichsjugendführung, Personalamt-Überwachung zu geben. Bei außergewöhnlichen Vorkommnissen ist sofort zu berichten.
b) Der Chef der Sicherheitspolizei und des SD. wird gebeten, alle Dienststellen (Jugendsachbearbeiter) der Geheimen Staatspolizei, der Kriminalpolizei und des SD. anzuweisen, ebenfalls Cliquen- und Bandenbildungen unter Jugendlichen besonders zu beachten und die Zusammenarbeit mit den örtlichen Dienststellen der Hitler-Jugend zu verstärken. Die Ämter III, IV und V des Reichssicherheitshauptamtes unterrichten im Rahmen der ständigen Zusammenarbeit laufend das Personalamt-Überwachung (Verbindungsführer zum Chef der Sicherheitspolizei und des SD.) der Reichsjugendführung.
c) Die Regierungspräsidenten und die entsprechenden anderen Behörden der Mittelstufe werden als nachgeordnete Dienststellen des JFdDtR. angewiesen, in ihren Bezirken auftretende Bandenbildungen mit erhöhter Aufmerksamkeit zu verfolgen und bei besonders auffälligen Erscheinungen dem JFdDtR. unmittelbar zu berichten.

3. Maßnahmen im Einzelfall

a) *Bestimmungen des RStGB.*
Eine tatbestandsmäßig gefaßte, mit Strafe bedrohte Festlegung des Unrechtsgehaltes der Cliquenbildung unter Jugendlichen erweist sich auf Grund der geschilderten tatsächlichen Lage als notwendig. Sie ist bis jetzt nicht vorhanden. Strafrechtlich faßbar sind Cliquenangehörige bisher nur, soweit sie ausgesprochen kriminell sind (Diebes- und

Erpresserbanden, Homosexuelle usw.) nach den dafür jeweils geltenden Strafbestimmungen. Der besondere Unrechtsgehalt, der in dem bandenmäßigen Zusammenschluß als solcher liegt, wird dabei nicht erfaßt[4]. Das wird auch in gerichtlichen Entscheidungen immer wieder mit Bedauern festgestellt. Beispielsweise ist ein Zusammenschluß von solchem Umfang und solcher Verwahrlosungsgefahr wie die Hamburger Swing-Jugend (Anhang 3a) strafrechtlich nicht in befriedigender Weise verfolgbar. Zwar kennt das RStGB. eine Reihe von Tatbeständen, bei denen auch die Tatsache des Zusammenschlusses bzw. der Zusammenrottung Gegenstand der strafbaren Handlung wird, doch betreffen sie entweder Delikte, die ihrer Art nach von Jugendlichen nur in wenigen Ausnahmefällen begangen werden, oder sie kommen aus juristisch-technischen Gründen (schwierige Beweisfrage) nur selten zur Anwendung. Hierher gehören folgende Bestimmungen des RStGB:

§ 49b (sog. Mordverschwörung)
§ 82 Abs. I u. II (Verabredung hochverräterischer Unternehmungen)
§ 83 Abs. I u. III Ziff. 1 (Ziff. Aufforderung zum Hochverrat und Bildung von organisatorischen Zusammenschlüssen zur Vorbereitung des Hochverrats)
§ 115 i. Verb. m. §§ 113, 114 (öfftl. Zusammenrottung in Verb. m. Nötigung oder Widerstand gegen Beamte)
§ 116 (Auflauf)
§ 122 (betrifft die Gefangenenmeuterei)
§ 124 (schwerer Hausfriedensbruch)
§ 125 (Landfriedensbruch)
§ 127 (Bildung planmäßig bewaffneter Banden)
§ 128 (Geheimbünde)
§ 129 (Teilnahme an staatsfeindlichen Verbindungen)
§ 227 (Raufhandel)
§ 243 Abs. I Ziff. 6 (Bandendiebstahl)
§ 250 Abs. I Ziff. 2 (schwerer bandenmäßig begangener Raub)

Von den oben erwähnten Strafbestimmungen sind nur wenige für die Bekämpfung der Cliquenbildung von Bedeutung geworden. So wurden beispielsweise die Angehörigen der Leipziger Meuten »Hundestart« und »Lilienstraße« (Anhang 2d) in der Hauptsache aus *§ 83 Abs. III Ziff. 1* verurteilt.

4 Der Mittäter-Paragraph (§ 47 RStGB) hat strafrechtlich andere Bedeutung. (Anm. i. Orig., D. P.)

Ebenso kann gelegentlich *§ 125* gegen jugendliche Banden angewendet werden, da die Vorschrift sehr allgemein gefaßt ist. Der Tatbestand des § 125 kann schon erfüllt sein, wenn sich zwei gegnerische Cliquen auf offener Straße gegenseitig eine »Schlacht« liefern. In der Tat sind auch wiederholt Verurteilungen nach § 125 erfolgt.
Der äußere Tatbestand des *§ 128* trifft sicher auf viele »romantisch« angelegten Cliquen zu, doch wird eine Anwendbarkeit regelmäßig am Fehlen der notwendigen inneren Voraussetzungen (Vorsatz) scheitern.
§ 129 hat in letzter Zeit gegen Cliquen ebenfalls – teils unmittelbar, teils analog – Anwendung gefunden wie z. B. gegen die »Totenkopfbande« in Hamburg (Anhang 2a). Auch er stellt aber keine vollkommene Handhabe gegen den Großteil der Cliquen dar, da § 129 offenbar auf Straftaten Erwachsener zugeschnitten ist und auf die besonders gearteten Zusammenschlüsse Jugendlicher nur durch sehr weite Auslegung anwendbar wird, die zu stark von der jeweiligen Persönlichkeit des Richters abhängt.
Gegen bandenmäßig begangenen Diebstahl kennt das Gesetz die Sonderbestimmung des *§ 243 Abs. I Ziff. 6.* Diese Vorschrift ist jedoch nur für leichte Diebstähle von Bedeutung, für die bei bandenmäßiger Begehung das schwere Strafmaß des § 243 vorgesehen ist. Außerdem ist es gerade bei Jugendlichen meist sehr schwierig, nachzuweisen, daß ein Zusammenschluß von vornherein in der klaren Absicht erfolgte, gemeinsame Diebstähle zu begehen. Die Vorschrift kommt daher ebenfalls nur selten zur Anwendung.
Das gleiche gilt für die entsprechende Vorschrift bei Raub (§ 250 Abs. I Ziff. 2).
Zusammenfassend kann gesagt werden, daß alle hier zitierten Bestimmungen des Strafgesetzbuches vornehmlich den Schutz der Volksgemeinschaft vor den organisierten Störern der öffentlichen Sicherheit und Ordnung und dem organisierten Verbrechertum zum Ziele haben. Sie können daher in der Jugendarbeit nur begrenzt Anwendung finden, da es hier weniger um diesen Schutz der Volksgemeinschaft als um den Schutz der Jugend vor Gefährdungs- und Verwahrlosungsherden jeder Art geht, wie sie die Cliquen darstellen. Es handelt sich also weniger darum, bereits begangene *kriminelle* Straftaten zu sühnen – dafür bietet das Strafrecht ausreichende Möglichkeiten – als vielmehr darum, die jugendlichen Banden schon als Verwahrlosungsherde und kriminogene Faktoren zu bekämpfen und unschädlich zu machen.

b) Strafrechtliche Nebenbestimmungen
Verordnung des Reichspräsidenten zum Schutze des deutschen Volkes
Notverordnung v. 4. Februar 1933 (RGBl. I S. 35)

§ 1 enthält das Gebot der Anmeldepflicht für alle »öffentlichen Versammlungen politischer Art« und alle sonstigen »Versammlungen und Aufzüge unter freiem Himmel«. Die Nicht-befolgung wird bestraft.

Gesetz gegen die Neubildung von Parteien vom 14. Juli 1933 (RGBl. I S. 479)

§ 2 stellt unter Strafe, den organisatorischen Zusammenhalt einer anderen politischen Partei (außer der NSDAP) aufrecht zu erhalten oder eine neue politische Partei zu gründen.

Die Vorschrift wurde hin und wieder auch auf jugendliche Banden angewandt. Das Oberlandesgericht Dresden hat in einer Entscheidung v. 24. 1. 40 (DJ. 1940 S. 737) unter Berufung auf vorangegangene Urteile des Reichsgerichts und des Volksgerichtshofs folgendes ausgeführt:

»Bei der tatsächlichen Unmöglichkeit einer parteimäßigen Betätigung neben der NSDAP. ist es nicht erforderlich, daß der verbotswidrig gebildete organisatorische Zusammenhalt mit seinen Zielen und Anhänger werbend in die Öffentlichkeit tritt. Es genügt, wenn die ins Leben gerufene und mit einer politischen Zielsetzung ausgerichtete und geschulte Organisation als Ziel aufrecht erhält, ihre politischen Gedanken zu gegebener Zeit zu verwirklichen.«

Zum Begriff des organisatorischen Zusammenhalts:

»Es braucht nur ein loser Zusammenschluß einer Mehrheit von Personen zu sein, die durch diesen Zusammenschluß politische Ziele erstrebt und sich dabei einem führenden Willen unterordnet. Ein solcher Zusammenschluß braucht begrifflich noch nicht einmal staatsfeindlich zu sein; es ist jegliche Parteibildung verboten, also jede Organisation, wenn sie nur politischen Zwecken dient, d. h. auf das innere und äußere Geschehen im Volke durch den Zusammenhalt einwirken will. *Hierunter fällt auch die Bildung von Jugendgruppen außerhalb der Hitler-Jugend*, die nach dem Gesetz als ›Staatsjugend‹ die einzig erlaubte politische Organisation sein soll.«

Diese Auslegung geht sehr weit und wird nicht immer vertretbar sein. Sie ist jedoch eine wichtige Handhabe zur Bekämpfung der Cliquen, solange der Gesetzgeber keine Sondervorschrift erlassen hat. Allerdings wird auch hier ein ausgeprägtes Unterordnungsverhältnis innerhalb der Clique gefordert (. . . einem führenden Willen unterordnet) und schon das ist für die meisten Cliquen und wilden Fahrtengruppen nicht nachweisbar.

Die Notverordnung des Reichspräsidenten zum Schutz von Volk und Staat vom 28. Februar 1933 (RGBl. I S. 83)

Sie wird schon in ihrem Vorspruch eingeschränkt auf die »Abwehr kommunistischer, staatsgefährdender Gewaltakte«. Sie hebt die sog. verfassungsmäßigen Grundrechte auf, darunter die hier wichtige Vereins- und Versammlungsfreiheit.
Auf Grund dieser Verordnung sind zwei bedeutsame Anordnungen ergangen:

Die Polizeiverordnungen gegen die konfessionellen Jugendverbände

Durch Polizeiverordnungen der einzelnen Landesregierungen wurde den konfessionellen Jugendverbänden jede nicht kirchlich-religiöse Betätigung, sowie das Tragen von Uniformen und Abzeichen und das geschlossene Auftreten in der Öffentlichkeit untersagt. Die meisten konfessionellen Jugendverbände sind überdies verboten und aufgelöst[5].
Ebenso erging ein Verbot der Bündischen Jugend[6], in dem die Fortführung und Ausbildung »bündischer« Gruppen (vgl. Anhang, Urteil des Landgerichts Essen unter 2e) untersagt wird. Die Bestrafung von Zuwiderhandlungen gegen die Einschränkungen und Verbote der konfessionellen und bündischen Jugend erfolgt aus § 4 der *obengenannten Not.-VO. des Reichspräsidenten* zum Schutz von Volk und Staat. Auch diese Verbote bieten keine Handhabe zum Einschreiten gegen die große Masse der Cliquen, da sie zu eng auf bestimmte Arten von Zusammenschlüssen abgestellt sind. Auch eine analoge Anwendung des Verbotes der Bündischen Jugend scheitert in der Regel daran, daß das Verbot sich nur gegen einen ganz bestimmten, durch Aufzählung von Beispielen letzten Typ von »bündischen« Zusammenschlüssen richtet, der in vielen Teilen des Reiches garnicht bekannt ist. –
Abschließend ist zu erwähnen, daß Cliquenangehörige regelmäßig gegen die Bestimmungen der *Polizeiverordnung zum Schutz der Jugend vom 9. 3. 1940 (RGBl. I S. 499)* zu verstoßen pflegen und sich hiernach strafbar machen. Doch enthält auch diese Verordnung

5 So z. B. der Kath. Jungmännerverband Deutschland durch Erl. d. RFSSuChdDtPol v. 26. 1. 39, der Bund »Neudeutschland« e. V. durch Erl. d. RFSSuChdDtPol v. 27. 6. 39. (Anm. i. Orig., D. P.)
6 RdErl. d. RFSSuChdDtPol v. 26. 6. 39 – MBliV. 39, S. 1529. (Anm. i. Orig. D. P.)

kein Mittel, um gegen die wilden Zusammenschlüsse als solche vorzugehen.

Neue Strafbestimmungen (Vorschläge)

Es wird *vorgeschlagen*, eine *besondere Strafbestimmung* gegen Zusammenschlüsse Jugendlicher zu schaffen, deren Tatbestand weit genug ist, um alle unerwünschten Erscheinungen dieser Art, die mit den jetzigen Bestimmungen nicht faßbar sind, bekämpfen zu können. Die Vorschrift soll auch die Möglichkeit bieten, gegen Jugendliche vorzugehen, die im Rahmen öffentlicher oder nicht öffentlicher Zusammenkünfte durch ihr Verhalten die Gebote der Sitte, des Anstandes und der Haltung gröblich verletzen oder sich sonstige grobe Verstöße gegen Haltung und öffentliche Disziplin zuschulden kommen lassen.

c) Staatliche Erziehungsmaßnahmen

Hier stehen die bekannten Erziehungsmaßregeln zur Verfügung:
Verwarnung,
Überweisung in die Zucht der Erziehungsberechtigten oder der Schule,
Auferlegung besonderer Verpflichtungen,
Unterbringung,
Schutzaufsicht,
Fürsorgeerziehung.
Ausgesprochen werden die Maßregeln durch den Jugend- oder Vormundschaftsrichter. Voraussetzung ist, daß ein Jugendlicher eine mit Strafe bedrohte Handlung begangen hat oder drohende oder bereits eingetretene Verwahrlosung beseitigt werden soll. Die Wirksamkeit dieser Erziehungsmaßregeln darf als aus der täglichen Praxis bekannt vorausgesetzt werden. Ein geeignetes Mittel zur Bekämpfung der Cliquenbildung in breitem Ausmaß bieten sie nicht. Die beste Möglichkeit ist noch die »Auferlegung besonderer Verpflichtungen«, die jedoch aus praktischen Gründen auch der Polizei in weitem Umfang möglich sein muß. (vgl. unter e)

d) Sicherheitspolizeiliche Maßnahmen

Von staatspolizeilichen Maßnahmen sind gegen Jugendliche anwendbar:
Staatspolizeiliche Warnung
Schutzhaft mit einer Dauer bis zu 4 Wochen
Sondermaßnahmen (z. B. Haarschnitt aus sanitätspol. Gründen)
Die Einweisung in ein Konzentrations- oder Arbeitserziehungslager erfolgt bei Jugendlichen nicht mehr. In schwersten Fällen kann Einweisung in ein der Kriminalpolizei unterstehendes Jugendschutzlager erfolgen.

e) Polizeiliche Auflagen

Es wird vorgeschlagen, *den Polizeibehörden* reichseinheitlich die Vollmacht zu geben, gegen Cliquenangehörige, wilde Fahrtengruppen usw. *bestimmte Auflagen* zu erteilen und ihre *Durchführung notfalls zu erzwingen.*
Solche Auflagen können z. B. sein:
Sofortige Heranziehung zu kurzfristigem Arbeitseinsatz (bei Fahrtengruppen bis zur beabsichtigten Dauer der Fahrt),
Zwangsweiser Heimtransport (bei vagabundierenden Jugendlichen),
Verpflichtung zu sofortiger Rückkehr zum Wohnort und Meldepflicht bei der dortigen Polizeibehörde (vagabundierende Jugendliche und Fahrtengruppen),
Sicherstellung mißbräuchlich benutzter Fahrräder,
Meldepflicht auf der Polizeidienststelle zu bestimmten Tagen und Stunden (Kontrolle der Kleidung, der Haltung und des Benehmens),
Lokalverbote (Eisdielen, Billardsäle),
Verpflichtung zu ordentlichem Haarschnitt, Verpflichtung zu ein- oder mehrmaliger Teilnahme an polizeilichen Sonderschulungen über ordentliches Verhalten (ähnlich dem Unterricht für Verkehrssünder),
Anlegung eines Sparkontos mit Sperrvermerk unter Verpflichtung zu laufender Einzahlung eines bestimmten Betrages (Mitteilung an Betriebsführer und DAF; Vermerk zur Arbeitsbuchkartei).

f) Jugenderziehungslager (Vorschlag)

Zu nachdrücklicher erzieherischer Beinflussung und Besserung der großen Masse der Cliquenangehörigen, sowie aller Jugendlicher, die grobe Verstöße gegen Haltung und öffentliche Disziplin begehen oder leichtere Verwahrlosungserscheinungen aufweisen, ist die Schaffung von *Erziehungslagern* anzuregen, die nach Art von Wehrertüchtigungslagern aufgebaut sind. Die Einweisung in diese Lager kann auf der Rechtsgrundlage der neu zu schaffenden Anordnung gegen Zusammenschlüsse Jugendlicher erfolgen, deren Erlaß oben unter IV/4/A/b letzter Absatz vorgeschlagen wurde. Sie ist von der Erfüllung der dort neu festzulegenden Tatbestände abhängig zu machen.

Es wird der Erörterung anheimgestellt, die »Erziehungslager« als polizeiliche Einrichtung (Sicherheitspolizei) zu erstellen oder »*Jugendarrestlager*« zu bilden, die der Justizverwaltung unterstehen und in denen Jugendarrest in den bisher üblichen Formen – nur modifiziert nach den Erfordernissen lagermäßigen Betriebes – vollstreckt wird.

Der bei lagermäßiger Zusammenfassung oft bestehenden Schwierigkeit, daß die Angehörigen einer Clique zusammenbleiben und ihren Zusammenhalt noch festigen, muß durch geeignete praktische und erzieherische Maßnahmen entgegengewirkt werden.

g) Disziplinarmaßnahmen der Hitler-Jugend

Nach der Dienststrafordnung der Hitler-Jugend vom 14. 5. 41 (RB. 23/41 K) ist jedes Verhalten zu ahnden, das gegen Zucht und Ordnung in der Hitler-Jugend verstößt oder die Ehre der Gemeinschaft der Hitler-Jugend, ihr öffentliches Ansehen oder die Kameradschaft in der Hitler-Jugend verletzt oder gefährdet.

Folgende Dienststrafen können verhängt werden:

Gruppe I: 1. Verwarnung
2. Verweis.

Gruppe II: 3. Beförderungssperre bis zur Höchstdauer von 3 Jahren,
4. Aberkennung der Dienststellung
5. Herabsetzung des Dienstranges

Gruppe III: 6. Aberkennung der Fähigkeit, Jugendführer zu sein,
7. Jugenddienstarrest,

8. Ausscheiden bis zur Dauer von 3 Jahren,
9. Ausscheiden auf Dauer,
10. Ausschluß.

Die Bildung von »Strafgefolgschaften« oder ähnlichen Einrichtungen ist verboten.
Die Dienststrafordnung der Hitler-Jugend ist in ihrer Anwendbarkeit auf Angehörige der Hitler-Jugend beschränkt.

B. Maßnahmen gegen 18–21-jährige (»Halberwachsene«)

Es wird empfohlen, die unter 4 A. erwähnten neuzuschaffenden Bestimmungen und Maßnahmen in ihrer Anwendbarkeit auf die Halberwachsenen auszudehnen.
Daneben sind gegen die18–21-jährigen die Strafbestimmungen gegen Erwachsene in vollem Umfang anwendbar, ebenso die staatspolizeilichen Sondermaßnahmen, wie die Einweisung in ein Konzentrations- oder Arbeitserziehungslager. Diese Maßnahmen kommen insbesondere in Betracht, wenn 18–21-jährige sich als Mitglieder oder Führer erheblich krimineller, staatsfeindlicher oder allgemein asozialer Cliquen und Banden betätigen.
Eine altersgemäße Beurteilung der Halberwachsenen ist in Strafverfahren sichergestellt durch die AO. des RJM. v. 8. 7. 42. (D.J. S. 473) über »Jugenderziehung und Jugendschutz«, A Ziff. IV, wonach der Staatsanwalt gegen 18–21-jährige die Anklage vor dem Richter erheben kann, der auch als Jugendrichter zuständig ist, bzw. nach B Ziff. I 3a vor der Jugendkammer.
Es wird empfohlen, auch bei Verhängung (staats-)polizeilicher Sondermaßnahmen gegen 18–21-jährige vorher den »Jugendsachbearbeiter« der zuständigen Dienststelle der Sicherheitspolizei zu hören.

C. Maßnahmen gegen Eltern und Erzieher

Hier gelten die allgemeinen Strafbestimmungen. Zur Bekämpfung des Cliquen- und Bandenwesens, sowie der allgemeinen Jugendgefährdung und -verwahrlosung, die erfahrungsgemäß in vielen Fällen dadurch hervorgebracht oder begünstigt wird, daß Eltern und Erzieher ihre Pflichten (vor allem ihre Aufsichtspflicht) vernachlässigen, sind folgende Bestimmungen von Bedeutung:

1. § 9 Abs. 2a der Pol.VO. zum Schutze der Jugend vom 9. 3. 1940 (RGBl. I S. 499) (Entwurf: § 11 Abs. 2a).
2. § 4 der VO. zur Ergänzung des Jugendstrafrechts vom 4. 10. 1940 (RGBl. I S. 1336)
Beide Bestimmungen richten sich gegen die Vernachlässigung der Aufsichtspflicht, machen aber die Strafbarkeit der Aufsichtspflichtigen davon abhängig, daß der zu beaufsichtigende Jugendliche selbst eine *strafbare Handlung* begeht.
Diese unzweckmäßige Einschränkung vermeidet eine neue Bestimmung, die im Entwurf vorliegt und als § 223c in das RStGB. eingefügt werden soll. Der Entwurf hat folgenden Wortlaut:
§ 223c StGB.
Wer gewissenlos oder leichtfertig ein Kind, das seiner Fürsorge oder Obhut untersteht, ohne ausreichende Nahrung oder Wartung läßt oder sonst seine Sorge- und Erziehungspflicht gröblich vernachlässigt und dadurch das *körperliche oder sittliche Wohl* des Kindes *gefährdet*, wird mit Gefängnis bestraft, soweit nicht die Tat nach anderen Vorschriften mit schwererer Strafe bedroht ist.
Bedauerlich ist, daß nach dem Entwurf nur »Kinder« diesen strafrechtlichen Schutz genießen, d. h. also – nach der auch im Strafgesetzbuch gebräuchlichen Auslegung – nur Personen unter 14 Jahren. Wie das Beispiel der Hamburger Swing-Jugend gezeigt hat, ist es unbedingt erforderlich, auch die 14–18-jährigen vor einer Vernachlässigung der Aufsichtspflicht durch die Erziehungspflichtigen zu schützen. Der Erlaß einer entsprechenden Bestimmung ist notwendig und wurde bereits angeregt.

4. Zusammenfassung

Die positiven Leistungen der deutschen Jugend im Kriegseinsatz und den übrigen Aufgabengebieten überragen die hier besprochenen negativen Erscheinungen bei weitem. Gemessen an den gelegentlichen Nachrichten und Zahlenangaben aus dem feindlichen Ausland sind die Probleme, die hier aufgezeigt werden, noch gering. Trotzdem sind sie dort, wo sie aufgetreten sind, so ernst und die Schäden und Gefahren, die durch sie der gesamten deutschen Jugend drohen, so erheblich, daß alles zu ihrer Beseitigung getan werden muß. Die Cliquen- und Bandenbildung muß daher – notfalls mit schärfsten Mitteln – unterbunden und für die Zukunft verhütet werden.

Anhang
Einzelbeispiele für die Cliquen- und Bandenbildung neuerer Zeit

Vorbemerkung

Die nachfolgenden Beispiele sind nach den in Teil I des Berichtes entwickelten drei Hauptgruppen (kriminelle Gruppen, Gegnergruppen, Gefährdetengruppen) zusammengestellt und innerhalb dieser Gruppen nach Landschaften (Nord-, Mittel-, West- und Süddeutschland) geordnet. Gelegenheitszusammenschlüsse ohne ernsteren Charakter blieben unbeachtet.

1. Kriminelle Gruppen

a) Berlin

Kriminelle Zusammenschlüsse Jugendlicher sind in Berlin – wie in jeder anderen Großstadt – keine Seltenheit.
Meldung vom 20. 4. 42: Eine Jugendliche Einbrecherbande von sechs 15–17jährigen ist überführt, unter Ausnutzung der Verdunkelung drei Kellereinbrüche, einen versuchten und einen vollendeten Geschäftseinbruch begangen zu haben.
In einem Uhrengeschäft fielen ihnen Uhren und Schmuckstücke in die Hände. Durch die Kellereinbrüche kamen sie in den Besitz von Lebensmittel, die sie meist schon an Ort und Stelle verzehrten.
Am 28. 4. 42 wurde gemeldet: Acht Jugendliche im Alter von 15–18 Jahren wurden wegen Erpressung auf homosexueller Grundlage festgenommen. Die Burschen hatten zuletzt einen 34jährigen Ingenieur zur Bahnhofswache Friedrichstraße gebracht, weil er nach ihren Angaben einen Freund zur Unzucht verführen wollte. Den Burschen konnte jedoch eine beabsichtigte Erpressung nachgewiesen werden. 5 von ihnen haben sich in gleicher Weise acht Mal betätigt.
Am 4. 5. 42 wurde gemeldet: der 14½jährige Page H., im Hotel »Am Zoo« beschäftigt, wurde bei einem Diebstahl überrascht. Ihm konnte

nachgewiesen werden, Hotelgästen 7 Pistolen entwendet zu haben. Außerdem hat er in Gemeinschaft mit einem Freund aus der Wohnung eines Bekannten 2 Pistolen und 2 Jagdgewehre gestohlen. H. beabsichtigte, in Dahlem eine Organisation »Roter Stern« bzw. »Schlange« zu bilden. Er wollte damit Aufsehen erregen.

b) Halle a. d. Saale

In Halle wurden im April 1942 sieben Jugendliche von 14–18 Jahren festgenommen. Sie hatten im Laufe der letzten Wochen in Bäckereien und Kolonialwarengeschäften mehrere Einbrüche ausgeführt, bei denen ihnen Lebensmittel und Bargeld im Werte von etwa 1300,– RM in die Hände fielen.

e) Troppau (Sudetenland)

Am 30. 4. 42 wird gemeldet: Festgenommen wurden 12 Jugendliche im Alter von 14–17½ Jahren, denen 46 Ladendiebstähle, 19 einfache Diebstähle, 32 Diebstähle von Geldbörsen aus Einkaufstaschen mit Beträgen von 1,– bis 90,– RM, 5 Fahrraddiebstähle, 12 Einbrüche in Wohnungen (1 davon in eine Dienststelle der NSDAP.), 10 Schaukasten und Schaufenstereinbrüche und 40–45 Diebstähle von Obst aus Gärten nachgewiesen werden konnten. Die Einbrüche sind z. T. unter Ausnutzung der Verdunkelungsmaßnahmen ausgeführt worden.

f) Bochum

In Bochum wurden 13 Jungen und 3 Mädchen, z. T. unter 14 Jahren, festgestellt, die von November 1941 bis Februar 1942 sechsundzwanzig Ladendiebstähle ausgeführt hatten. In sechs Fällen entwendeten sie Kindern, die Einkäufe machten, die Geldbörsen. 5 Jungen und 3 Mädchen wurden unzüchtiger Handlungen überführt. Alle gehörten der Hitler-Jugend an.

g) Köln

Am 10. 2. 42 wird gemeldet: In Köln hatten sich fünf Jungen von 8–15 Jahren zu einer Diebesbande zusammengeschlossen. Sie haben innerhalb von zwei Monaten systematisch in Kaufhäusern und an den Fahrkartenschaltern des Hauptbahnhofs aus Handtaschen Geldbörsen entwendet. Zwei Jungen machten die Aufpasser, die anderen veranstalteten bei den als Opfer ausgesuchten Frauen ein Gedränge, bei dem der Diebstahl ausgeführt wurde. Das erbeutete Geld (insgesamt etwa 900.– RM wurde verteilt und für Kino, Spielzeug usw. ausgegeben. Der Rest wurde in Verstecken aufbewahrt, wobei sich die Jungen wieder gegenseitig bestahlen. Die Jungen stammen durchweg aus asozialen Familien.

h) Düsseldorf und München

Bezüglich Düsseldorf und München wird auf die Gesamtberichte über die Lage in diesen Städten unten unter IV verwiesen.

2. Gegnergruppen

a) Hamburg (Totenkopfbande)

Die Staatsanwaltschaft bei dem Landgericht Hamburg hat am 22. Mai 1942 gegen 28 Minderjährige, zumeist im Alter von 17 bis 18 Jahren, Anklage erhoben, weil sie sich zusammengerottet hatten, um insbesondere Angehörige des Streifendienstes der Hitler-Jugend zu überfallen. Teilweise haben die Angeschuldigten sich dabei der Körperverletzung, des Diebstahls und auch anderer Delikte schuldig gemacht. Seit Beginn des Winters 1941/42 hatten sich in bestimmten Hmbg. Stadtteilen *Überfälle* auf Hitler-Jugend-Angehörige – vornehmlich des Streifendienstes – gehäuft. Diese wurden bei Ausübung ihres Dienstes während der Dunkelheit überfallen und mißhandelt. Sie sollten durch Drohungen zur Unterlassung ihrer Dienstpflichten genötigt werden. Die Täter waren eine Bande von 30–40 Jugendlichen bis zu 18 Jahren, die sich »*Totenkopfbande*« nannten. Ihnen fallen etwa 20 planmäßig durchgeführte *Überfälle* zur Last. Außerdem sind zahlreiche *Diebstähle*, besonders zum Nachteil von Angehörigen der Hitler-Jugend, verübt worden. Kommunistische Tendenzen liegen nicht vor. Eine »Neubildung von Parteien« war nicht beabsichtigt. *Die Tätigkeit der Bande entsprang ausschließlich gegnerischer Einstellung gegen die Hitler-Jugend und besonders den Streifendienst.*

Bismarckbande
Anfang 1942 wurde berichtet, daß die Hamburger »Tangojünglinge« und »Nichtorganisierten«, die offiziell in der Pflicht-Hitler-Jugend zusammengefaßt sind, einen Bund gegründet hätten, mit der Bezeichnung *»Bismarck-Bande«*. Angeblich vertritt diese Bande den Wahlspruch »Hamburg bleibt rot!« Die Angehörigen dieser Bande haben planmäßig Überfälle auf Hitler-Jugend-Angehörige ausgeführt, wenn diese bei Dunkelheit vom Dienst nach Hause gehen. Die Überfälle waren zahlreich und hatten teilweise schwere Folgen. Die Ermittlungen sind noch nicht abgeschlossen und erstrecken sich bis nach Schwerin und Stralsund.

b) Leipzig

Aus Leipzig wurde gemeldet, daß sich dort wilde Vereinigungen Jugendlicher gebildet hatten, die äußerlich den nacherwähnten westdeutschen Cliquen ähnelten. In Sachsen führen sie die Bezeichnung »Meuten« oder »Mobs«. Ein Teil der Meuten betätigte sich in ausgesprochen kommunistischem Sinne mit dem Ziel, eine der Hitler-Jugend überlegene, kommunistisch eingestellte Jugendorganisation zu schaffen, die zusammen mit gleichaltrigen Gruppen in den übirgen Städten Deutschlands bei einem erwarteten gewaltsamen Umsturz entscheidend mitwirken sollte. Am 28. Oktober 1938 erließ der 1. Senat des Volksgerichtshofes unter Vorsitz des damaligen Präsidenten Dr. Thierack gegen acht Rädelsführer der Meuten »Hundestart« und »Lilienstraße« zwei Urteile (8 J 274.321/38 // 1 H 27.28/38 und 8 J 330/38 // 1 H 30/38), in denen die Angeklagten wegen Vorbereitung zum Hochverrat zu Zuchthausstrafen zwischen 1 und 8 Jahren verurteilt wurden. Die Angeklagten waren z. Zt. der Tat mit nur einer Ausnahme jugendlich. Dieser Vorgang ist von grundlegender Bedeutung für das hier behandelte Problem. Es wird daher im folgenden eine ausführliche Darstellung der damaligen Vorgänge mitgeteilt, die obigen Urteilen des Volksgerichtshofes entnommen ist.
In Leipzig traten im Jahre 1937 Gruppen jugendlicher Personen, die sich nach Art der früheren »Bündischen Jugend« einheitlich kleideten, in immer größerer Zahl in Erscheinung. Die Tracht dieser Gruppen, die sich »Meuten« nannten, bestand in der Regel aus Bundschuhen, weißen Kniestrümpfen, kurzen Lederhosen, buntkarierten Schihemden, sowie aus einem Koppel und Lederhosenträ-

gern, dem sogen. »Geschirr«. Im Winter trugen sie statt der Lederhosen lange blaue Schihosen, sowie Slalomblusen. Die Mädchen, die in größerer Zahl diesen Meuten angehörten, kleideten sich entsprechend. Die Meuteangehörigen trafen sich in den Außenbezirken der Stadt auf Straßen oder Plätzen, die während der Systemzeit den marxistischen Organisationen als Treffpunkt gedient hatten oder auf den Hauptverkehrsstraßen der Innenstadt. Gegen die Mitglieder der Hitler-Jugend nahmen die Meuten eine feindliche Haltung ein. Sie lauerten häufig Angehörigen der Hitler-Jugend auf, wenn diese nach Dienstschluß nach Hause gingen und fingen Schlägereien an. Wegen ihres ungebührlichen Benehmens liefen bei den Behörden zahlreiche Beschwerden ein, u. a. auch seitens ausländischer Messebesucher, die diese Jugendlichen wegen ihrer einheitlichen Kleidung für Angehörige der Staatsjugend hielten. Mehrfach wurden auch öffentliche Anschläge mit der Aufschrift »Es lebe die Bündische Jugend« beobachtet.

Alle Leipziger Meuten pflegten nach Art der früheren Bünde das Fahrtenerlebnis. Der größere Teil, vor allem ihre »Führer« lehnten eine Betätigung in der Hitler-Jugend ab, weil ihnen die straffe Zucht und Pflicht zur Unterordnung nicht zusagte. Die Gesamtzahl der Meuten-Angehörigen in Leipzig betrug nach vorsichtiger Schätzung zuletzt etwa 1500.

Während sich die Mehrzahl der Meuten auf gesellige Zusammenkünfte und gemeinsame Fahrten beschränkte, ist bei einem Teil der Meuten eine starke kommunistische Einstellung zutage getreten. Diese Meuten setzten sich zum großen Teil aus früheren Angehörigen der marxistischen Jugendorganisationen, insbesondere des »Kommunistischen Jugendverbandes«, der »Roten Jungpioniere« und der »Roten Falken« zusammen und führten die ihnen von der Hitler-Jugend irrtümlich zugelegte Bezeichnung »Bündische Jugend« lediglich zu Tarnungszwecken. Die noch von früher marxistisch eingestellten Mitglieder erlangten die Führung der Meuten. Sie benutzten die Zusammenkünfte und Fahrten der Meuten mit Erfolg dazu, die noch nicht kommunistisch eingestellten Jugendlichen durch kommunistische Lieder und durch politische Gespräche in staatsfeindlichem Sinne zu verseuchen. Diesen marxistisch eingestellten Meuten gehörten Angehörige der Hitler-Jugend und des BDM an, die noch Dienst taten. Teilweise wurden sie verwendet, um in der Hitler-Jugend herumzuhorchen oder zersetzend zu wirken. Ein besonderer Anreiz war für viele die Möglichkeit geschlechtlicher Erlebnisse, die dadurch gegeben war, daß im Gegensatz zur Hitler-Jugend

an den Wanderungen und Zusammenkünften auch Mädchen teilnahmen, mit denen man sich amüsierte, geschlechtlich verkehrte und die man als Lockmittel für neue Mitglieder verwandte. Diese in der äußeren Form der »Bündischen Jugend« auftretenden Meuten hatten das Ziel, die Hitler-Jugend von der Straße zu verdrängen. Sie waren zum großen Teil mit Hieb-, Stich- und Schußwaffen versehen und hatten die Parole ausgegeben »Schlagt die H.J., wo ihr sie trefft!«. In dem Bereich einzelner Meuten »kam die H.J. überhaupt nicht mehr hoch«. Die »Führer« der Meuten glaubten auch, daß die Zahl der kommunistisch eingestellten Jugendlichen im Laufe der Zeit so stark würde, daß sie ein wirksames Gegengewicht gegen die Hitler-Jugend seien und bei der Ablösung des Nationalsozialismus durch den Kommunismus entscheidend mithelfen könnten. Bei diesen marxistisch eingestellten und tätigen Meuten war ausgemacht, wie man sich bei Festnahmen und Vernehmungen durch die Gestapo verhalten und daß über ihre Tätigkeit und ihre Ziele nichts gesagt werden sollte. Die Polizei, die sie als »Bündische Jugend« ansah, konnte trotz zahlreicher Vernehmungen mindestens bis zum Frühjahr 1938 ihre wirkliche Betätigung und wahren Ziele nicht feststellen.
Für die Annahme, daß die Meuten für ihre kommunistische Betätigung von im Hintergrund stehenden Drahtziehern Richtlinien erhalten haben, spricht der Umstand, daß für Ostern 1938 eine Zusammenkunft von Meuten aus allen Orten des Reiches und aus der Tschechoslowakei – der damaligen Hochburg der Emigranten – in Berlin stattfinden sollte.
Zu diesen als illegale kommunistische Wandergruppe anzusprechenden Meuten gehörte auch die Meute »Lilienstraße«, die Meute »Hundestart« in Leipzig-Klein-Zschocher und die Meute »Reeperbahn« in Leipzig-Lindenau. Zwischen ihnen bestanden Verbindungen. Es konnte z. B. ein gemeinsam geplanter Überfall mehrerer Meuten auf die Hitler-Jugend in Schönefeld festgestellt werden.
Die feindliche Einstellung gegen die Hitler-Jugend wurde auch in der Öffentlichkeit demonstrativ betont, z. B. wurde bei einer großen Veranstaltung der NSDAP den Fahnen der Hitler-Jugend geschlossen der deutsche Gruß verweigert.
Die Angehörigen der Meuten hörten eifrig die deutschen Sendungen des Moskauer Rundfunks ab und richteten ihr Verhalten teilweise nach den von dort ausgegebenen Parolen ein. Die Entwicklung der Meuten war nach den Vorfällen von 1937/38 nicht abgeschlossen, wenn auch die ausgesprochen kommunistische Tendenz später nicht

mehr so deutlich hervortrat. Nähere Angaben über die jetzigen Verhältnisse in Sachsen finden sich unten unter 3.

c) Dresden

Einem Bericht über eine konfessionelle Gruppenbildung vom 2. 3. 42 sind folgende Einzelheiten entnommen:

In Dresden wurde 1939 das katholische »Bischöfliche St. Bennogymnasium« geschlossen. Deswegen bildete sich unter den Schülern, den Lehrern und der Elternschaft eine gewisse Opposition. Die Eltern der betreffenden Schüler wurden im Dezember 1939 durch den Rektor in einem Rundschreiben aufgefordert zu erklären, daß ihr Sohn oder ihre Tochter in das Stadtgymnasium[1] Dresden-Neustadt eintrete. Es wurde zum Ausdruck gebracht, daß es erwünscht sei, wenn die Schülerschaft möglichst geschlossen an eine Anstalt übertrete. »Durch die geschlossene Überführung der Schülerschaft hegen wir die Hoffnung, daß auch Lehrkräfte unserer Schule übernommen werden.«

Die Oppositionsstimmung unter den Schülern machte sich zunächst in drohenden Äußerungen Luft. Am Staatgymnasium[1] pflegten diese Jungen einen festen Zusammenhalt, der zugleich weitgehend weltanschaulich bedingt war. Die katholische Kirche hat durch die Einführung sogen. »Klassenbande«, durch den Religionsunterricht und besonders durch die Tätigkeit eines Lehrers, des Paters S., Maßnahmen ergriffen, die das Zusammengehörigkeitsgefühl der Jugendlichen noch mehr stärkten. Man war stolz, »Benno-Schüler« gewesen zu sein und bildete im staatlichen Gymnasium Cliquen. Gegen andere Jungen war man mißtrauisch und fast hinterhältig. Die Schulgemeinschaft des Staatgymnasiums litt darunter sehr stark.

In diesen Schülercliquen, zu denen neben einigen Hitler-Jugend-Angehörigen auch evangelische Jugendliche aus Kreisen der Bekenntnisfront gestoßen sind, wurde vielfach zersetzende Kritik an Maßnahmen des Führers und des Staates geübt, die sich in Zwischenrufen im Unterricht, im Absingen von Spottliedern (z. B. auf Rudolf Hess) usw. äußerten. Auch englische Lieder wurden gesungen z. B. »it's a long way to Tipperary«. Lehrern nationalsozialistischer Einstellung wurde z. T. ein ordnungsgemäßer Unterricht unmöglich gemacht. Ähnliche Vorfälle häuften sich. In der katholischen Jugendarbeit

1 Unterschiedliche Schreibart im Original, D. P.

Dresdens bildeten die ehemaligen Benno-Schüler ein wesentliches Rückgrat der Gruppenarbeit.
Ein Schüler wurde noch vor den nach diesem Bericht ergriffenen Maßnahmen von der Schule verwiesen, weil während der Besprechung einer Führerrede der Zwischenruf fiel: »Die Bombe platzte und im Saal lagen x Tote«, worauf ein anderer einwarf »und 90 Millionen Verkohlte«. Der Ausgewiesene wurde zum »1. Märtyrer« seiner Klasse erklärt.
In dem Kreis um den Schüler R. fiel die Äußerung, daß der Nationalsozialismus eine »den stumpfem Volke aufgeprägte Geistesrichtung« sei. Bei anderer Gelegenheit sagte R., daß der »Führer ja stolz sein könne, wenn er sich auf die Partei stütze – wie er sich in einer Rede ausgedrückt habe –, da habe er die Richtigen!« Am 30. 1. 1942 verließ eine Gruppe von fünf Schülern während der Übertragung der Führerrede demonstrativ den Gemeinschaftsraum. Außerdem macht man sich ein Vergnügen daraus, prosemitische Haltung zu zeigen.

e) Essen

Am 13. 4. 1940 wurden z. T. zu Strafen von 2 bis 4 Wochen Gefängnis verurteilt vom Landgericht Essen 14 Burschen im Alter von 18–20 Jahren wegen Zuwiderhandlung gegen das Verbot der Bündischen Jugend. Die Angeklagten haben in Essen und Umgebung Gruppen gebildet und das Gedankengut und Brauchtum der verbotenen Bündischen Jugend gepflegt durch Veranstaltung von Fahrten in einheitlicher, bündischer Tracht, durch regelmäßige Zusammenkünfte innerhalb des Stadtgebietes, die seit Juli 1939 fast täglich stattfanden und durch Singen bündischer Lieder. Spitznamen (»Fahrtennamen«) und der Gruß »Ahoi!« waren üblich. Die Angeklagten standen einem scharfen Gegensatz der Hitler-Jugend gegenüber; sie waren auch bereit, etwaigen Hitler-Jugend-Streifen mit Gewalt entgegenzutreten. Die Gruppe trug als Abzeichen Totenkopfringe und Edelweißabzeichen. Sie bezeichnete sich auch als »Edelweißpiraten«.
Ähnliche Cliquen bestehen in einer ganzen Reihe von Essener Stadtteilen. Die Mitglieder der vorgenannten Clique waren zum großen Teil Angehörige und frühere Angehörige der Hitler-Jugend. Die Ermittlung ergab, daß das Strafverfahren nicht im Stande war, den wilden Fahrtenbetrieb der bündischen Cliquen zu hemmen. Gegen einen der im obigem Verfahren Bestraften mußte – zusam-

men mit anderen – bereits am 8. 8. 1940 erneut Anklage wegen derselben Verfehlung erhoben werden, da er nach wie vor allsonntäglich mit Gleichgesinnten im gleichen Stil auf Fahrt ging. Bei diesen Zusammentreffen und Fahrten waren auch Mädchen beteiligt. Es kam zu geschlechtlichen Berührungen und wiederholt auch zum Geschlechtsverkehr.
Die III. Strafkammer des Landgerichts Essen (Aktz.: 1. Sond. K.Ms. 55/40) hat sich ausführlich mit Geschichte, Begriff und Erscheinungsformen der »Bündischen Jugend« im Sinne des Verbotserlasses der RFSSuChdDtPol. v. 20. 6. 39 auseinandergesetzt. Im folgenden werden die wichtigsten Ausführungen dieses Urteils wiedergegeben:

Unter »Bündische Jugend« im Sinne der Verordnung ist nicht etwa ein organisatorischer Zusammenschluß bestimmter Vereinigungen innerhalb der Jugendbewegung zu verstehen. Die VO. hat vielmehr eine Bezeichnung, die im Laufe der Zeit innerhalb der Jugendbewegung für eine gewisse Gruppe von Erscheinungsformen der Jugendbewegung üblich geworden ist, als Begriffsbestimmung übernommen. Unter dem Sammelbegriff Bündische Jugend faßt man im Sprachgebrauch der Jugendbewegung eine gewisse Art von Vereinigungen zusammen, die meist organisatorisch nichts miteinander gemein haben, die aber in ihrer Erscheinungsform und in ihrer weltanschaulichen Ausrichtung gleiche oder sich ähnelnde Wesenszüge aufweisen. Diese Vereinigungen sind durchweg jüngern Ursprungs. Sie stehen mit der Jugendbewegung, die bereits um die »Jahrhundertwende« einsetzte und ihren ersten Ausdruck in der »Wandervogelbewegung« fand, insofern im Zusammenhang, als sie einen Teil des Ideengutes und einen Teil der Erscheinungsformen übernommen haben; sie sind aber mit dieser ursprünglichen Jugendbewegung nicht gleichzusetzen und stellen sozusagen eine Abart dar.
Die Jugendbewegung der Jahrhundertwende war eine Revolution der Jugend gegenüber einer dem Wesen der Jugend nicht gerecht werdenden Bevormundung durch die Erwachsenen. Die Jugendbewegung hat im Laufe der Zeit Wandlungen erfahren. Ihre verschiedenen Richtungen schlossen sich im Jahr 1913 auf dem »Hohen Meissner« zusammen zur »Freideutschen Jugend«, die es sich zum Programm setzte, »aus eigener Bestimmung, vor eigener Verantwortung, mit innerer Wahrhaftigkeit ihr Leben zu gestalten«. Der Weltkrieg brachte Änderungen. In der Revolutionszeit kam es aus politischen Gründen zur Trennung in verschiedene Richtungen. Die völkische Richtung einigte sich auf die Formel, »eine Tatgemeinschaft im Dienste des Aufbaus einer wahrhaften deutschen Volksgemeinschaft sein zu wollen«.
Einige Jahre später bildeten sich Vereinigungen, die dann als »Bündische Jugend« bezeichnet wurden. Die »Bündische Jugend« erlebte ihre Blüte in der Zeit von 1926–1932. Die in der VO genannten Vereinigungen stellen die Hauptscheinungsformen der »BJ« dar. Die Aufzählung ist nicht erschöpfend. Es fehlen in ihr u. a. z. B. auch die »Kittelbachpiraten«, die neben den »Navajos« im Westen des Reiches eine Zeit lang sich stark bemerkbar machten. Neben den in Verbänden zusammengefaßten »Bündischen Vereinigungen« gab es auch eine ganze Anzahl nicht verbandsmäßig erfaßter sog. »wilder Bünde«. Die »BJ« hat auch nach der Machtübernahme nicht aufge-

hört zu bestehen. Die zu ihr rechnenden Vereinigungen haben z. T. offen, z. T. getarnt sich zu halten versucht; so haben sie in offenem oder verstecktem Kampf gegen die Hitler-Jugend gestanden, z. T. haben sie versucht, innerhalb der Hitler-Jugend fortzuleben. Insbesondere haben die »wilden Bünde« unbekümmert um die politische Entwicklung fortgelebt und sich an vielen Orten des Reichs in verschiedenster Form neu gebildet.
Gegen diese Versuche der Fortführung, Neugründung oder Förderung der Vereinigung der BJ richtet sich die oben genannte VO. Für die BJ. ist heute kein Raum mehr, weil sie nach ihrem Wesen und ihrer weltanschaulichen Ausrichtung mit der nationalsozialistischen Weltanschauung nicht zu vereinbaren ist.
Das *Wesen* der BJ ist unklar. Der Begriff »bündisch« ist nicht einmal von den Führern der BJ klar umschrieben worden. Im Schrifttum und im Sprachgebrauch der BJ sind zwar der »bündische Geist«, die »bündische Haltung«, die »bündische Bewegung«, der »bündische Grundgedanke« und das »bündische Leben« häufig wiederkehrende Redewendungen, jedoch wird das Wort »bündisch« begrifflich nicht näher erläutert. Der »Bund« steht im Vordergrund des Denkens. »Der ›Bund‹ ist ›Schicksal‹«, ist »Lebensbund«. »Verbundenheit« und »Freundschaft« sollen die Grundgedanken des Zusammenschlusses sein. »Freiheit von allen Bindungen« wird als »bündischer Grundsatz« zuweilen betont. Das »Auslesegesetz« wird dem »Mitläufertum« gegenübergestellt. »Bund um des Bundes willen« heißt es. Es fehlen die Bindungen an Volk und Staat, es fehlt die Verbindung mit der Wirklichkeit.
Das Ideengut der BJ ist also unklar und unausgerichtet. Diese innere Richtungslosigkeit, bei der der innere Gehalt durch unklare und verworrene, schwülstige Phrasen ersetzt werden soll, ist bezeichnend für die BJ. Sie bedeutet daher eine große Gefahr für die Jugend, die in den Jahren der Entwicklung und der nahenden Reife straffer Zucht und Ausrichtung bedarf.
Die Begriffsbestimmung des Wesens der BJ muß sich also auf eine negative Kennzeichnung beschränken.
Es bleibt noch hinzuzufügen, daß teilweise in der BJ der starken Betonung der »Freundschaft« und »Verbundenheit« gleichgeschlechtliche Tendenzen zugrunde lagen und daß die politische Haltung – die in den verschiedenen Vereinigungen der BJ uneinheitlich war – teils konfessionell, teils sozialistisch, teils sogar probolschewistisch beeinflußt war, daß jedenfalls bei allen Vereinigungen der Nationalsozialismus teils mehr, teils weniger abgelehnt wurde.
Die Erscheinungsformen der BJ sind ebenfalls nicht einheitlich. Sie lehnen sich mehr oder weniger an die Erscheinungsformen der ursprünglichen Jugendbewegung an. Die einzelnen, nachstehend aufgeführten Merkmale sind und waren nicht einheitlich und nicht sämtlich bei allen Gruppen der »Bündischen Jugend« zu beobachten.
Die Gruppen der BJ stellten sich als Zusammenschlüsse von Jungen zu Freundschaftsbünden – meist mit Fahrtenbetrieb – dar. Ein Zusammengehen mit Mädchen wurde vielfach abgelehnt. Wo der gleichgeschlechtliche Einschlag ideenmäßig stark hervortrat, war auch gleichgeschlechtliche Betätigung nicht selten. Die Zusammengehörigkeit wurde auch rein äußerlich ungewöhnlich hervorgehoben. Die einzelnen Gruppen gaben sich Bezeichnungen, die schon auf einen engen Zusammenschluß hindeuteten, wie

»Bund«, »Orden«, »Corps«, »Freischar«, oder Bezeichnungen, die schicksalsmäßige Verbundenheit bekunden sollten, wie »Piraten«, »Korsaren«, »Landsknechte«, »Freibeuter«. Innerhalb der einzelnen Gruppen war es vielfach üblich, daß die Jungen sich gegenseitig besondere Namen nach Art der Spitznamen (sog. »Fahrtennamen«) gaben. Diese Gepflogenheit ist ebenfalls eine besondere Art des Ausdrucks der Zusammengehörigkeit innerhalb einer Gemeinschaft. Nach außen hin wurde die Zusammengehörigkeit durch Tragen von Abzeichen – meist ungewöhnlicher Art – bekundet.
Vielfach war das Tragen einzelner Kleidungsstücke üblich, angefangen mit dem einheitlichen Tragen einzelner Kleidungsstücke (Kopfbedeckung, Hemd, Halstuch oder Koppel) bis zum Tragen völlig einheitlicher Ausstattungen. Hierbei war zu beobachten, daß Farbe und Form der einheitlichen Kleidungsstücke meist ungewöhnlich und deshalb auffallend und offensichtlich darauf abgestellt waren, die Zugehörigkeit zum »Bund« stark zu betonen. Vielfach üblich war auch bei den Gruppen der BJ ein besonderer Gruß.
So bildete sich – bei den einzelnen Gruppen uneinheitlich – ein gewisses Brauchtum heraus, das der eigentlichen Betätigung der Gruppen, nämlich der Förderung des Bundeslebens durch Pflege des Fahrtenerlebnisses und durch abendliche Zusammenkünfte (Singabende) den äußeren Rahmen gab. Dieses Brauchtum war durchsetzt von einer falsch verstandenen Romantik, die nicht nur die innere, sondern auch die äußere Haltung der einzelnen Jugendlichen stark beeinflußte. Es fehlte die straffe Zucht und Ordnung. Manche Gruppen führten in ungezügeltem, falschem Freiheitsdrang ein sogenanntes Räuber- oder Piratenleben ohne Selbstdisziplin und Rücksicht auf die Umgebung, wobei die Ungebundenheit bei den einzelnen nicht selten durch rüpelhaftes Auftreten, Schlägereien und Ausschreitungen und insbesondere auch durch geschlechtliche Exzesse nach außen hin erkennbar wurde.
Eine bezeichnende Rolle spielt das *Liedgut* der BJ. In der Jugendbewegung haben naturgemäß schon immer neben dem eigentlichen Volkslied solche Lieder weitgehende Verbreitung gefunden, deren romantischer oder rauher Ton die Jugend anspricht. Für das Liedgut der BJ ist es bezeichnend, daß es stark mit Liedern durchsetzt ist, die vorwiegend östliche Länder (Wolga, Baikalsee, Ural, Kasbeck) und Helden (Saporogen, Kosacken, Koltschak) verherrlichen. . . .
In den Kreisen der BJ wurden ferner kitschige Schlager bevorzugt und zwar hauptsächlich solche, die von fernen Ländern, z. B. Südseeinseln, handeln. Gern gesungen wurden auch Räuber- und Piratenlieder, die das ungebundene wilde Leben preisen. Die Fahrtengruppe, der die Angeklagten angehört haben, ist als eine bündische Vereinigung anzusprechen und zwar als eine *neue* Vereinigung, denn der Verdacht eines Zusammenhanges mit früheren Vereinigungen dieser Art hat sich nicht bestätigt. Daß diese Vereinigung zu einem Bunde oder Verbande gehört hat, ist ebenfalls nicht erwiesen. Organisatorisch war die Fahrtengruppe nicht sonderlich ausgebaut. Klare Bestimmungen über den Aufbau der Gruppe, die Mitgliedschaft und insbesondere die Leitung der Gruppe waren nicht zu erkennen. Es muß deshalb davon ausgegangen werden, daß es sich um einen Zusammenschluß gehandelt hat, dessen organisatorischer Ausbau mit Rücksicht auf die geringe Mitgliederzahl nicht sonderlich betrieben worden ist. Jedoch war der Zusammenhalt in der Gruppe und ihr Eigenleben derart ausgeprägt, daß die Gruppe als Vereinigung angesehen werden muß. Zweck der Vereinigung war die Pflege der

Geselligkeit und des gemeinsamen Fahrtenerlebnisses durch Veranstaltung von gemeinsamen Singabenden und gemeinsamen Fahrten einer Anzahl Jugendlicher im jugenddienstpflichtigen Alter. Die Vereinigung hatte keine über die Pflege der Kameradschaft und des Fahrtenerlebnisses hinausgehenden Ziele; infolge der mangelnden Ausrichtung auf das Erziehungsideal der deutschen Jugend ist sie zwangsläufig in das Fahrwasser der BJ geraten. Es kann zwar schon mit Rücksicht auf die kurze Dauer des Bestehens der Fahrtengruppe keine Rede davon sein, daß das Ideengut der BJ innerhalb der Gruppe intensiv zur Geltung gebracht worden ist. Immerhin waren aber ziemliche Ansätze vorhanden. Die Gruppe der »Fahrtenstenze« war im Begriff, ein Sammelbecken für die Jugendlichen zu werden, denen der Hitler-Jugend-Dienst nicht gefiel und die sich auf eigene Faust eine Gemeinschaft bilden wollten, in der sie mit gleichgesinnten Jugendlichen die Freundschaft und den ungebundenen Fahrtenbetrieb pflegen wollten, so wie sie es sich ausgedacht hatten und ohne Rücksicht auf die Belange der Volksgemeinschaft, die den Jugendlichen zum Dienst in der Hitler-Jugend, der einzigen Jugendorganisation des deutschen Volkes, verpflichtet, im Gegensatz zur früheren Zeit, in der die Pflichten gegenüber der Volksgemeinschaft zurückstehen mußten vor dem Eigenwillen des einzelnen. Daß dieser Zusammenschluß der »Fahrtenstenze« ein geeigneter Nährboden bündischen Ideengutes war, ist zweifelsfrei daraus zu schließen, daß die Fahrtenstenze ein bündisches Brauchtum pflegten. Sie gaben ihrer Fahrtengruppe den äußeren Rahmen, wie ihn die BJ sich geschaffen hatte. Die Art, wie sie ihre Singabende aufzogen und wie sie ihre Fahrten gestalteten, glich der der BJ. Das Liedgut der BJ stellte den größten Teil des Liedbestandes der Fahrtenstenze. Die Fahrtenkluft war durchweg »bündisch«. Ihr Benehmen untereinander und gegenüber der Umwelt zeigte die gleichen Formen, wie sie die Vereinigungen der BJ an den Tag legten. Auch die Fahrtenstenze betonten die Zusammengehörigkeit ihrer Gruppe in besonderer Weise durch das Tragen auffälliger Abzeichen und möglichst einheitlicher, auffälliger Kleidung, durch die Benennung der einzelnen Mitglieder der Gruppe mit besonderen Fahrtennamen und durch den Versuch der Einführung eines besonderen Grußes. Sie betonten ferner die Ablehnung irgendwelcher strengen Zucht durch ungebundenes, rauhes Auftreten, durch Verneinung des Führerprinzips, durch die Ablehnung eines straffen Gemeinschaftsdienstes, durch die Begünstigung des geschlechtlichen Sichauslebens trotz mangelnder Reife und vor allem auch durch die widersetzliche Haltung gegenüber dem Streifendienst der Hitler-Jugend. Das, was sich über die der Bildung der Gruppe zugrunde liegende Idee und über die äußere Erscheinungsform der Gruppe in der Beweisaufnahme ergeben hat, rechtfertigt die Feststellung, daß die »Fahrtenstenze« eine neue, bündische Vereinigung im Sinne der VO. vom 20. Juni 1939 betr. das Verbot der bündischen Jugend und im Sinne der dieser VO. voraufgegangenen Verbote darstellen, daß also die Angeklagten durch ihre Betätigung in der Fahrtengruppe sich der fortgesetzten und gemeinschaftlichen Zuwiderhandlung gegen die genannte Polizeiverordnung und damit auch des Vergehens gegen § 4 der VO. des Reichspräsidenten zum Schutz von Volk und Staat vom 28. Februar 1933 schuldig gemacht haben.

f) Duisburg, Oberhausen

Hier werden ähnliche Vorkommnisse wie aus Essen gemeldet.

g) Krefeld

In Krefeld wurden im Juni 1942 etwa 10 Burschen im Alter von 17 bis 23 Jahren unter Anklage gestellt wegen Zuwiderhandlung gegen das Verbot der bündischen Jugend, Amtsanmaßung (§ 132 StGB.), Nötigung (§ 240 StGB.), gefährlicher Körperverletzung (§ 223a StGB.) und Vergehens gegen § 26 Abs. II Ziffer 1 des Waffengesetzes. Die Burschen wohnen im selben Stadtviertel. Sie hatten sich im Frühjahr 1942 zusammengeschlossen, um gemeinsam Fahrten zu unternehmen. Sie trugen einheitliche Wandertracht und metallene Edelweißabzeichen. Der Hitler-Jugend standen sie feindlich gegenüber, weil ihnen die Disziplin nicht behagte. Gelegentlich trafen sie sich mit Angehörigen einer anderen Gruppe, um auf offener Straße zu singen und zu musizieren. Als bei einem solchen Treffen zwei Hitler-Jugend-Führer auf Fahrrädern dazukamen, wurden sie zuerst beschimpft und aus einer 6 mm-Pistole (Tesching) beschossen. Der eine Hitler-Jugend-Führer wurde dabei im Rücken leicht verwundet. Dann warfen sich die Burschen auf den noch unverletzten Führer und hielten ihn unter Vorweis eines verfälschten Streifendienstausweises an. Unter der Drohung, daß sonst geschossen würde, wurde dem Führer das Fahrtenmesser abgenommen. Ein dritter Hitler-Jugend-Führer, der kurz danach an der Gruppe vorbeikam, wurde ebenfalls bedroht und es wurde mit Faustschlägen versucht, ihm Ausrüstungsstücke abzunehmen. Er konnte jedoch entkommen.
Der verfälschte Streifendienstausweis sollte einem der jugendlichen Beschuldigten dazu dienen, sich nach Einbruch der Dunkelheit noch in Billardsälen aufhalten zu können.

h) Dortmund

Am 28. 3. 42 meldete das Gebiet Westfalen (9), daß im Zuge eines Ermittlungsverfahrens über illegale Tätigkeit des verbotenen katholischen Jugendbundes »Neudeutschland« (verboten am 1. 7. 39) und des »Katholischen Jungmänner-Verbandes« (verboten im Jahre 1937) insgesamt 12 Schüler höherer Lehranstalten von der Staatspo-

lizeistelle Dortmund in Schutzhaft genommen wurden, die sich in den genannten Bünden führend betätigt hatten. Die Betreffenden wurden von der Schule verwiesen und aus der Hitler-Jugend ausgeschlossen. Außerdem wurde die Strafverfolgungsbehörde mit den Vorgängen befaßt.
Die Beschuldigten haben in intensiver Arbeit Gruppen dieser illegalen konfessionellen Verbände aufgebaut, mit dem Ziel, für eine kommende weltanschauliche Auseinandersetzung der katholischen Kirche einen organisierten und kampfkräftigen Nachwuchs sicherzustellen. Die Führer dieser Gruppen waren sich darüber klar, daß ihre Tätigkeit den bestehenden Verboten zuwiderlief.
Im Westen bestand bis zu der im November 1941 erfolgten Aufdekkung eine bis ins einzelne gegliederte Organisation der illegalen Bünde. Oberste Einheit war für den Westen die »Mark« mit einem »Markleiter«. Die Mark umfaßt sieben »Gaue«, die ihren Sitz in Arnsberg, Bochum, Paderborn, Münster, Gelsenkirchen, Aachen und Emmerich hatten. Deren Leiter nannten sie »Gauführer« oder »Pfalzgrafen«. Sie veranstalteten Treffen, die meist als *Exerzitien getarnt* waren (»Gauthing«, »Gaulager«). Der Gau setzte sich aus mehreren »Gruppen« zusammen, die ihrerseits in »Fähnlein« aufgeteilt waren. Jeder Junge war zuerst Pimpf, später Knappe und Ritter und bei Eignung – Fähnleinführer.
Es wurden Rundbriefe herausgegeben. Bei den als Exerzitien getarnten Treffen wurden schulungsmäßig Arbeitsrichtlinien erteilt.
Die Erziehung zum weltanschaulich-religiösen Kämpfer wurde auf Heimabenden und Fahrten bewußt betrieben. Sie fand auch in den »Knappenprüfungen« und -»Weihen« und vor allem in der »Ritterweihe«, zu denen auch Erinnerungszeichen (Bilder, Kruzifixe) ausgegeben wurden, äußere Unterbauung. Bei der Weihefeier, die im Gotteshaus stattfand, wurde der Altar mit der Bundesfahne (weißes PX und Adler auf schwarzem Grund) bedeckt. Anschließend wurde die ND-Nadel an die Geweihten verliehen und ihnen unter Handschlag ein Treuegelöbnis abgenommen.
In kluger Berechnung der jugendlichen Psyche wurde eine einseitige religiös beschränkte Arbeit als ungenügend vermieden und Fahrten, Sport und Spiele stark gepflegt. Hieraus ergaben sich positive Berührungspunkte zu Haltung und Ideologie der Bündischen Jugend.
Die Fahrten dieser illegalen Bünde wurden meist als Trampfahrten ausgeführt. Die Jungen waren nebenbei alle in der Hitler-Jugend und benutzten auf Fahrt den Hitler-Jugend-Ausweis um unverdächtig zu erscheinen. Daneben allerdings hatten sie eine Bescheinigung ihres

Geistlichen, die ihnen beim jeweiligen Ortspfarrer dessen Hilfe für Unterkommen usw. sicherte. Immer aber waren sich die Jugendlichen dabei bewußt, wie aus Briefen, Tagebüchern usw. hervorgeht, daß sie verbotene Arbeit trieben. Es blieb nicht nur bei harmlosen Unternehmungen. Von der Gruppe in Hamm wurden beispielsweise Predigten des Bischofs von Münster (Clemens August Graf von Galen) und die Programmpunkte der »Nationalen Reichskirche« im Vervielfältigungsverfahren hergestellt und verbreitet. Von drei Predigten des Bischofs und einem Telegrammwechsel wurden je 250 Stück hergestellt, von den Programmpunkten rund 2000 Abzüge gefertigt, von denen noch etwa 1500 sichergestellt werden konnten. Die Jungen gaben zu, daß sie dem Nationalsozialismus schaden wollten. Die Angaben des Bischof von Münster hielten sie für wahr und glaubten, es sei ihre Gewissenspflicht als Katholiken, sie zu verbreiten. Sehr aufschlußreich ist die Stellung dieser Jungen zum Nationalsozialismus. Die Jungen sind der Meinung, daß sie allein berufen sind, die »Werte der Jetztzeit zu wahren und in die Zukunft hinüberzutragen«. Sie glauben, sie müssen heute die Idee vor ihren Verkündern schützen.
Folgende Sätze sind dem Schulungsbrief eines Gauführers entnommen:

... Aber wie vielen von uns ist es so ergangen, daß sie enttäuscht auf die schalen Gilden der H.J. verzichtet haben, wenn sie – zum größten Teil noch gezwungen – hinter diesen Mantel sehen durften. Wir haben uns dann in der Gruppe wohler gefühlt. Wenn ich heute nun dennoch an eine Mitarbeit im NS-Studentenbund denke, so kommt sie aus folgender Überlegung: Die Staatsform und die Organisation ist da! Da nun in diesen Organisationen – im Gegensatz zur Gruppe – immer »Nummern« sind und solche, die diese Nummern verschieben und beeinflussen, will ich zu den »Schiebern« gehören. Was mir nicht gefällt, kann ich fortlassen oder durch anderes ersetzen, denn was nun eigentlich zur NS-Weltanschauung gehört oder nicht und was genau zu nehmen ist, weiß keiner und ich auch nicht, und das wird sich trotz verstärkter Schulungskurse und verdoppelter Auflage von Schulungsbriefen nicht klarstellen lassen.«

Ein NDer, der zur Zeit in Prag studiert, schreibt:

... Das ist sehr wichtig, daß die Leute aus den Gruppen in Zukunft das maßgebende Wort reden, wo es auch ist, im Heer, im Beruf und wenn es möglich wäre, auch in der Partei und nicht nur bei den Theologen.«

Klarer kann die zersetzende Tendenz nicht ausgedrückt werden.
Gegen Disziplin und Ethos des Dienstes im Reichsarbeitsdienst und in der Wehrmacht sind diese unzugänglich:

»... Was ich hasse, ist der Kadavergehorsam, der Gehorsam aus dem Prinzip heraus. Dort, wo mir der Vorgesetzte seine Macht zeigt, werde ich stur, dort gilt nur der Götz von Berlichingen.« (Brief eines eingezogenen Mitgliedes von ND.)

Ferner wird in einem Rundbrief folgendes ausgeführt:

»... uns einmal restlos darüber klar sein, daß wir es einmal sind, die führen müssen im Kampf mit einer anderen Weltanschauung, und daß dieser Kampf um Christi Reich in unserem Vaterlande geht.«

Geistlichkeit und Jugendseelsorgestellen unterstützen diese Jugendgruppen tatkräftig. Ebenso hatten die Jesuiten starken Einfluß. Der Generalvikar der Erzdiözese Paderborn hat ebenfalls von der Illegalität dieser Arbeit gewußt. Auch der Erzbischof (Dr. Jäger) war genau über die illegalen Bestrebungen des ND. unterrichtet.
Am 23. 6. 40 wurde in Meschede ein »Einkehrtag« abgehalten, der unter Mitwirkung von Geistlichen organisiert wurde. Sogar an Fahrten der katholischen Bünde haben sich Vikare beteiligt, wie u. a. auch durch Photos zu belegen ist. Die Vervielfältigungsapparate zum Abdruck illegaler Schriften wurden den Jungen ebenfalls von den Geistlichen zur Verfügung gestellt.

i) Franken

Im August 1941 wurde aus dem Gebiet Franken gemeldet, daß dort etwa 65 Angehörige der Pflicht-Hitler-Jugend sich beharrlich weigerten, am Dienst teilzunehmen. Ungefähr der dritte Teil der Jugendlichen war selbst durch staatspolizeiliche Maßnahmen nicht zur Teilnahme am Dienst zu bewegen. Die Jungen stammten aus politisch und kriminell vorbelasteten Kreisen und waren teilweise selbst vorbestraft.

k) Bregenz

Hier wurde 1941 ein Fall gemeldet, wo drei Jugendliche, die untereinander in homosexuellen Beziehungen standen, einen Jugendverband gründen wollten mit dem Ziel, u. a. Sabotageakte zu verüben.

3. Gefährdetengruppen

a) Hamburg

Die auffälligste Erscheinung unter den »Gefährdetengruppen« der Gegenwart ist die sogenannte »Swing-Jugend«, über die aus den verschiedensten Teilen des Reiches berichtet wird. Der ausführlichste Bericht liegt aus Hamburg vor. (Sommer 1941) Der Bericht, der ein erschöpfendes Bild der Erscheinungsformen der »Swing-Jugend« gibt, das auch im wesentlichen für die Erscheinungen in anderen Teilen des Reiches gilt, wird im folgenden in Auszügen wiedergegeben:
Seit der Machtübernahme wurden, besonders in Großstädten, immer wieder Versuche Hitler-Jugend-feindlicher Kreise von Jugendlichen festgestellt, sich zu besonderen Cliquen zusammenzuschließen. Neben wiederbelebten bündischen und parteipolitischen Jugendgruppen (z. B. den Leipziger bündisch-kommunistischen Meuten) stehen die mehr kriminell gerichteten Münchener »Blasen«, die nach Rummelplätzen organisierten Wiener »Banden« usw. Eine Sonderstellung nehmen die besonders in Nordwest-Deutschland stark vertretenen klubartigen Zusammenschlüsse Jugendlicher ein, die in geistiger Haltung und Lebensstil nach englischem Vorbild ausgerichtet sind. Als Musterbeispiel einer solchen »auf gesellschaftlicher Grundlage« zustandegekommenen illegalen Gemeinschaft Jugendlicher konnte in Hamburg die »Swing-Jugend« durch jahrelange Beobachtung und verschiedene Zugriffe überprüft und bekämpft werden.
Im Winter 1937/38 schlossen sich in Hamburg Jungen und Mädchen, meist aus »gehobenen Gesellschaftsschichten«, die sich schon von der höheren Schule oder aus exclusiven Sportclubs kannten, beim Eislaufen zur sogenannten »Eisbahn-Clique« zusammen. Man besuchte gemeinsam ein bestimmtes Lokal, trug auffällige Kleidung und schwärmte für englische Musik und englischen Tanz. Um die Jahreswende 1939/40 gründete die Flottbecker Clique eine eigene Amateur-Tanzkapelle und veranstaltete mehrere geschlossene Tanzfeste, zu denen auch einige Klassen höherer Schüler und Mitglieder der besten Hamburger Sportclubs geladen waren. Das erste dieser Tanzfeste im Februar 1940 wurde von 500 bis 600 Jugendlichen besucht, brachte bereits einen hemmungslosen Swing-Betrieb und war wochenlang Gesprächsstoff unter der Hamburger Jugend. Ein Bericht über dieses Fest lautet auszugsweise:
». . . Zum Tanz wurde nur englische und amerikanische Musik gespielt. Es

wurde nur Swing getanzt und gehottet. Am Eingang des Saales stand ein Schild, auf dem die Inschrift ›Swing verboten!‹ verwandelt war in ›Swing erbeten!‹. Die Teilnehmer begleiteten die Tänze und Songs ausnahmslos durch Mitsingen der englischen Texte, wie auch überhaupt während des ganzen Abends versucht wurde, fast nur englisch und an einigen Tischen sogar französisch zu sprechen.
Der Anblick der Tanzenden war verheerend. Kein Paar tanzte normal, es wurde in übelster Form geswingt. Teils tanzten zwei Jünglinge mit einem Mädel, teils bildeten mehrere Paare einen Kreis, wobei man sich einhakte und in dieser Weise dann umherhüpfte, mit den Händen schlug, ja sogar mit den Hinterköpfen aneinander rollte und dann in gebückter Stellung, den Oberkörper schlaff nach unten hängend, die langen Haare wild im Gesicht, halb in den Knien, mit den Beinen herumschlenkerte. Als die Kapelle einmal einen Rumba spielte, gerieten die Tanzenden in eine wilde Ekstase. Alles sprang wild umher und lallte den englischen Refrain. Die Kapelle spielte immer wildere Sachen. Kein Mitglied der Kapelle saß mehr, sondern jeder ›hottete‹ wie wild auf dem Podium herum. Häufig sah man, daß Jungens zusammen tanzten, durchweg mit 2 Zigaretten im Mund, in jedem Mundwinkel eine . . .«

Ein späteres Tanzfest wurde polizeilich geschlossen; daraufhin verzichteten die Cliquen auf Großveranstaltungen und trafen sich künftig in kleineren Kreisen, bei Hausfesten usw. Jetzt begann erst der eigentliche Cliquen-Betrieb. Man besuchte in Gruppen zu 20 oder 30 Jugendlichen kleine Barlokale, in denen nach englischer Musik getanzt wurde. Nach dem Tanzverbot im Mai 1940 ging man dazu über, »Hausfeste« bei den einzelnen Mitgliedern zu veranstalten. Auch sonst traf man sich zu gemeinsamen Unternehmungen, besuchte eine bestimmte Badeanstalt, traf sich zu gemeinsamen Ausflügen und Fahrten. Überall erregten die Cliquen-Angehörigen durch auffälliges Benehmen, Kleidung, mitgebrachte Koffergrammophone mit englischen Schallplatten und durch ihren betont englischen Tanzstil Aufsehen und Verärgerung. Daraufhin wurde im Oktober 1940 eine sicherheitspolizeiliche Aktion gegen die Mitglieder der »Swing-Jugend« durchgeführt, in deren Verlauf 63 Jugendliche festgenommen wurden, darunter 4 zwischen 14 und 16 und 22 zwischen 16 und 18 Jahren. Die Ermittlungen entlarvten die »Swing-Jugend« als illegale Vereinigung staats- und parteifeindlich eingestellter Jugendlicher, die in weitestem Umfang englischen Lebensgewohnheiten huldigten und deutsche ablehnten, die ferner tiefgehende sittliche und charakterliche Verwahrlosungserscheinungen aufwiesen und in vielen Fällen auch kriminell aufgefallen waren. Ein Teil der Jugendlichen hatte sich das für den kostspieligen Lebensunterhalt nötige Geld durch alle möglichen Delikte beschafft. Nicht selten konnte eine mittel- oder unmittelbare Mitschuld der Eltern an der Verwahrlosung ihrer Kinder nachgewiesen werden. – Um als vollgültiges Mitglied angesehen zu werden, mußte jeder Junge und jedes Mädchen Gewohnheiten, Kleidungsart und Abzeichen der Swing-Jugend annehmen. Die männlichen Angehörigen wurden legitimiert durch ihre langen, oft bis zum Rockkragen reichenden Haare. (Haarlänge bis zu 27 cm) Vorwiegend trug man lange, karierte englische Sakkos, Schuhe mit dicken, hellen Kreppsohlen, auffallende Schals, auf dem Kopf einen Unger-Diplomat-Hut, über dem Arm bei jedem Wetter einen Regenschirm und als Abzeichen im Knopfloch einen Frackhemdenknopf mit farbigem Stein.

Auch die Mädchen bevorzugten eine lang herabwallende Haartracht. Die Augenbrauen wurden nachgezogen, die Lippen gefärbt und die Fingernägel lackiert.

Wie die Kleidung, so war auch Benehmen und äußere Haltung der Cliquenmitglieder.

Bezeichnend für das Wesen der Swing-Jugend ist auch ihre Ausdrucksweise. Man redet sich untereinander an mit »Swing-Boys«, »Swing-Girl« oder »Old-hot-Boy«. Man beendet Briefe mit »Swing-Heil«. Das Schlagwort ist »lottern«. Nach ihm ist der »Lotterclub« benannt. Häufig findet man in den Tagebüchern der »Lotterboys« und der »Lottermädchen« den Satz: »Nachmittags habe ich ›gelottert‹«. Ihr Ideal ist ein Lotterleben. In einem Tagebuch hieß es »So lotterten wir beim lässigen Bar-Swing bis in den frühen Morgen hinein«. Noch häufiger aber war der Ausdruck »Hotte« oder »Hotterer«, »Hotfest« usw.

Noch bezeichnender für die Anglomanie der Swing-Cliquen war ihre Begeisterung für englisch-amerikanische Musik, besonders für moderne Jazzmusik. Ihr Verhältnis zur Hot-Musik muß fast als eine Art Psychose bezeichnet werden. Die Vorliebe für diese Negermusik war das hauptsächliche Band, das diese vielen Jugendlichen zusammenhielt. Diese Musik und der mit ihr verbundene Tanz war der Hauptgegenstand der Unterhaltung. Da das Tanzen in den Lokalen während des Tanzverbotes nicht möglich war, wurde die Musik mitgesungen und der Rhythmus durch Bewegungen der Arme begleitet. Der Anblick einer Gruppe solcher Jugendlicher ähnelte dem »einer Schar von Veitstanz besessener Irren«.

Aus der »Musikbegeisterung« wurden eigene Amateur-Tanzkapellen gegründet. Einzelne Jugendliche schreckten nicht davor zurück, sich Instrumente auf unrechtmäßige Weise zu verschaffen. So zertrümmerte L. die Scheibe eines Musikaliengeschäftes und stahl aus dem Schaufenster ein Saxophon. Ein anderer Jugendlicher beging eine Scheckfälschung und kaufte sich für das Geld ein Saxophon. In diesem Zusammenhang ist bemerkenswert, daß Ende Dezember 1940 in Hamburg eine Gruppe von 6 Jugendlichen wegen Einbruchsdiebstahls festgenommen werden konnte. Sie hatten ausschließlich in Musikaliengeschäften eingebrochen, um dort Musikinstrumente zu stehlen.

Während der Tanzabende wurde von einem Mitglied der Clique Plattenaufnahmen von der Tanzmusik gemacht und hinterher als »besonders gute« Hot-Musik zu hohen Preisen an Mitglieder der Clique verkauft.

Schallplattenapparat und der ständige Erwerb der neu erscheinenden Tanzplatten gehörte unbedingt zu einem Angehörigen der »Swing-Jugend«. Die Schallplatte spielt die Rolle des Buches. Sie wurde von Hand zu Hand verliehen, bzw. zu teuren Preisen untereinander verkauft. Je toller und lauter die Platte, je bizarrer und verrückter der Rhythmus, desto größer war die Nachfrage.

Ähnlicher Beliebtheit erfreute sich der englisch-amerikanische Film. Die in diesen Filmen gezeigte Lässigkeit in Haltung und Lebensführung gefiel so, daß sich die Jugendlichen nach eigener Angabe bewußt bemühten, einen verlotterten Eindruck zu machen. Das »Amerikanische« in Haltung und Auftreten galt ihnen als Ideal.

Dementsprechend stehen die Angehörigen der Swing-Jugend dem heutigen Deutschland und seiner Politik, der Partei und ihren Gliederungen, der Hitler-Jugend, dem Arbeits- und Wehrdienst samt dem Kriegsgeschehen ablehnend oder zumindest uninteressiert gegenüber. Sie empfinden die nationalsozialistischen Einrichtungen als einen »Massenzwang«. Das große Geschehen der Zeit rührt sie nicht; im Gegenteil, »sie schwärmen für alles, was nicht deutsch, sondern englisch ist«. Der Gruß »Heil Hitler« wird abgelehnt. Anläßlich der Gründung einer neuen Clique im Klubzimmer eines Lokals wurde unter dem Johlen aller Teilnehmer das an der Wand hängende Führerbild mit der Vorderseite zur Wand gehängt.

Am besten wird die politische Haltung der Swing-Jugend durch ihr Verhalten zur Hitler-Jugend deutlich. Von den 63 im Zuge der Aktion festgenommenen Jugendlichen gehörten 15 der Hitler-Jugend bzw. dem BDM an. Drei waren aus Altersgründen, 18 vorzeitig ausgeschieden, 27 gehörten weder H.J. noch BDM an. Aber auch die 15 H.J.- bzw. BDM-Angehörigen gaben meist zu, wenig oder gar keinen Dienst zu tun. Die vorzeitig Ausgetretenen führten als Begründung meist »Arbeitsüberlastung« an; andere gaben an, daß sie anläßlich einer Überweisung den Kontakt mit der Hitler-Jugend verloren hätten, daß die Heimabende zu langweilig gewesen seien, daß keine Disziplin geherrscht habe, daß im BDM die Führerinnen jünger und kleiner gewesen seien, als sie selbst, daß die im Dienst Aufsätze schreiben mußten und daß im Winter 1939/40 ohnehin der Hitler-Jugend-Dienst meist ausgefallen sei.

Die Ermittlungen ergaben ein *erschreckendes Bild sittlich-charakterlicher Verwahrlosung*. Einer der Haupträdelsführer sagte aus:

»Der Kreis der Mädel war 16–19 Jahre alt, sie waren Modistinnen, Kontoristinnen usw. Sie kamen mit den Jungen zusammen, um Freundschaften zu schließen, die jedoch höchstens 3 bis 4 Wochen dauerten. Zumeist spielten persönliche Neigungen zueinander weniger eine Rolle als vielmehr die bewußte Wahl eines Partners für den Geschlechtsverkehr. Die Mädel wechselten in unserem Kreise, wobei derjenige oder diejenige den Vorzug hatte, der eine sturmfreie Bude zur Verfügung stand ... Die Kleidung der Mädel war auffallend; im Benehmen bemühten sie sich, mondän zu sein. Durch starke Bemalung und ein lässiges Zurschautragen ihrer körperlichen Reize bemühten sie sich, im Lokal Aufsehen zu erregen.«

Zu unsittlichen Handlungen ist es vorwiegend bei den Hausfesten aber auch bei den üblichen Lokalbesuchen, Ausflügen und bei Luftschutznachtwachen gekommen, die einzelne Jugendliche bei ihren Firmen durchführen mußten. Mehrfach lud ein Jugendlicher der bei seiner Firma Wache hatte, zahlreiche Jungen und Mädel der Clique dazu ein. Der unvermeidliche Alkohol wurde von allen Beteiligten mitgebracht. Oft kam es auch bei solchen Nachtwachen zu unsittlichen Handlungen und Geschlechtsverkehr.

Folgende Tagebuchstelle eines 16jährigen Jugendlichen ist kennzeichnend für derartige Fälle:

»Gestern habe ich Nachtwache mit einem irren Klubweib gehabt. Sie hatte ein Koffergrammophon mit und wir tanzten wie die Wilden. – Um 12 Uhr gingen wir ins Bett. Wir zogen uns gegenseitig nackend aus und verbrachten so die ganze Nacht. Sie lutschte mir zweimal einen ab und dreimal vögelte ich sie! Sie war auch sadistisch veranlagt. Ich mußte sie immer in die Schulter beißen, bis sie blutete. Wie sind die Weiber bloß geil!! – Es war eine sehr nette Nachtwache. –«

Die gröbsten Ausschweifungen ereigneten sich jedoch bei den Hausfesten, wo die Jugendlichen von ihren Eltern meist allein gelassen wurden, oder die Eltern zur Zeit des Festes gerade abwesend waren. Beliebt waren bei den Hausfesten auch die sogenannten Pfänderspiele, bei denen als Pfand ein Kleidungsstück galt, sodaß am Schluß des Spieles die Teilnehmer völlig unbekleidet waren. Auch darüber eine charakteristische Aussage:

»... Ilonka K. machte völlig entkleidet ein paar Steppschritte. R. holte dann einen Wecker und erklärte, daß jeder jetzt eine Viertelstunde bekomme

– gemeint war damit eine Viertelstunde mit Ilonka K. Da ich Ilonka mitgebracht hatte, bekam ich die erste Viertelstunde. Ilonka begab sich sofort in das Nebenzimmer und legte sich dort in das Bett. Es muß sich um das Schlafzimmer der Eltern des R. gehandelt haben, da sich zwei nebeneinanderstehende Betten darin befanden. Ich habe dann mit der K. geschlechtlich verkehrt.«

Mehrere Mädchen aus den Swing-Kreisen übten auch den Geschlechtsverkehr gegen Entgelt aus. Aus mehreren Aussagen geht hervor, daß die männlichen Cliquen-Mitglieder gemeinsam Bordellstraßen besuchten.

Auch die Homosexualität hat eine Rolle in den Lottercliquen gespielt. Unter den Jugendlichen, einschließlich der Mädchen, wurde offen davon gesprochen, daß sich unter ihnen einige befänden, die »anders veranlagt« seien. 5 Jugendliche wurden der Betätigung im Sinne des § 175 StGB. überführt. Dabei überwiegen die Fälle, in denen Jugendliche sich durch widernatürliche Unzucht Geld zu verdienen suchten. Es wurde in einer Clique offen davon gesprochen, daß im Lokal »Schiff ahoi!« ältere Kaufleute verkehrten, die anormal veranlagt seien und daß man sich leicht 60,– RM an einem Abend verdienen könne. – Auch die gleichgeschlechtliche Betätigung unter Frauen hat innerhalb der Cliquen eine Rolle gespielt.

Entsprechend der allgemeinen Haltung der Swing-Jugend konnten ungefähr 10 Halbjuden und -jüdinnen den Swing-Cliquen angehören. Männliche Cliquen-Angehörige unterhielten sogar freundschaftliche und teilweise intime Beziehungen zu 5 Volljüdinnen (zwischen 15 und 18 Jahren), um deren Rassenzugehörigkeit sie wußten.

Die Annahme, durch die durchgeführten staatspolizeilichen Maßnahmen die fraglichen jugendlichen Kreise zur Vernunft gebracht zu haben, hat sich als irrig erwiesen. Wie der Gebietsbeauftragte für die KLV. im Gebiet Hochland (19) im Juli 1942 mitteilte, wurden von den dort in KLV-Lagern untergebrachten Hamburger Jugendlichen noch jetzt ständig Briefe abgefangen, die teilweise englisch geschrieben sind, mit »Swing-Heil!« schließen und auch ihrem sonstigen Inhalt nach deutlich die Geistesverwandtschaft mit den oben charakterisierten Kreisen zeigen. Die Schockwirkung der teilweise strengen staatspolizeilichen Bestrafung (Schutzhaft von mehreren Wochen) ist also längst aufgehoben.

Das beweist auch ein Auszug aus einem größeren SD-Bericht vom 27. 8. 42, dem über Hamburger Zustände folgendes zu entnehmen ist:

Kapelle Willi Artelt: Der Kapellmeister arbeitet anscheinend in Ekstase. Mit krummem Rücken und verdrehten Augen dirigiert er, begleitet von dem

Gebrüll der Zuhörer. Orkanartig prasselnden Beifall gäbe es bei den Mißakkorden. Der Alster-Pavillon war bis auf den letzten Platz vorwiegend mit Jugendlichen im Swing-Jugend-Stil besetzt. Im April 42 gastierte die Kapelle Wolff in Hamburg in der »Caricata-Bar«. Darüber wird gemeldet: Wolff trug einen fast bis an die Knie reichenden englischen Sakko. Er hielt sich mit seinen Verrenkungen, Grimassen und der häufigen Aufeinanderfolge vom Pralltrillern eng an das Vorbild der ausgefallensten amerikanischen Negersänger ... Die Kapelle spielte in erster Linie deutsche Schlager, die sie stark verhottete ... Wolff sagte verschiedentlich andere Schlager an, als in Wirklichkeit gespielt wurden. ... Der Swing-Jugend-Schlager »Tigerrag« wurde angesagt, als das Lied »Wo ist der Papa« gespielt wurde. Der Beifall nach diesen englischen Schlagern war außerordentlich stark und hob sich deutlich von dem den deutschen Schlagern gezollten Beifall ab. Weiter wurde u. a. der englische Schlager »Sweet sue« gespielt und dazu gesungen: »Lest das Mittagsblatt, les das Tageblatt«. Da dieser Text in der abgewandelten Form »Lest das Mittagsblatt, les das Tageblatt, alles Lüge, alles Dreck« von jeher in der »Swing-Jugend« gesungen wurde und überall bekannt ist, erntete dieses Stück einen besonders starken Beifall.

b) Hannover

Unter dem 27. 8. 42 wird gemeldet: Als die Kapelle Willi Artelt im »Georgs-Palast« in Hannover angeblich original englischen Jazz gebracht habe, hätte ein Teil der Gäste und vor allem Parteigenossen bei Beginn dieser Musik das Lokal unter Protest verlassen. Dafür hätten dann aber die anwesenden Jugendlichen dieser Musik in überschwänglicher Form Beifall gezollt. Beim »Tiger-Rag« sei es zu wahren Beifallstürmen gekommen.

c) Kiel

Auch hier zeigen sich ähnliche Entwicklungen wie in Hamburg. Aus einem Bericht der Stapostelle Kiel vom 11. 9. 41 ist folgendes zu entnehmen:

Im Zuge durchgeführter Ermittlungen wegen politischer, geistiger und sittlicher Entartungserscheinungen jugendlicher Kreise wurde die Aufmerksamkeit auf eine Gruppe ehemaliger Schüler der »Kieler Privat-Realschule«, kurz »Häfner-Schule« genannt, gelenkt. Es handelte sich um männliche Jugendliche, die sich unter bewußter Ablehnung jeder vaterländischen Gesinnung zu einer Clique zusammengeschlossen und Anschluß an die zu Anfang des Jahres 1941 in Hamburg aufgetretene Swing-Jugend gesucht hatten ...

Das äußere Auftreten der Jugendlichen glich völlig dem der Hamburger Swing-Jugend. Es galt außerdem als »vornehm« in der äußeren Manteltasche eine Zeitung – möglichst ausländischer Herkunft – zu tragen. – Charakteristisch ist auch folgender Auszug aus einem Schreiben eines der Jugendlichen an ein anderes Cliquenmitglied in einem Ferienaufenthalt:

»Daß Du mir Kiel auch würdig vertrittst, also: Ganz lässig, ewig englische Schlager singend oder pfeiffend, total besoffen und immer umwiegt von den tollsten Frauen.«

Weiter erwähnt der Schreiber eine »Freundin« und prahlt in Bezug auf diese, »daß er wie die Feuerwehr spritze«. Dieser Jüngling ist 17 Jahre alt.
Die Idee der Swing-Jugend wurde 1940/41 von einem 1923 geborenen Schüler, dessen Mutter Ausländerin ist, von Hamburg nach Kiel verpflanzt. Es gelang diesem Schüler, einige Kieler Jungen restlos für den Swing und die Nachahmung englischer Sitten und englischen »Stils« zu gewinnen. Ausländische Rundfunksendungen wurden abgehört. Die Eltern waren der Entwicklung gegenüber machtlos.
In einem Fall bot ein Vater seinem Sohn 10,– RM, wenn er sich die Haare ordentlich schneiden lassen würde (!). Als Gruß wurde »Swing-Heil« üblich, Parole war: »Swing-boys aller Länder vereinigt Euch!«. Die Hitler-Jugend wurde u. a. deshalb abgelehnt, weil man im Dienst mit »Arbeiterjungen« zusammenkomme, mit denen man nichts zu tun haben wollte, man schwärme mehr für das Freie und Ungebundene.
Bezeichnenderweise hatte sich die Clique den Namen »CdP« (Club der Plutokraten) zugelegt. Zwei der Angehörigen besuchten »studienhalber« die Verkehrslokale der Hamburger Swing-Jugend, »um den Betrieb dort kennenzulernen«.

d) Berlin

Unter dem 27. 8. 42 wird aus Berlin gemeldet, daß die belgische Kapelle Fud Candrix im Delphi gastierte. Die Kapelle ist – wie festgestellt wurde – mit den besten Vorsätzen bezüglich der Art ihrer Musik nach Berlin gekommen. Schon die zuständigen deutschen Führungsstellen in Belgien und der Manager der Kapelle hatten aus dem Repertoire die englischen und amerikanischen Jazzschlager gestrichen. In den ersten 14 Tagen spielte die Kapelle auch durchaus anständige Musik, dann sei aber laufend zu beobachten gewesen, wie sich jugendliche Besucher um die Kapelle drängten und immer ungestümer nach amerikanischen Schlagern verlangten, die dann schließlich auch geboten wurden. Während des Abschiedsabends dieser Kapelle kam es im »Delphi« zu folgenden Vorgängen:

Um jeden einzelnen Musiker bildete sich in der kurzen Zeit während der Pause ein Kreis von »jazzhungrigen Lebejünglingen«, die sich als Autogrammjäger betätigten. Anscheinend erregte diese Haltung der Jugend bei einigen anwesenden Soldaten große Verärgerung, die ihrem Mißfallen entsprechenden Ausdruck verliehen und einigen Jungen die Karten mit den Autogrammen zerrissen und ihnen Ohrfeigen anboten. Bezeichnend war es, daß ausnahmslos alle Kellner des Betriebs das Vorgehen der Soldaten guthießen und sich freuten, daß es noch einige Vernünftige gäbe, die das schamlose Verhalten der Jugendlichen einer ausländischen Kapelle gegenüber ebenfalls empörend fanden.

e) Dresden. (Vgl. hierzu die Ausführungen unter 2.)

Einem Bericht des Gebietes Sachsen (16) vom 13. Sept. 1941 werden folgende Ausführungen entnommen:
In Dresden, besonders in Arbeitervierteln, werden seit längerer Zeit Zusammenrottungen Jugendlicher festgestellt, die sich selbst den Namen »Mob« zugelegt haben und meist Jungen und Mädels im Alter von 15 bis 19 Jahren erfassen. (»Hechtmob«, »Alaunmob«, »Fleischermob« usw.) Es handelt sich um Gruppen von 20 bis 40 Jugendlichen, die sich allabendlich an bestimmten Treffpunkten, Straßenecken, Anlagen, Eisdielen usw. zusammenfinden und durch ihr disziplinloses, flegelhaftes Benehmen auffallen. Andere Mobs fahren über das Wochenende in das Elbgebirge, bzw. in das Erzgebirge und treiben dort zügellos umher.
Neben den sittlichen Verwahrlosungserscheinungen und haltungsmäßigen Verfehlungen ist zugleich eine *starke Kriminalität*, die sich besonders aus Diebstählen, Sittlichkeitsdelikten und vor allem auch Verfehlungen am Arbeitsplatz zusammensetzt, festzustellen. Die Pol.VO. zum Schutze der Jugend wird nicht beachtet. Führt die Polizei in einem Stadtgebiet straffe Kontrollen durch, wechselt man sofort in ein anderes über.
Die Angehörigen der Mobs kennzeichnen sich durch einheitliche Kleidung, die aus Windbluse, kariertem Sporthemd, Lederhose, zweckenbeschlagenem Koppel und derben Nagelschuhen besteht. Die Mädels tragen teilweise Lederhosen und im übrigen die gleichen Kleidungsstücke.
Neben den erwähnten Mobs wird von den gleichen Jugendlichen versucht, Eingang besonders in den dem NSRL angeschlossenen »Sächsischen Bergsteigerbund« bzw. dessen Vereine zu finden. In

Dresden bestehen 68 einzelne Bergsteigervereine mit Namen wie »Hansensteiner«, »Kraxelbrüder« usw. Diesen Vereinen gehören vielfach einige Jugendliche an. Wo die Führung des Vereins keinen Wert auf anständige Jugendliche legt, sondern froh ist, Nachwuchs zu haben, nützen Angehörige der Mobs die Gelegenheit aus, da sie sich dort sicherer fühlen. Wird seitens des NSRL. eine Kontrolle der abendlichen Zusammenkünfte durchgeführt, dann nimmt man sich zusammen. Wie stark der Sächsische Bergsteigerbund schon durchsetzt ist, zeigten die Sonnwendfeiern 1939 und 1940, wo es der Leitung des Bergsteigerbundes nicht möglich war, einen geordneten Verlauf der Veranstaltung zu sichern, da dies an der Disziplinlosigkeit der anwesenden Jugendlichen scheiterte, die teilweise schon betrunken zum Feierplatz kamen. Neben diesen, im Bergsteigerbund erfaßten Gruppen, über die noch eine gewisse Kontrolle besteht, arbeiten »wilde Clubs«, die größtenteils aus Jugendlichen bestehen, völlig unorganisiert. Sie geben sich ähnliche Namen wie z B. »Arndtsteiner«, »Löbtauer Kletterclub« usw. und haben vereinzelt Abzeichen und Ausweise. Diese Clubs zeichnen sich durch besondere Verwahrlosung aus und setzen sich teilweise aus kriminellen Jugendlichen zusammen. Auch in politischer Hinsicht sind sie mehrfach in Erscheinung getreten, ohne jedoch bewußt in dieser Richtung zu arbeiten. Ihnen ist ein geordneter, anständiger Dienstbetrieb zuwider. Die Angehörigen der Mobs sind fast sämtlich aus irgendwelchen Gründen aus der Hitler-Jugend entfernt worden, oder selbst ausgeschieden. – Bei Fahrten, die von Jungen und Mädeln gemeinsam ausgeführt werden, herrscht völlige Zügellosigkeit. Für das Auftreten der Mobs in der Öffentlichkeit zunächst ein Beispiel:

Am 15. 7. 41 trieb sich der »Fleischer-Mob«, der überwiegend aus 15–17jährigen besteht, im Palaisgarten herum und es wurde dort neben allerlei Unfug und gemeinen Redensarten ein unsittliches Lied mit dem Kehrreim: »Und sie hob das Bein« usw. gesungen. In den Anlagen anwesende Frauen nahmen an diesem Verhalten Anstoß und verließen empört mit Äußerungen »über die Jugend von heute« den Palaisgarten. Diese Tatsache wurde von dem Mob als Erfolg betrachtet und man gröhlte den Frauen Zurufe wie »Ihr hebts Bein ja auch« usw. nach.

Über einen Vorfall, der eine bemerkenswerte Verwandtschaft zur norddeutschen Swing-Jugend erkennen läßt, findet sich folgender Vermerk:

Am 5. 11. 40 fand ein sogenannter Jazzabend in der Privatwohnung des Alfred Sch., geb. 2. 12. 22., statt, zu dem 8 Angehörige des sogenannten »Clubs der Verstoßenen« erschienen waren. Einige der Anwesenden griffen sich im Laufe des Abends gegenseitig an die Geschlechtsteile und führten dabei gemeinste Redensarten. Nach teilweise englischen Jazzplatten wurde Hott, Step, Black und Swing getanzt. Im Laufe des Abends schrieb man an eine Freundin einen Brief mit der Aufforderung, an einer Fahrt teilzunehmen. Neben den verschiedenen Namen der Jungen wurde geschrieben: »und sein Otto« (Bezeichnung für den Geschlechtsteil). H. äußerte in diesem Zusammenhang, daß man sich »eine richtige Clubhure anschaffen müsse, die dann hintereinander durchgenommen werden kann«.

Es sei noch eine Illustration zum »Fahrtenleben« dieser Gruppen angefügt (Club Wildensteiner, der zur Berichtszeit dem NSRL. angehörte):

Am 28./29.9.40 wurde vom obengenannten Club in Raiza (Sudetengau) in einem Gasthaus eine Abschiedsfeier für die zur Wehrmacht einberufenen Mitglieder veranstaltet. Der 17jährige Z. hatte die Vorbereitungen getroffen und ein 25-Literfaß Bier bestellt. Insgesamt waren 8 Personen anwesend, darunter 2 Jugendliche. Nachdem man betrunken geworden war, gedachte man gegen 22 Uhr eines gefallenen Clubkameraden. Der stellvertretende Clubführer H. hielt schwankend sein Glas und brachte eine Gedenkrede für den Gefallenen, die ein übles Gestammel, unterbrochen vom Gegröhle der Betrunkenen, bildete. Kurz darauf stürzte die schwangere Hilde B. vor Betrunkenheit zu Boden und blieb in diesem Zustand dort liegen. Nachdem um 23 Uhr die Geheime Staatspolizei erschienen war, beendete man unter den heftigsten Schimpfkanonaden auf die Maßnahme des Staates den Saufabend.

In dem obenerwähnten »Club der Verstoßenen« war gelegentlich auch die Rede von Homosexualität und daß man sich mit Homosexuellen zum Teil in erpresserischer Form abgegeben hat. Jüngeren Angehörigen des Clubs wurden bestimmte Bedürfnisanstalten genannt, in denen Homosexuelle verkehren und wo man sich Geld verschaffen könne.
Mehreren Mob-Angehörigen, darunter auch einem gewissen B. (geb. 12. 1. 22) konnte gleichgeschlechtliche Betätigung nachgewiesen werden. Anläßlich einer 1941 durchgeführten Pfingstfahrt verkehrte B. in Gegenwart der anderen Jungen und Mädel mit einem Mädchen geschlechtlich. Er wurde durch die Geheime Staatspolizei in Schutzhaft genommen, da sich herausgestellt hatte, daß er die Hitler-Jugend beschimpft und andere Jungen aufgefordert hatte, aus der Hitler-Jugend auszutreten. Nach 21 Tagen wurde B. unter scharfer Verwarnung entlassen. Schon eine Stunde später tauchte er beim »Fleischer-Mob« auf und setzte noch am selben Tage sein bisheriges Treiben in gemeinster Weise fort.
Bei dem »Club der Verstoßenen« war es fast Voraussetzung für die Aufnahme, daß die Betreffenden irgendeinmal vor Polizei oder Jugendrichter standen. Man wollte untereinander aufpassen, daß

keine größeren Vergehen oder Verbrechen von den einzelnen begangen wurden. Kleinere Verfehlungen wie Diebstähle usw. könnten allerdings noch vorkommen (!). – Bei anderen Gelegenheiten unterhielt man sich darüber, wie man sich am klügsten vor Gericht herausreden könnte und wie man sich zweckmäßig bei polizeilichen Vernehmungen verhalte.
Bei einem am 30. 6. 40 in der Dresdener Innenstadt festgenommenem Mob von 7 Jugendlichen wurde bei 6 Mitgliedern folgende kriminelle Belastung festgestellt:

1. Mutter: Verfahren wegen Paßvergehens (1934)
   Vater: 7 Vorstrafen. Höchststrafe 4 Mt. 2 W. Gef.
2. Mutter: Verf. wegen Diebstahlsverdacht (1919)
3. Vater: 6 Verfahren wegen Unterschlagung. Höchststrafe 5 Mt. Gef. Außerdem Vorgänge b. d. Stapo.
4. Mutter: mehrere Vorgänge b. d. Kripo, die nicht eingesehen werden konnten.
   Vater: wird in der Liste der Berufsverbrecher geführt. 19 Vorstrafen, Höchststr. 4 J. 3 Mt. Zuchthaus, 6 Jahre Ehrverlust, 1938 Betätigung im kommunistischen Sinne.
   Gegen den Jugendlichen selbst liegen 3 Vorgänge b. d. Kripo darunter eine wegen Diebstahl.
5. Ist am 1. 11. 35 (!) in völlig betrunkenem Zustand in ein Auto gelaufen. Urteil des Ag. Dresden
6. Hat Unterschlagung begangen. War vom 31. 8.–13. 11. 39 in Fürsorgeerziehung.

Die Jugendlichen, die sich diesen Mobs und Meuten anschlossen, stammten aus Kreisen mit ungünstigen wirtschaftlichen, häuslichen und erzieherischen Verhältnissen (Eltern geschieden, uneheliche Geburt). Aufschlußreich ist die Feststellung, daß nur in wenigen Fällen mehrere Geschwister vorhanden waren, sodaß die Jugendlichen gezwungen waren, auf der Straße Anschluß zu suchen.
Mehrere Angehörige haben sich durch *Selbstbeschädigung arbeitsfreie Tage* erschlichen.
Die Mobs und Meuten sind als schwere Gefahrenherde zu betrachten. Zwischen ihnen und der Hitler-Jugend hat sich eine regelrechte Feindschaft entwickelt. Pöbeleien und Überfälle auf einzelne Hitler-Jungen und -Führer sind häufig, ebenso unsittliche Belästigung von BDM-Mädchen beim Nachhausegehen vom Dienst.
Am 14. 4. 42 wird gemeldet, daß die Meuten in Sachsen wieder im Zunehmen begriffen sind. Teilweise wurde auf Fahrt die »Internatio-

nale« und andere kommunistische Lieder gesungen, Werbeplakate der Waffen-SS abgerissen usw.
Der Bericht des Gebietes Sachsen schließt:

»In einer Zeit, wo die Väter und Brüder der Jugendlichen an der Front stehen und die deutsche Jugend im Kriegseinsatz der Hitler-Jugend und am Arbeitsplatz ihre Pflicht erfüllt, darf man das Treiben derartiger Elemente nicht allein vom Gesichtspunkt des Strafgesetzbuches sehen, sondern muß für die Haltung eines Jugendlichen den Maßstab anlegen, der heute für einen Hitler-Jungen selbstverständlich ist. Von diesem Gesichtspunkt betrachtet, tragen die Umtriebe und die Haltungslosigkeit, besonders auch die mangelhafte Arbeitsdisziplin, politischen Charakter. Ob dies dem einzelnen Jungen bei seiner Tat zum Bewußtsein kommt oder nicht, tritt dabei in den Hintergrund. Besonders aber muß die politische Gemeinschaft des Volkes Sorge tragen, daß an sich erziehbare Jungen, die durch die kriegsbedingten Umstände mehr gefährdet sind, nicht verloren gehen und andererseits asoziale Elemente, die immer wieder ihren ungünstigen Einfluß auszuüben versuchen, mit den schärfsten Maßnahmen belangt werden.«

f) Halle a. d. Saale

Aus Halle wird im Frühjahr 1942 gemeldet, daß in den dortigen Arbeitervierteln »Proletengefolgschaften« aufgetaucht sind, deren Struktur die gleiche ist wie die der oben beschriebenen sächsischen Mobs und Meuten.

g) Sachsen

Über *Swing-Jugend* wird aus *Dresden* unter dem 27. 8. 42 berichtet: Es konnte festgestellt werden, daß alle Orchester, die moderne Tanzmusik bringen, in erster Linie ein Stelldichein der Jugendlichen im Pubertätsalter sind. Nach den bisherigen Beobachtungen sind sie ziemlich ausschließlich für die halbwüchsige Jugend da, während der schaffende Mensch unter dem zuhörenden Publikum überhaupt nicht zu finden ist.
Anfang 1940 wurde festgestellt, daß bandenmäßige Umtriebe auch auf die weitere Umgebung der sächsischen Großstädte, sowie auf kleinere Industriestädte übergegriffen haben. Im November 1939 wurde in *Pegau* eine oppositionelle Jugendgruppe festgestellt, der 15 Jugendliche angehörten. Es zeigte sich das bekannte Bild sittlicher Verwahrlosung, verbunden mit politisch-gegnerischer Haltung. Insbesondere wurden Zettel geklebt, die u. a. die Aufschrift trugen »Die

Bündische Jugend lebt noch! Rot Front!« Der Ankleber dieser Zettel – ein 18jähriger Bursche – hatte aus rein marxistischen Motiven gehandelt.
Zu kleineren Zusammenrottungen kam es in *Chemnitz* und *Plauen* (Astlochbande). Im Sommer 1942 wurde aus *Chemnitz* gemeldet, daß sich 14 Jugendliche im Alter von 17–19 Jahren zu einer Bande im Stil der Swing-Jugend zusammengetan hatten. Sie trugen Abzeichen und führten den Namen »Faerling-boys«.

h) Weida (Thüringen)

Am 12. 11. 41 berichtete das Gebiet Thüringen (17), daß in Weida eine Clique festgestellt wurde, die durch schlechten Haarschnitt und nachlässige Haltung auffiel. Der Bund, dem 10 Jungen (sämtliche unter 18 Jahren) angehörten, nannte sich zuerst »Geheime Rio-Polizei« (»GRP«), später »Helamupo« (sollte nach Meinung der Jungen »Brüder der Weltzunft« oder »Volk der Macht« bedeuten!). Es handelt sich dabei um einen phantasievoll ausgestalteten »Geheimzirkel«, mit Mitgliederfragebogen, Beitrittserklärungen, die mit Blut unterschrieben wurden, Treueversprechen, Sühnemaßnahmen usw. Die Ideen hatten die Jungen aus übelster Schund- und Kitschlektüre zusammengelesen, die sie massenweise verschlangen. Auch Schriften der Bibelforscher waren im Besitz der Clique. Mit marxistisch-kommunistischen Gedankengängen wurde geliebäugelt. So wurden Werbezettel kommunistischen Inhalts verteilt und u. a. geäußert, »wenn es einmal wieder andersrum ginge«, wollten sie die ersten sein, die die rote Fahne durch die Stadt trügen und aufpflanzten. Diese Haltung entsprang jedoch mehr einer kindischen Freude an Angebereien, als ernsteren politischen Absichten. – Ihr Ende fand die Bande dadurch, daß mehrere Mitglieder wegen Bandendiebstahls verhaftet wurden.
Die meisten Angehörigen waren früher Angehörige der Hitler-Jugend gewesen und dann ausgeschieden oder ausgetreten. Die Bande ist ein Beispiel für die Entwicklung von der »Gefährdetengruppe« zur politisch-gegnerischen und schließlich kriminellen Bande.

i) Erfurt

Aus einem Urteil des Sondergerichts beim Landgericht Erfurt vom 27. 3. 42 (S. G. 9 Ls 22/42) ist folgende Tatbestandsschilderung entnommen:

»Bereits im Jahre 1938 machte sich in der Erfurter Hitler-Jugend eine gewisse Cliquenbildung bemerkbar. Die Angehörigen dieses Zusammenschlusses nannten sich ›Trenker-Bande‹, ›Meute‹, ›Texas-Club‹ u. a. Äußerlich kennzeichnete sich die Clique durch einen besonderen Kleidungsstil. Die Jugendlichen trugen lange Überfallhosen, Windblusen, Skimützen und auffallende Halstücher. Die Bewegung wurde durch die Führung der Hitler-Jugend bekämpft. Man bildete besondere Einheiten für die Jungen, welche sich der Zucht und Ordnung innerhalb der Hitler-Jugend nicht fügen wollten. Sobald man die Jungen gebessert glaubte, führte man sie wieder in die ordentlichen Einheiten zurück. Besonders hartnäckige Jungen, die bessernden Einflüssen weniger zugänglich waren, verblieben in den Sondereinheiten. Daraus entwickelte sich allmählich als Strafeinheit die Gefolgschaft 66. Ihre Angehörigen nannten sich auch ›Verein 66‹. Nachdem die Bandenbildung im Jahre 1939 wieder etwas nachgelassen hatte, machte sie sich seit Kriegsausbruch in erhöhtem Maße bemerkbar.
Verschiedene Jugendliche aus der Hitler-Jugend, meist Angehörige der Gefolgschaft 66, schlossen sich zur sogenannten ›Meute‹ zusammen. Sie trafen sich zu bestimmten Stunden meist auf dem Anger vor der Post und rempelten andere Hitler-Jugend-Angehörige insbesondere auch Angehörige des Streifendienstes an. So suchten sie sich der Zucht und Ordnung innerhalb der Hitler-Jugend zu widersetzen und diese zu stören. Ende Januar 1942 veranstaltete die Motor-Hitler-Jugend in Reichshallen einen Elternabend. Hier erschienen auch einige Jugendliche von der Gefolgschaft 66. Sie wurden ihrer besonderen Kleidung wegen gleich erkannt und von Angehörigen der Motor-Hitler-Jugend aus dem Saal gewiesen. Dabei kam es auch zu Tätlichkeiten und einige Mitglieder der Gefolgschaft 66 erhielten Schläge. Daraufhin riefen die ›66er‹ durch ein Plakat ihre Mitglieder zum ›Kampf bis zum Sieg‹ auf.
Daraufhin verabredeten sich die neun Angeklagten, die mit Ausnahme von zwei 19jährigen alle unter 18 Jahre waren, für den 4. März. Es sollten Schlagringe mitgebracht werden. An diesem Tag überfielen sie auch 2 Streifendienstangehörige, und schlugen sie nieder, wobei sie Gummischläuche, Scheintotpistolen, eine Reitpeitsche, Spiralfedern eines Expanders, Kartoffelstampfer u. a. als Waffe verwendeten. Die Tat wurde während der Verdunkelung begangen. – 2 der Täter sind wegen Einbruchsdiebstahls mit 5 bzw. 4 Monaten Gef. vorbestraft. In den jetzt durchgeführten Verfahren (Jugendstrafkammer und Sondergericht) wurden die Angeklagten wegen

gemeinschaftlicher gefährlicher Körperverletzung mit Strafen von 1 Monat Jugendarrest bis zu 1 Jahr 3 Mtn. Gef. belegt. Es wurde zugunsten der Beschuldigten angenommen, daß hinter ihrer Handlungsweise nur jugendlicher Widerspruchsgeist stecke.«
Es ist nicht zu verkennen, daß der Zusammenschluß durch die pädagogisch verfehlte Maßnahme der Bildung einer »Sondereinheit« gefördert und in seiner Gefährlichkeit gesteigert wurde.

k) Witten a. d. Ruhr

Am 30. 10. 41 wurde gemeldet: In der letzten Zeit wurde die Bevölkerung Wittens dadurch erheblich beunruhigt, daß eine Bande Jugendlicher zwischen 16 und 19 Jahren in der Zeit zwischen 21.30 und 24 Uhr auf den Hauptstraßen der Stadt Passanten – vornehmlich Hitler-Jugend-Angehörige – ohne jeden Grund niederschlug und mißhandelte. Ein Teil der Verletzten mußte sich in ärztliche Behandlung begeben, ein anderer Teil hat außerdem erhebliche Beschädigungen der Kleidung davongetragen.
Die selbe Bande warf an verschiedenen Stellen der Stadt Fensterscheiben von Wohnhäusern mit Steinen ein und beschmutzte eine Anzahl Briefkästen mit Kot. 13 Jugendliche konnten als Täter ermittelt werden. Sie waren Angehörige einer Bande mit dem Namen »Germania Wilhelmplatz«. Diese Bande bestand seit Jahren und umfaßte insgesamt etwa 40 Jugendliche, die sich von der Volksschule oder vom Wohnbezirk kannten. Führer wurden die besten »Schläger«, Spitznamen waren üblich. Der Anführer wurde »Boss« genannt. Eine besondere Organisation (Abzeichen, Beiträge usw.) bestand nicht. Lediglich ein besonderer Pfiff war vereinbart. Bündische oder konfessionelle Tendenzen wurden nicht beobachtet. Fahrten wurden nicht durchgeführt. Einige Jungen gehörten der Hitler-Jugend oder SA-Wehrmannschaft an. Die Aktivsten der Bande waren jedoch nicht organisiert oder wegen Interesselosigkeit ausgeschieden. Politisch waren die Angehörigen völlig interesselos.
Die durch die Bande provozierten Anrempelungen nahmen allmählich ganz erheblichen Umfang an. Allein am 26. 10. 41 fanden sechs Schlägereien statt. Bei der Vernehmung gaben die Burschen an, die Schlägereien seien grundlos gewesen und beruhten auf Dummheit und Leichtsinn. Einige der Jungen führten Revolver, Hirschfänger oder Totschläger bei sich.

l) Köln und Remscheid

Aus Köln wird im Sommer 1942 gemeldet, daß dort nach wie vor Gefährdetengruppen (»Edelweißpiraten«, »Heidepenner«) mit bündischer Tendenz vorhanden sind. Es zeigten sich auch Erscheinungen nach Art der »Swing-Jugend«. Anrempelungen und Schlägereien mit dem Hitler-Jugend-Streifendienst sind häufig. – Ähnliche Vorgänge sind aus Remscheid bekannt.

m) Saarbrücken

Unter dem 27. 8. 42 wird aus Saarbrücken berichtet, daß dort anläßlich eines Gastspieles der holländischen Kapelle Ferdinand Rikkers im Kaffee Wien, die verschiedentlich stark verjazzte Musik spielte, die Kapelle nicht nur den Beifall zahlreich vertretener Jugendlicher erntete, sondern daß diese beim amerikanischen Jazz geradezu »getobt« und durch Wunschzettel die Wahl der einzelnen Musikstücke veranlaßt haben.

n) Frankfurt a. M.

Im Februar 1939 wurde in Frankfurt von 14–20jährigen Jugendlichen – hauptsächlich höheren Schülern und Lyzeumsschülerinnen – der »Harlem-Club« gegründet. Der Name stammt von einer im Club besonders beliebten Negertanzplatte.
Im Herbst 1939 wurde von bei der Erntehilfe eingesetzten Mädchen ebenfalls in Frankfurt der »OK-Gang-Club« gegründet. Der Zweck dieser beiden Klubs, die zusammen ungefähr 160 Jugendliche umfaßten, war die Veranstaltung von Festen, bei denen nach englischen Schlagerplatten getanzt und im übrigen wahllos Geschlechtsverkehr getrieben wurde. Für alles Englische bestand – wie bei der Swing-Jugend – besondere Vorliebe. Englische Sitten und Kleidung wurden nachgeahmt. Beide Klubs waren politisch uninteressiert. Die Jugendlichen fuhren häufig nach Reichenberg (Taunus), wo sie bei den dortigen Einwohnern pärchenweise übernachteten.
Bereits 1939 wurde der Harlem-Club aufgelöst und verschiedene Strafverfahren wegen Sittlichkeits- und Eigentumsdelikten durchgeführt. Man glaubte, in enger Zusammenarbeit aller Behörden und Dienststellen die Jugendlichen wieder auf den rechten Weg zu brin-

gen. In letzter Zeit stellte sich jedoch heraus, daß nicht nur der Harlem-Club weiter besteht, sondern, daß sogar dessen Mitglieder neue Jugendliche geworben und zwei weitere Clubs (»Tarantella-Club« und »Club der Kameruner«) mit den selben Zielen gegründet haben. Die Schüler eines Pädagogiums in Mainz waren daran, einen ähnlichen Club ins Leben zu rufen.
Dieses Treiben wurde in Frankfurt unterstützt durch den Kaffeehausbesitzer A., der seine Gasträume zur Veranstaltung von Tanzfesten und Glücksspielen zur Verfügung stellte. Die nötigen Geldmittel verschafften sich die Jugendlichen durch Handel mit bezugsbeschränkten Waren und durch Diebstahl bei ihren Eltern.
Die Aufhebung vorübergehend verhängter polizeilicher Schutzmaßnahmen wurden von den Jugendlichen als Schwäche der staatlichen Einrichtungen ihnen gegenüber empfunden und mit frechem und anmaßendem Verhalten beantwortet. Da die Jugendlichen, durch vorangegangene Strafverfahren belehrt, sich zu ihren geschlechtlichen Ausschweifungen ungefähr gleichaltriger Mädchen bedienten, konnten sie strafrechtlich hauptsächlich nur wegen verbotenen Glücksspiels und Übertretung der Verbrauchsregelungsstrafverordnung belangt werden. Wegen der anderen Taten, die den eigentlichen Unrechtsgehalt des Verhaltens der Jugendlichen in sich tragen, konnte strafrechtlich nicht eingeschritten werden.
Es wird die Maßnahme überprüft, die Hauptbeteiligten in einem auswärtigen Erziehungslager strenger erzieherischer Beeinflussung zu unterwerfen.

o) Karlsruhe

Anfang 1940 wurde gemeldet, daß in Karlsruhe-Durlach seit Februar 1939 ein Klub bestehe, der von drei Jugendlichen gegründet worden sei und den Namen »Cic-Cac-Club« trage. Der Klub verfüge über Satzungen, die u. a. folgende Punkte enthalten sollen:
1. Pflege des gesellschaftlichen Lebens, 2. Pflege des geselligen Lebens, 3. Pflege des Anstandes, 4. Pflege des Humors. Es wird ein Monatsbeitrag von 20 Pf. erhoben und ein Mitgliedsausweis ausgegeben (für männl. Mitgl. grün, für weibl. rot). Abzeichen und Stempel werden ebenfalls geführt.
Die Stellung des Klubs zur Hitler-Jugend wird durch folgende Äußerung eines der »Gründer« beleuchtet: »Was die HJ. predigt, ist alles Schwindel. Ich weiß das selber ganz genau, denn alles, was ich selbst in der H.J. sagen mußte, war Schwindel.«

p) Landshut

Am 7. September 1942 meldet das Gebiet Bayreuth (22): In Landshut sollen sich 30 bis 40 Jugendliche zu einer Bande zusammengeschlossen haben, die sich »Blase« oder »Ankerbund« nennt und wöchentlich in einem bestimmten Gasthaus gegenüber der Polizeidienststelle zusammenkommt. Vermutlich ist der Bund eine den Münchener »Blasen« ähnliche Vereinigung (vgl. unten unter 4b). Die Jungen sind erkenntlich durch langen Haarschnitt (sog. Henkerschnitt). Sie tragen weite, lange Hosen und als Abzeichen einen goldenen Anker (auch in München ein beliebtes Blasenabzeichen). Viele der Jugendlichen sollen aus Metzgerkreisen stammen. An der letzten Zusammenkunft nahmen 7 Mädchen teil. Der K-Führer des Bannes Landshut ist des öfteren von solchen Burschen angerempelt worden. Es ist auch bereits zu Zusammenstößen mit dem Streifendienst gekommen. Ein Gefolgschaftsführer des Bannes Landshut erhielt eine anonyme Postkarte, auf der ein Schwein abgebildet war. Darunter stand: »So siehst Du aus«. Der Fähnleinführer eines benachbarten Ortes gibt an, daß ihm nach Durchführung einer Streife nachts ein Fenster eingeworfen wurde. Die betreffenden Jungen machen ihren Dienst in der Hitler-Jugend einwandfrei, um der Hitler-Jugend keine Möglichkeit zu geben, aus diesem Grunde gegen sie vorzugehen.

q) Wien

Im Herbst 1941 wurde von mehreren Parteistellen auf das Auftreten halbwüchsiger Burschen in Wien und Niederdonau hingewiesen, die im Volksmund als »Schlurf« bezeichnet werden. Sie tragen langes, zuweilen onduliertes Haar, langes Sakko und auffallend breite Hose. Ein Teil trägt Armbänder oder um den freien Hals eine goldene oder silberne Kette mit Anhänger (Glückstern, der dem Sowjetstern ähnelt oder andere Glücksbringer wie Kleeblatt u. dgl.) – Zu den »Schlurfen« soll eine erhebliche Anzahl Jugendlicher mit fremdem Blutseinschlag gehören. Das Auftreten der »Schlurfe« ist nicht durch die Kriegsverhältnisse bedingt, sondern reicht weit in die Systemzeit zurück. Die Unsitte wurde damals durch die Juden und die unter der Jugend herrschende langjährige Arbeitslosigkeit begünstigt und fand sowohl in den Arbeiter- als auch in Mittelstandskreisen Verbreitung. Die sogenannten »Nobel-Schlurfe« waren zu jener Zeit sehr häufig in den Tanz- und Vergnügungsstätten anzutreffen.

Nach den bisher gemachten Erfahrungen sind die in Betracht kommenden Jugendlichen nicht durchweg gegnerisch eingestellt. Es sind vielmehr unfertige und mindergeartete Burschen, die im Gegensatz zur Zucht der Hitler-Jugend den seichten Vergnügungen, Tanz, Jazzmusik und weiblichem Umgang zustreben und für das politische Geschehen überhaupt kein Interesse haben. Für eine politisch-gegnerische Betätigung oder eine geschlossene Gruppenbildung der »Schlurfe« ergaben sich bisher keine Anhaltspunkte. Die »Schlurf-Jugend« muß jedoch wegen ihrer negativen Einstellung zum Staat, ihrer Verweichlichung und abträglichen Haltung bekämpft werden.
Durch die Hitler-Jugend wurden Aktionen gegen die »Schlurfe« durchgeführt. Diese Maßnahmen hatten jedoch mehrmals Zusammenstöße zwischen der Hitler-Jugend und den in Betracht kommenden Jugendlichen zur Folge, ohne daß dadurch eine Besserung der Verhältnisse erreicht worden wäre. Vielmehr wurden die »Schlurfe« zum Teil dadurch zu einem Beharren in ihrem bisherigen Verhalten gereizt. In einem Fall kam es sogar zu einer Schmieraktion zugunsten der »Schlurfe«.
Außerdem liegt noch folgende Meldung vom 27. 8. 42 vor:
In Wien spielte sich bei einer Veranstaltung der Spielschar des Bannes 503 der Hitler-Jugend folgender Vorgang ab:

Die Veranstaltung im Sofiensaal, die sich »2 Stunden Frohsinn« betitelte und zu der die Jugend der Betriebe des Kreises III geladen war, zeigte einen äußerst bedauerlichen Verlauf. Obwohl die Darbietungen der H.J.-Spielschar sehr erfrischend und natürlich waren, und sich die Darsteller alle Mühe gaben, war der Erfolg äußerst kläglich. Die »Schlurfe« und ihr weiblicher Anhang verließen schon nach den ersten Programmpunkten den Saal. Volkslieder und gemeinsam gesungene Jugendlieder wurden mit Gelächter aufgenommen oder durch dauernden Applaus gestört. Bis zur Pause war der halbe Saal leer.

4. Gesamtberichte

a) Düsseldorf

Seit dem Frühjahr 1942 wurde in allen Bannen des Gebietes Düsseldorf die Feststellung gemacht, daß sich Jugendliche beiderlei Geschlechts wieder in erhöhtem Maße zu Cliquen zusammenschließen, Fahrtenbetrieb aufmachen, vielfach gegen die Hitler-Jugend offen Stellung nehmen und die Arbeit der Einheitenführer der Hitler-Ju-

gend untergraben. Teilweise ziehen solche Trupps in Stärke bis zu 30 Mann singend und klampfespielend durch die Städte. Hitler-Jugend-Führer werden überfallen, angepöbelt und sogar angeschossen.
Die Uniformierung der Cliquen ähnelt der der früheren Bündischen Jugend. Es werden Käppis mit allen möglichen Verzierungen und Abzeichen getragen, z. T. Halstücher und Hemden der Navajos und Kittelbachpiraten (früher bündische Gruppen). Besonders beliebt als Abzeichen ist das Edelweiß (»Edelweißpiraten«), das leicht zu beschaffen ist.
Es wurde festgestellt, daß sich diese Gruppen z. T. in den sogenannten *KDF-Wandergruppen* eingeschlichen haben und mit einem amtlichen KDF-Wanderausweis ausgerüstet sind. Sie benutzen das, um sich der Kontrolle durch den Streifendienst zu entziehen.
Bezüglich der Zusammenarbeit des Streifendienstes mit der Polizei wird darüber geklagt, daß die Polizei wegen des großen Personalmangels nur sehr beschränkt für eine Mitarbeit in Frage komme, daß darüber hinaus aber die Arbeit noch besonders dadurch erschwert sei, daß den Polizeibeamten die gesetzlichen Bestimmungen, die ein Einschreiten gegen solche wilde Cliquen schon heute ermöglichen, vielfach nicht bekannt sind.
Ein Beobachtungs-Großeinsatz am 3. 5. 42 hatte folgendes Ergebnis:
In 8 Ausflugsorten des Gebietsbereichs wurden insgesamt etwa 55 Gruppen in Stärke von durchschnittlich 7–15 Beteiligten festgestellt. Meist waren Jungen und Mädel gemischt. Fast alle Gruppen trugen nachgeahmte bündische Tracht. (Halstücher, Pfadfinderabzeichen, benageltes Koppelzeug usw.) Klampfen und Balalaikas wurden mitgeführt. Bei den Kontrollen entwickelten sich teilweise Schlägereien; ein Streifendienstangehöriger wurde dabei mit einem Messer durch die Hand gestochen. Nach einem Bericht des Rechtsreferenten des Gebietes Düsseldorf (34) gibt es im Düsseldorfer Bereich 2 Arten von Banden. Zunächst die oben geschilderten *Wander- und Fahrtencliquen* mit offensichtlich bündischem Einschlag, die ausgesprochene Verwahrlosungsherde darstellen (besonders in sexueller Beziehung). Diese Banden tun sich durch rüpelhaftes Auftreten hervor und begehen in aller Öffentlichkeit unzüchtige Handlungen. Sie sind Sammelpunkte der rauflustigen, undisziplinierten Burschen (Schläger). Es kommt bei Kontrollen durch den Streifendienst fast stets zu Zusammenstößen. So wurde kürzlich in Krefeld ein Hitler-Jugend-Führer angeschossen (vgl. oben 2.), in Düsseldorf-Gerresheim der Streifendienst mit Messern angegriffen usw. Die Entwicklung ist in

den letzten Monaten sprunghaft angestiegen. Zeltfahrten, die Jungen und Mädel gemeinsam ausführen sind beliebt. Besonders stark sei das Bandenunwesen in Wuppertal. Hier bestehen auch konfessionelle Jugendverbände in Restgruppen noch fort. Die strafgerichtlichen Verurteilungen wegen verbotener bündischer Betätigung haben sich in der letzten Zeit gehäuft. Eigentumsdelikte spielen jedoch bei diesen Gruppen keine Rolle. Diese Banden rekrutieren sich in der Regel aus früheren Hitler-Jugendangehörigen und solchen Jugendlichen, die der Hitler-Jugend bei der Überweisung vom Jungvolk zur Hitler-Jugend verloren gegangen sind. Die Jugendlichen entstammen etwa zu 70% den kleinbürgerlichen Schichten, etwa 20% den kaufmännischen Berufen und etwa 10% den freien Berufen, akademischen Kreisen usw. Etwa 50% sind offiziell noch Mitglied der Hitler-Jugend. Die Jungen selbst sind in der Regel verkrachte Lehrlinge. Höhere Schüler sind nur wenig beteiligt.

Von diesen Banden scharf zu trennen sind die *Diebesbanden*, die sich gleichfalls in der letzten Zeit stark vermehrt haben und teilweise eine außerordentlich schwere Kriminalität aufweisen. Zwischen ihnen und den oben beschriebenen Wandercliquen gibt es keine Verbindung. Die Diebesbanden entstehen aus der typischen Straßengemeinschaft (der »Kippe«), die sich im Gebiet Düsseldorf in den dort überall vorhandenen »Billardsälen« zusammenfindet (die hier offenbar dieselbe Rolle spielen, wie anderwo die Eisdielen). Jedoch bieten auch die öffentlichen Luftschutzräume bei Tage Unterschlupf und Treffpunkte. Die Diebesbanden haben keinen romantischen Anstrich, keinerlei Organisationen (wie Gleichtracht, Beiträge usw.) und sind politisch völlig uninteressiert. Sie pflegen auch nicht das gruppenweise Zusammenleben mit Mädchen, sexuelle Verfehlungen sind ihnen kaum nachzuweisen.

Diese Banden verlegen sich meist auf den Diebstahl von Mangelware, die dann zu Geld gemacht wird, das für Vergnügungen und in Freudenhäusern durchgebracht wird. Die Verurteilung erfolgt in der Regel aus § 243 Abs. 1 Ziffer 2 RStGB. Eine Verurteilung wegen »Bandendiebstahl« (§ 243 Abs. 1 Ziff. 6 RStGB.) ist äußerst selten.

Der letzte Bericht des Gebietes Düsseldorf vom 20. 8. 42 besagt u. a. folgendes: Mit dem weiteren Anwachsen der bündischen Cliquen wurden im Monat Juli alle Stellen der Partei und des Staates auf das Bestehen dieser Gruppen aufmerksam und versuchten ihr Teil dazu beizutragen, diese Zustände abzuändern. So wurde vom Oberpräsidium an alle höheren Schulen eine Rundfrage gerichtet, welche

Erscheinungen von diesen Stellen beobachtet wurden. (Soweit sie positive Ergebnisse brachte, wurden diese im Vorstehenden mit verarbeitet. Der Berichterstatter.) Ein Kreisleiter des Gaues berief sämtliche KDF-Wanderwarte ein und klärte sie über die Zustände auf, nachdem festgestellt worden war, daß manche Gruppen im Besitz von KDF-Wanderausweisen waren oder dem Sauerländischen Gebirgsverein angehörten. (Vgl. die Parallelerscheinungen in Sachsen, oben unter 3 e) Diese Maßnahmen aber hatten eine gegenteilige Wirkung, da jetzt noch mehr Jugendliche auf diese Gruppen aufmerksam wurden und mit ihnen zu sympathisieren begannen.
Dagegen ist in Städten, wie z. B. Krefeld, wo nach einem Zusammenstoß mit der Hitler-Jugend die Täter von der Stelle weg verhaftet wurden, festzustellen, daß die Cliquenbrüder vorsichtiger geworden sind.
In der jüngsten Zeit konnte ein weiteres Anwachsen der Cliquen nicht mehr beobachtet werden. Viele der besonders stark beteiligten Jugendlichen sind im Zuge der Einberufungen zu Reichsarbeitsdienst und Wehrmacht eingerückt.

b) München

Bündische Einflüsse machen sich in München und Oberbayern nicht bemerkbar. Konfessionelle Bestrebungen zur Schaffung eigener Jugendorganisationen sind in den letzten Jahren nicht bekannt geworden. Die Jugendarbeit der Kirche beschränkt sich auf den stärkeren Ausbau der rein seelsorgerischen Mittel der Jugendbeeinflussung. (Religionsunterricht, Ministrantentätigkeit, Kommunionsbereich, besondere religiöse »Kinderstunden« o. ä., die im Pfarrhaus oder in der Sakristei abgehalten werden, usw.)
Dagegen ist in München in immer verstärktem Maße die Bildung sogenannter »Blasen« zu beobachten. Diese »Blasen« sind in ihrer großen Masse lose Zusammenschlüsse Jugendlicher zum Zwecke gemeinsamer Unterhaltung und gemeinsamer Vergnügungen. Durch ihr geschlossenes Auftreten werden die »Blasen« zu Beherrschern der Tanzböden oder Lokalen 2. Ranges oder (von) bestimmten Plätzen und Straßenzügen. Das führt zu Anrempeleien und Schlägereien mit anderen »Blasen« und gelegentlich auch mit Erwachsenen. Diese »Blasen« sind in München seit Jahrzehnten vorhanden und bekannt, wenn auch früher nur in geringem Umfang. – Nach Einführung der Jugenddienstpflicht wurden sie in Opposition zur Hitler-Ju-

gend gedrängt, da sie sich deren Zucht nicht unterordnen wollen. Das führte zu vereinzelten Schlägereien und Überfällen auf Hitler-Jugend-Angehörige (besonders des Streifendienstes). Bewußte politisch-gegnerische Tendenzen ließen sich bei den Blasen in den letzten Jahren (seit 1935) in keinem Fall mit Bestimmtheit feststellen.
Sittliche Verfehlungen – auch gleichgeschlechtlicher Art – kommen vor. Doch wurden hier keine auffälligen Vorgänge festgestellt. Seit etwa 1937 ist jedoch auch in München eine gefährliche Entwicklung festzustellen. Diese besteht darin, daß die Bandenbildung erheblich zugenommen hat und in den letzten Jahren eine ausgesprochene Modeseuche unter den Münchener Jugendlichen wurde. Es werden besondere Abzeichen geführt, teilweise auch eine Art Gleichtracht nicht bündischen Charakters getragen z. B. Pullover mit dem eingestickten Namenszug der Blase). Lange Haare und saloppe Kleidung sind weitere Kennzeichen. Da die Blasen stets Verwahrlosungsherde sind, ist ihre Ausbreitung sehr bedenklich. Die bisher ergriffenen Bekämpfungsmittel haben keinen nachhaltigen Erfolg gebracht.
Gleichzeitig ging mit der Vermehrung der Blasen eine ausgesprochene Entwicklung zur Kriminalität Hand in Hand, die besonders bei den Eigentumsdelikten teilweise eine ganz erhebliche Schwere erreichte. Die Blasen wurden zum Sammelpunkt und zum Nährboden der kriminellen Elemente unter den Jugendlichen. Diese Entwicklung hält noch an und fordert besonders energische Bekämpfung. Die Verbindung von jugendlich-romantischer »Geheimbündelei« (mit äußeren Abzeichen, »Verbrecherkellern« als Treffpunkt usw.) mit teilweise ausgesprochener krimineller Betätigung charakterisiert die Eigenart der Münchener Blasen, die sich insoweit deutlich von den oben geschilderten Zuständen im Düsseldorfer Bereich unterscheiden, wo eine strenge Trennung zwischen »bündisch« und »kriminellen« Cliquen festgestellt werden konnte.
Als Beispiel für München seien folgende Fälle erwähnt:
1. Am 12. 12. 41 wurden vom Jugendgericht München 5 Jugendliche wegen Diebstahl, Hehlerei und Erpressung zu Jugendarrest- und Gefängnisstrafen von 1 bis 5 Monaten verurteilt, die zusammen mit zwei 21jährigen seit 1939 einen »Freundeskreis« gebildet hatten. Der Jugendliche St. – ein kaufmännischer Lehrling – entwendete seinem Lehrherrn (Lebensmittelgroßhandlung) nach und nach etwa 1500 RM., die verteilt wurden. Aus Furcht vor Entdeckung zog sich St. im April 1940 von seinen »Freunden« zurück. Da diesen das Versiegen der Geldquelle nicht paßte, versuchten sie zunächst durch Betrügereien von St. weitere Gelder zu erhalten. Später drohte man

ihm, wenn er nicht gefügig sei, werde man ihn anzeigen oder verprügeln. Es wurde ein regelrechter Beobachtungsdienst rings um die Wohnung des St. eingerichtet, damit er sich dem Zusammentreffen mit den übrigen Bandenmitgliedern nicht entziehen konnte.
Die Bande bezeichnete sich als »Dreimühlenblase« und ihre Angehörigen als »Buschwölfe« und stellte Ausweise aus. Als Abzeichen sollte ein 17zackiger Stern und ein Fisch dienen.
In der Zeit vom Oktober 1940 bis Juni 1941 gelang es den Blasenangehörigen, von St. weitere 1500 RM zu erpressen, die dieser wieder seinem Lehrherrn entwandte.
Bei den beteiligten Jugendlichen war das Vorleben, Führung und Leistung in Schule und Lehre bisher tadelfrei gewesen, nur St. war – nicht einschlägig – vorbestraft.
2. Im Oktober 1941 wurde die sogenannte »Charlie-Blase« aufgelöst, die im Norden der Stadt bestanden hatte. 10 Mitglieder im Alter von 15 bis 18 Jahren – größtenteils Lehrlinge – wurden festgenommen. Die Charlie-Blase war im Frühjahr 1940 gegründet worden. Ziel und Zweck soll lediglich geselliges Beisammensein, gemeinsame Ausflüge usw. gewesen sein. Äußeres Kennzeichen war ein blauer oder roter Pullover, auf dem mit weißer Seide der Name »Charlie« (engl. Form des Vornamens »Karl« des Bandenhäuptlings) eingestickt war. Blasenlokal war im Sommer eine Eisdiele, Versammlungsraum ein Luftschutzkeller. Der Anführer, ein Malerlehrling, hatte »10 Gebote« erlassen, in denen u. a. das Verbot gleichgeschlechtlicher Handlungen und Richtlinien für den Verkehr mit Mädchen aufgestellt waren. Für Beheizung und Ausgestaltung des Luftschutzkeller-Heimes hatte jeder Angehörige Brennstoff usw. mitzubringen. 6 Angehörige waren Mitglieder der Hitler-Jugend.
An strafbaren Handlungen wurden vereinzelte Diebstahlsfälle (Mundraub) und sittliche Verfehlungen mit Mädchen unter 14 Jahren festgestellt. Die schwersten sittlichen Verfehlungen ließ sich ein noch strafunmündiges Blasenmitglied zuschulden kommen, der in 11 Fällen mit zwei ebenfalls noch nicht 14jährigen Mädchen regelrechten Geschlechtsverkehr ausübte. Der Persönlichkeit nach machten die Beschuldigten keinen schlechten Eindruck.
Die Beschuldigten wurden durch die Kriminalpolizei beauftragt, ihre Blase sofort aufzulösen und – soweit sie der Hitler-Jugend noch nicht angehörten, dort um Aufnahme zu bitten (!).

5. Überörtliche Fälle

a) Komplex G.

In Köln wurde im Herbst 1941 der etwa 25jährige G. festgenommen, der angeblich vom 3. 1. 29 bis zum Jahre 1935 Mitglied der Hitler-Jugend war. 1935 wurde er aus der Hitler-Jugend ausgeschlossen, nachdem er u. a. wegen homosexueller Verfehlungen gerichtlich bestraft worden war. Anfang 1930 trat der Genannte der Bündischen Jugend und zwar der dj. 1. 11. bei, der er bis zur ihrer Auflösung (1935) – neben seiner Hitler-Jugend-Zugehörigkeit – aktiv angehörte. 1932 lernte G. den Führer dj. 1. 11. – Eberhard Köbel (genannt »tusk«) – kennen. Er wurde begeisterter Anhänger von dj. 1. 11. und setzte sich nach seinem Ausschluß aus der Hitler-Jugend aktivistisch für diesen Bund ein. Die kommunistische Einstellung Köbels will G. nicht geteilt haben.

Während seiner Strafhaft (November 1935 bis August 1936) kam G. im Gefängnis zu Bautzen mit ungefähr 120 gleichfalls inhaftierten Angehörigen der Bündischen Jugend aus fast allen Gegenden Deutschlands zusammen, mit denen er sich täglich eine Stunde unterhalten konnte. Das bestärkte ihn in seinen bündischen Plänen und Ansichten, die darin gipfelten, daß die Bündische Jugend allein befähigt sei, aus dem Jungenerleben heraus einen Staat zu bilden, was die Hitler-Jugend nicht könne, da sie vom Staate gelenkt werde und weltanschaulich gebunden sei.

G. hatte die Überzeugung, daß die illegale Arbeit der Bündischen Jugend nur Erfolg haben könne, wenn sie durch Zusammenfassung zu einer einheitlichen Bewegung schlagkräftig werden würde. Er unternahm daher 1937 Deutschlandfahrten, um in den einzelnen Städten die bündischen Gruppen, welche ohne Verbindung nebeneinander bestanden, unter eine Führung zu bringen und sie dadurch zu befähigen, bei einem etwaigen Umbruch ihre Machtansprüche geltend machen zu können. Oberster Führer sollte Köbel (tusk) werden. – Die Kenntnis der Verhältnisse in den einzelnen Gegenden Deutschlands hatte sich G. in der Strafhaft erworben. Die Mittel zu seinen Reisen verschaffte er sich durch Betrügereien. Stützpunkte wollte G. zunächst in Düsseldorf, Leipzig, Berlin, Hamburg, Wien und München errichten. Den von ihm ausersehenen bündischen Führern gab er folgende Richtlinien:

1. Sollten sie alle ihnen bekannten Bündischen, auch solche, die z. Zt. nicht

mehr aktiv waren, veranlassen, wieder mitzuarbeiten und Nachwuchs zu werben.
2. Sollten die Angehörigen der Bündischen Jugend, welche heute Mitglied der Hitler-Jugend sind, innerhalb ihrer Formationen, insbesondere an den Heimabenden aktiv tätig sein und bündische Tendenzen in die Hitler-Jugend hineintragen. Das Ideengut der Hitler-Jugend sollte allmählich in bündischem Sinne verfälscht werden, so daß nach einiger Zeit die Hitler-Jugend-Angehörigen, ohne es selbst zu wissen, bündisch dachten und handelten.
3. Alle aus der Hitler-Jugend ausgeschlossenen oder aus Verärgerung ausgetretenen Hitler-Jungen sollten erfaßt und zur Bündischen Jugend geführt werden. Den in der Hitler-Jugend in Führerstellung tätigen Bündischen gab G. auf, äußerst scharfe Disziplinarmaßnahmen gegen die Hitler-Jungen zu ergreifen, um dadurch den Kreis der Ausgeschlossenen zu vergrößern.

Bei der letzten Festnahme des G. bei der die bündischen Umtriebe festgestellt wurden, wurde auch ein Komplex neuer homosexueller Verfehlungen von ungewöhnlichem Umfang aufgedeckt, bei dem G. einer der Hauptbeteiligten ist. 43 Partner wurden nach Namen oder Vornamen ermittelt. Sie sind im ganzen Reichsgebiet verstreut ansässig, in der Mehrzahl aber in Berlin und im Rheinland. Es befinden sich Angehörige aller Altersstufen zwischen 14 und 50 Jahren darunter. Die Unzuchtshandlungen nahmen teilweise sadistische (masochistische) Formen an. Die Partner entstammen hauptsächlich den bündischen Kreisen, mit denen G. zu seinen oben geschilderten Zwecken Verbindung aufnahm.

b) Fall J.

Im Juni und September 1940 wurden vor dem Sondergericht in Köln und im September 1941 vor dem Volksgerichtshof in Berlin 15 junge Burschen der Jahrgänge 1915 bis 1925 wegen verbotener bündischer Betätigung und teilweise wegen Vorbereitung zum Hochverrat zu Freiheitsstrafen bis zu sechs Jahren Zuchthaus verurteilt. Die Beteiligten waren überwiegend früher Angehörige katholischer Jugendverbände, vereinzelt auch der dj. 1.11. und des Nerother Wandervogelbundes gewesen. Mit den Einrichtungen der Hitler-Jugend und ihrem Wesen konnten sie sich nicht abfinden und führten daher eine eigene Gruppe im Stile der Bündischen Jugend bis 1939 fort, mit der sie ausgedehnte Fahrten unternahmen. Der Schwerpunkt der Gruppenbildung war in Bonn. Die Mitglieder waren überwiegend höhere Schüler, die sich später – teilweise als Werkstudenten – verschiedenen Studien widmeten.
Eine zeitlang war Führer dieser Gruppe ein gewisser J., der zusam-

men mit mehreren Kameraden 1937 eine Trampfahrt zur Weltausstellung nach Paris unternahm. In Paris wurden sie von einer deutschsprechenden Jüdin angesprochen, als sie sich einen Umzug der »Volksfront« ansahen. Diese Jüdin brachte sie in Verbindung mit dem Schriftsteller P., der 1935 nach Paris emigriert war, sich deutschfeindlich betätigte und in diesem Rahmen auch eine »Deutsche Jugendfront« gegründet hatte. P. versuchte, die Jungen für »politische Aufklärung« zu interessieren und händigte ihnen deutschfeindliches Schrifttum aus, das er selbst verfaßt hatte. Die Jungen zeigten zunächst wenig Interesse. P. verwies sie dann an einen Verbindungsmann in Stuttgart, mit dem einzelne dann auch Fühlung aufnahmen. Im Aug. 1938 unternahmen einige Mitglieder der Gruppe eine Fahrt über Südfrankreich nach Italien. Dabei kam es erneut zu einem Zusammentreffen mit P., der nun offen Hetzreden gegen das deutsche Reich und insbesondere auch gegen die Hitler-Jugend hielt, den Jungen erneut Agitationsmaterial aushändigte und sie kommunistische Lieder lehrte. Da die Jungen sich noch immer unzugänglich zeigten, riet er ihnen, wenigstens im Kreise der Älteren sich »politisch zu schulen« und gab ihnen hierzu illegales Material. Er benannte ihnen nun auch Verbindungsleute in Berlin. Auf den Vorschlag dieser Schulung gingen die Jungen ein, da sie selbst in keiner Weise bisher politisch geschult oder gefestigt waren. Sie taten das, obwohl ihnen P. eröffnet hatte, daß er mit Strassers »Schwarzer Front« in Verbindung stehe und nach Beseitigung des nationalsozialistischen Regimes in Deutschland strebe. P. hat mit Hilfe seiner jüdischen Freundinnen und seiner Verbindungsleute in Deutschland die Jungen schließlich so weit gebracht, daß sie seine Ansichten sich zu eigen machten und sie im Kreise ihrer Kameraden weiterverbreiteten, wenn sie sich auch nicht öffentlich zu P. bekannten. P. hatte die Tatsache, daß sie die Hitler-Jugend ablehnten, und in ihrer Gruppe ein Eigenleben führten, in raffinierter Weise dazu ausgenützt, ihre staatsfeindliche Einstellung zu bestärken und sie schließlich für seine hochverräterische Wühlarbeit zu gewinnen.

c) Jugendliche und Jazzmusik

Am 10. 8. 42 wird berichtet: Im Laufe der letzten Monate kommen in steigendem Maße Meldungen aus verschiedensten Großstädten, die übereinstimmend folgendes besagen: Wenn es in den Konzert-Kaffees zur Darbietung ausgesprochen englisch-amerikanischer

Jazzmusik komme, so sei das nicht ausschließlich Schuld der einzelnen Kapellen. Von einer Minderheit von Jugendlichen, die zum Stammpublikum dieser Unterhaltungsstätten gehöre, werde eine anständige, deutschem Geschmack entsprechende Unterhaltungsmusik so eindeutig abgelehnt, und andererseits Jazzmusik teilweise mit so drastischen Mitteln verlangt, daß die Kapellen allmählich nachgeben und um so hemmungsloseren Beifall dieser Sorte Jugendlicher finden, je wilder, verjazzter und verhotteter die gebotene Musik wird.

12. Didaktische Überlegungen

In der Beschäftigung mit dem Nationalsozialismus setzt sich zunehmend ein Ansatz durch, der von den Alltagserfahrungen der Menschen auszugehen versucht. Das hat analytische wie didaktische Gründe. Zum einen ist das Funktionieren des Dritten Reiches und seiner Vernichtungssysteme nur verständlich, wenn man auch das Verhalten seiner Bürger in allen Varianten von der aktiven Teilnahme über die passive Anpassung, den Nonkonformismus im kleinen bis hin zum aktiven Widerstand untersucht. Die Frage, wie die Verbrechen des Nationalsozialismus möglich waren, läßt sich eben nicht nur mit dem Blick auf die Ideologie und Psychologie der Verbrecher und die Struktur ihrer Machtmittel beantworten, sondern verlangt eine Erklärung, warum so viele Bürger ihnen nicht in den Arm gefallen sind. Jedoch werden sich auch die Handlungsbedingungen derjenigen, die aktiv Widerstand geleistet haben, leichter verstehen lassen, wenn man die Alltagserfahrungen analysiert, aus denen heraus sie den Antrieb und den Rückhalt zu ihrem Protest gewonnen haben.

Hier schließt sich die didaktische Begründung für einen alltagsorientierten Ansatz unmittelbar an. Das Handeln des Oberst Stauffenberg, der Studenten Hans und Sophie Scholl, des Christen Dietrich Bonhoeffer oder des Kommunisten Anton Saefkow ist beispielhaft in seinen intellektuellen Begründungen, seiner moralischen Konsequenz und in der Bereitschaft, Gesundheit und Leben für das als richtig Erkannte einzusetzen. Es ist in dieser starren Größe aber für Jugendliche nur mühsam nachvollziehbar. Hingegen fällt es ihnen leichter, in Bereiche alltäglicher Erfahrung einzusteigen. Probleme der Freizeit, der Integration ins Arbeitsleben, der Auseinandersetzung mit autoritären Verhaltensweisen sind ihnen vertraut und bewegen sie[1].

1 Harald Focke/Uwe Reimer: Alltag unterm Hakenkreuz. Reinbek bei Hamburg

Wenn sie den Erfahrungen der Edelweißpiraten gerade in diesen Alltagsbereichen anhand der vorliegenden Dokumente nachspüren können[2], werden sie auf Vertrautes und Fremdes zugleich stoßen. Vertrautes, das den Zugang zum Verständnis öffnet, Fremdes, das die ganz andersartigen Lebensbedingungen ihrer Altersgenossen unter der nationalsozialistischen Diktatur verdeutlicht. Gerade der Bereich der nationalsozialistischen Jugendarbeit ist in dem Zufallswissen, das die heutigen Jugendlichen oft aus verklärenden Erinnerungen der Großeltern vermittelt bekommen, nicht selten positiv besetzt. Diese Erfahrung machte der Autor auch in einem Unterrichtsprojekt mit Realschülern. Dennoch führte gerade ein jugendspezifischer didaktischer Ansatz zu großer Betroffenheit und Lernbereitschaft seitens der Schüler. Nachdem zeitgenössische und rückblickende autobiographische Quellen den militärischen Drill und die bürokratische Alltagsroutine in der HJ, aber auch den Protest der Edelweißpiraten anschaulich und für die Jugendlichen nachvollziehbar dokumentiert hatten, korrigierte ein sechzehnjähriger Schüler beispielsweise sein diffuses Vorwissen spontan: »Bisher hab' ich gedacht, HJ, das ist wie Pfadfinder, nur anders.« Besonders empörten ihn und seine Mitschüler die weitgehende Verplanung der Freizeit der Jugendlichen, der Drill, der »schlimmer als beim Bund« gewesen sei und Polizeiaktionen. Damit werden auch die verschiedenen Handlungen der Edelweißpiraten geistig und emotional leichter nachvollziehbar. Sie lassen Bedingungen der Nichtanpassung, Anstöße und Hindernisse auf dem Weg zum Widerstand erkennen.
Je nach Altersgruppe, politischer und sozialer Herkunft werden Jugendliche sich solche Materialien anders erarbeiten. Dennoch sind einige verallgemeinernde Hinweise angebracht. Die vorliegenden

(Rowohlt) 1979. Dort finden sich Zusammenstellungen von Erinnerungen und Dokumenten zu den Themen Jugend, Schule, Familie, Arbeit, Versorgung. Siehe auch die Beiträge von Alfred Krink: Nationalsozialismus und Widerstand als erfahrbare Geschichte, und Hans Jochen Markmann: Kinderschicksale unter dem NS-Regime, in: Der Nationalsozialismus als didaktisches Problem. Schriftenreihe der Bundeszentrale für politische Bildung 156. Bonn 1980, S. 103 ff., 129 ff.

2 Weitere Erinnerungsberichte von Edelweißpiraten finden sich in folgenden Büchern: Werner Heydn: Edelweißpiraten gegen den Hitlerkrieg, in: Karl Schabrod: Widerstand gegen Flick und Florian. Düsseldorfer Antifaschisten über ihren Widerstand 1933 bis 1945. Frankfurt (Röderberg-Verlag) 1978, S. 174–193; Jean Jülich: Der Edelweißpirat, in: Dirk Gerhard: Antifaschisten. Proletarischer Widerstand 1933–1945. Berlin (Wagenbach-Verlag) 1976, S. 146–153; Bernhard Röppel, in: Detlev Peukert: Ruhrarbeiter gegen den Faschismus, Dokumentation über den Widerstand im Ruhrgebiet 1933 bis 1945. Frankfurt (Röderberg-Verlag) 1976, S. 272–273.

Dokumente zu den Edelweißpiraten und den anderen Protestgruppen der Jugend erlauben es, eine Unterrichtseinheit zu skizzieren, die zwei zentrale Lernziele in der Beschäftigung mit dem Dritten Reich anspricht:

– Die Kenntnis und Einschätzung des Nationalsozialismus als Unrechtssystem, seines terroristischen Eindringens in alle Lebensbereiche und der Konsequenzen des Rassismus als Vernichtung aller »Andersartiger« sowohl innerhalb wie außerhalb des deutschen Volkes.

– Das Wissen über den Weg des Widerstandes von der Verweigerung gegenüber den Zumutungen des Regimes bis zum Protest und zu politisch bewußten Aktionen.

Aus der Kenntnis über das Ausmaß der Verletzung alltäglicher Lebensrechte und Bewegungsfreiheiten und aus dem Verständnis für die Motive und Äußerungsformen derjenigen, die protestierten und Widerstand leisteten, können die Jugendlichen in kritischer Auseinandersetzung Leitbilder für ihr eigenen Verhalten ableiten. Sie können den Anfängen autoritärer, faschistischer, terroristischer Aktivitäten kritischer gegenüberstehen. Sie werden aber auch den rechtsstaatlichen Garantien und demokratischen Verfahrensweisen bei der Wahrnehmung eigener Interessen, die ihnen sonst als belanglos, gewöhnlich – alltäglich eben – erscheinen, größere Bedeutung zumessen, weil sie die Konsequenzen ihres Fehlens kennengelernt haben.

Eine exemplarische Behandlung der Jugendprotestbewegungen im Dritten Reich im Rahmen eines Seminars oder des Unterrichts könnte in vier Arbeitsschritten verlaufen:

1. Als Einstieg bietet sich ein Rollenspiel an, das die Ausgangslage des folgenden Briefes aufnimmt und weiterspinnt: Eine Gruppe Duisburger Edelweißpiraten singt Lieder auf dem Bahnhofsgelände, wodurch sich ein Nationalsozialist, der gerade seinen Sohn vollgestopft mit pädagogischen Ratschlägen zum Zug bringt, damit er zum Reichsarbeitsdienst (RAD) einrückt, provoziert fühlt . . .

Aus einem Schreiben der NSDAP – Kreisleitung Duisburg an die Gestapo-Außenstelle Duisburg vom 8. Oktober 1943

Betr. Edelweißpiraten ./. Meldung des Ortsgruppenamtsleiters Pg. Wilh. K. (...)

Der oben Genannte brachte am 6. ds. Mts. seinen Sohn, der eine Einberufung zum RAD. erhalten hatte, zum Bahnhof Duisburg-Hamborn. Auf der Hinfahrt, d. h. von der Matena-Straße bis zum Bahnhof traf er einige junge Burschen, die auf ihn nicht den besten Eindruck machten. Am Bahnhof angekommen, wurden die Luftschutzräume von den sich zu meldenden RAD.-Einberufenen aufgesucht und zwar gegen 11,30 Uhr. Einige standen vor den Räumen. Kurze Zeit darauf wurde von mehreren, ca. 10 Burschen, ein Konzert unter Guitarrenbegleitung veranstaltet, wobei einzelne Lieder gesungen wurden, u. a. »Heiß über Entenfangsboden die Sonne glüht, unsere Edelweißpiraten singen ihr Lied ...« und ... »Süßer Maharadscha, schwarzer Maharadscha, dir bleiben wir treu ...«
Nachdem sie sich Bahnsteigkarten gelöst hatten, hat der Pg. K. zwecks Feststellung der Personalien die Kriminalpolizei angerufen. Gegen 14,15 Uhr setzte sich der Transportzug in Bewegung, worauf von den Burschen abermals die Lieder gesungen wurden.
Vor der Sperre stellte dann der inzwischen eingetroffene Kriminal-Oberassistent Br. von der Kriminal-Polizei Mülheim-Ruhr die Namen fest und zwar:
(Es folgen Namen, D. P.)

Den Akteuren des Rollenspiels kann dabei als Hintergrundinformation ein Erinnerungsbericht (Kapitel 2) oder einer der zusammenfassenden Berichte (aus Kapitel 3) gegeben werden. Die Diskussion im Anschluß an das Rollenspiel wird sicher mehrere Fragenkomplexe anreißen, unter anderem: Wer waren eigentlich die Edelweißpiraten und welche Protestformen haben sie aus welchen Beweggründen entwickelt? Was waren die Folgen solcher Konflikte, wie haben die herrschenden Nationalsozialisten darauf reagiert? Solche Fragen könnte man in zwei Arbeitsgruppen mit Hilfe einiger der dokumentierten Texte nachgehen.

2. Die Arbeitsgruppe, die sich mit den Ursachen der Edelweißpiratenbewegung beschäftigen soll, wird vor allem die Erfahrungen von Arbeiterjugendlichen mit der H.J. und mit der Arbeitswelt im Dritten Reich behandeln. In der Regel wird sich ein solcher Themenschwerpunkt in der Kombination einer der gängigen Quellensammlungen (etwa der in Anmerkung 1 zitierten Dokumentation von Focke und Reimer) mit Materialien der vorliegenden Dokumentation durchführen lassen. Ergänzende Informationen und Materialien zur Hitlerjugend bieten die Publikationen von Koch, Brandenburg und Klönne[3]. Zur Schule im Nationalsozialismus kann man sich auch bei Flessau und Nyssen informieren[4]. Die besondere Lage der Arbeiterjugend kommt bei Petrick und Wolsing zur Sprache[5], während Mason eine umfassende Analyse und eine erschöpfende Dokumentation zur Lage der Arbeiterschaft unter dem Nationalsozialismus vorgelegt hat[6]. Der Einstieg in die Sozialgeschichte des Dritten Reiches über die besondere Erfahrung der Edelweißpiraten bietet den Vorteil, daß die Lernenden nicht nur Statistiken, Erlasse, Aufrufe und andere verallgemeinernde Dokumente kennenlernen, sondern in der Lage sind, solches Material aus dem Blickwinkel zeitgenössischer Jugendlicher zu interpretieren, also deren Betroffenheit nachzuvollziehen.

3. Die Arbeitsgruppe, die sich der nationalsozialistischen Reaktion auf die Edelweiß-Proteste zuwendet, kann vor allem verdeutlichen, wie sich Terror und Kontrolle in den Alltag hineinschoben. Gleichzeitig wird aber auch klar, daß der Nationalsozialismus bei der Durchsetzung seiner Normen an weitverbreitete Vorstellungen von

3 Hannsjoachim Koch: Geschichte der Hitlerjugend. Percha (Verlag R. S. Schulz) 1975; Hans-Christian Brandenburg: Die Geschichte der H.J. Köln (Verlag Wissenschaft und Politik) 1968; Arno Klönne: Hitlerjugend. Die Jugend und ihre Organisation im Dritten Reich. Hannover und Frankfurt (Norddeutsche Verlagsanstalt Goedel) 1955; ders.: Jugend im Dritten Reich, in: Journal für Geschichte, 2. Jg. (1980), H. 3, S. 14–18.

4 Kurt Ingo Flessau: Schule der Diktatur. Frankfurt (Fischer Taschenbuchverlag) 1979; Elke Nyssen: Schule im Nationalsozialismus. Heidelberg (Quelle und Meyer) 1979; sowie Renate Fricke-Finkelnburg: Schulpolitik des Nationalsozialismus, in: Der Nationalsozialismus in der historisch-politischen Bildung, hrsg. von Peter Meyers und Dieter Riesenberger. Göttingen (Vandenhoeck & Rupprecht) 1979, S. 94–119.

5 Theo Wolsing: Untersuchungen zur Berufsausbildung im Dritten Reich. Kastellaun (Aloys Henn-Verlag) 1977.

6 Tim W. Mason: Arbeiterklasse und Volksgemeinschaft. Dokumente und Materialien zur deutschen Arbeiterpolitik 1936 bis 1939. Opladen (Westdeutscher Verlag) 1975; eine preiswertere Ausgabe des darstellenden Textes ohne die Dokumente gibt es im gleichen Verlag unter dem Titel: Sozialpolitik im Dritten Reich; Thomas Berger: NS-Sozialpolitik als ein Mittel der Herrschaftssicherung, in: Der Nationalsozialismus in der historisch-politischen Bildung, a.a.O., S. 71–93.

Ruhe und Ordnung und »anständigem« Benehmen anknüpfen konnte. Besonders wichtig scheint die Erkenntnismöglichkeit, daß sich der Terror des Nationalsozialismus nicht nur gegen klar definierte »Außenseiter«-Gruppen wie Juden und Kommunisten gerichtet hat (worauf sich Vorurteile stützen wie: »Ja, wenn Hitler das mit den Juden nicht gemacht hätte«; »wer nicht den Mund aufgemacht hat, dem ist auch nichts passiert«). Terror und Rassismus waren keine Randerscheinungen, sondern zentrale Bestandteile des alltäglichen Faschismus.

4. Aus dem Vergleich der Arbeitsergebnisse zu den beiden Themen »Ursache« und »Reaktion« kann die gesamte Lerngruppe dazu übergehen, die verschiedenen Protestformen der Edelweißpiraten kritisch zu untersuchen. Dabei braucht der Weg zum Widerstand nicht wie üblich als Geistes- oder Organisationsgeschichte verschiedener politischer und religiöser Gruppen beschrieben zu werden. Sondern er wird als stufenweise Entfaltung eines Konflikts in der Erfahrung nationalsozialistischer Repressionen verständlich. Beginnend bei dem Bedürfnis nach einer eigenen, *nonkonformen* Freizeit verschärft sich der Konflikt angesichts der Verbote und Übergriffe durch H.J., Lehrer, Vorgesetzte oder Behörden. Er wird zur bewußten *Verweigerung.* Wird diese trotz massiver Einschüchterung noch fortgesetzt, ja geht man selbst zur Provokation des Gegners über, dann entscheidet man sich für den klaren, auch öffentlichen *Protest.* Damit ist die Schwelle, von der ab das Regime abweichendes Verhalten prinzipiell als feindlich einstufte und rücksichtslos verfolgte, deutlich überschritten. Wer jetzt noch weitermachte, zielte mehr oder minder klar auf die Bekämpfung des NS-Regimes als Ganzem. Er beteiligte sich insofern am aktiven politischen *Widerstand.* Dieser stufenförmige Weg zum Widerstand läßt sich auch grafisch darstellen (s. Seite 236).

Mit einem solchermaßen erarbeiteten Vorverständnis von Widerstand im Dritten Reich ließen sich dann die Vorstellungen und Handlungsweisen anderer Widerstandskämpfer leichter erschließen.

Eine zusammenfassende Diskussion würde es zuletzt erlauben, wesentliche Aspekte des Nationalsozialismus, seine Innen- und Sozialpolitik, die Konsequenzen seines Rassismus, die Funktionsweise und Auswirkungen des Terrorsystems, sowie die Rolle des Widerstandes darzustellen und kritisch abzuwägen.

Sie könnte sich damit einem Erkenntnisziel nähern, das sowohl die historische Notwendigkeit des antifaschistischen Widerstandes be-

Stufen abweichenden Verhaltens im Dritten Reich

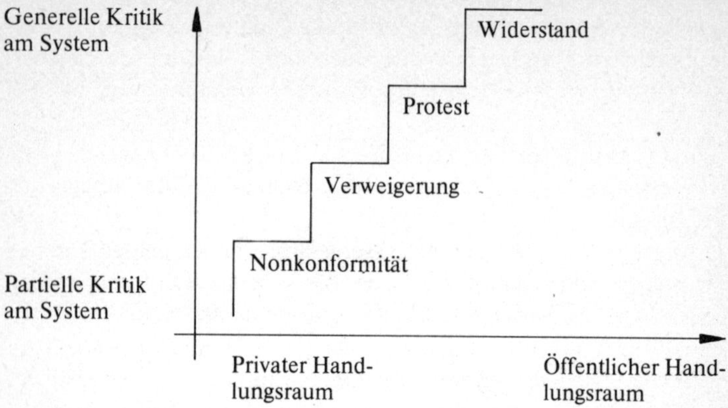

greiflich macht, wie auch die Maxime, heute allen Anfängen zu wehren und jedem Anzeichen neofaschistischer oder anderer diktatorischer und autoritärer Bestrebungen entgegenzutreten.
Nicht zuletzt könnte die Edelweißpiratenbewegung Beispiele für Zivilcourage und selbstbewußte Interessenartikulation bieten, die auch eine Gesellschaft braucht, deren rechtsstaatlich-demokratische Verfassung einen größeren Spielraum zur Selbstverwirklichung anbietet. Er will jedoch erstritten sein.

Anhang
Quellennachweis der Dokumente

Kapitel 1: Eine vergessene Protestbewegung

Erzählung eines E.P., in: Hauptstaatsarchiv Düsseldorf, Gestapo-Personalakten (HStA-Dü-G), Nr. 23599 Bl. 55.

Kapitel 2: Ein Edelweißpirat erinnert sich

Interview mit Günter O., Oberhausen, durch Michael Zimmermann, Sommer 1977.

Kapitel 3: Berichte der Gestapo und der Justiz

Aus einem Bericht der Gestapo Düsseldorf vom 10. 1.2 1937, in: HStA-Dü-G 10740.

Gefährliche ›Piratenspielerei‹, Rheinische Landeszeitung 15. 2. 1936, Ausschnitt in HStA-Dü-G 61468

Lagebericht der Stapo-Leitstelle Düsseldorf, undatiert (1943), in: Bundesarchiv Koblenz (BA), Reichsjustizministerium (R 22), Bd. 1177, Bl. 452–459

Bericht eines Kölner Jugendrichters vom 7. 11. 1943, in: BA, R 22/1177, Bl. 426–432

Aus einem Bericht des Oberstaatsanwalts beim Kölner Oberlandesgericht an das Reichsjustizministerium vom 16. Januar 1944, in: BA R 22/1177, Bl. 123–126

Kapitel 4: Die Herkunft der Edelweißpiraten

Bericht der Oberhausener Polizei vom 22. Juli 1941 über eine Razzia gegen Kittelbachpiraten (K.P.), in: HStA-Dü-G 9213, Bl. 90 f.

Kapitel 5: Fahrten, Kluft und Clique

Aus der Anklageschrift 4 KMS 4/42 gegen Helmut Stuhlemmer u. a., Duisburg, 4. April 1942, in: HStA-Dü-G 9213, Bl. 210–218.

Aus den polizeilichen Vernehmungen des Josef M., Düsseldorf, 8. und 15. Dezember 1942, in: HStA-Dü-G 23599, Bl. 88–96.

Aus der polizeilichen Vernehmung des Heinz E., Bote, 16 Jahre, Düsseldorf, 16. Januar 1943, in: HStA-Dü-G 23599, Bl. 130.

Kapitel 6: Lieder und Flugschriften

Quellen der Liedtexte und Flugschriften:
1) HStA-Dü-G 47704.
2) Polizeibericht, Wuppertal 4. 2. 43, in: HStA-Dü-G 3692, Bl. 334 ff.
3) HStA-Dü-G 47515, Vernehmung Fred R., Köln 7. 2. 44.
4) HStA-Dü-G 37026, Bl. 11, Brief der NSDAP-Duisburg an die Gestapo vom 8. 10. 43.
5) HStA-Dü-G 35240, Bl. 1, Brief der NSDAP-Düsseldorf an die Gestapo v. 11. 5. 37.
6) HStA-Dü-G 23599.
7) HStA-Dü-G 9206.
8) BA, R 22/1177, Bl. 320.
9) HStA-Dü-G 47704, Bericht Gestapo Düsseldorf v. 4. 2. 43.
10) HStA-Dü-G 4760 (Paul N. wurde am 14. 8. 37 in Gladbeck festgenommen).
11) HStA-Dü-G 48897.
12) HStA-Dü-G 3692.
13) HStA-Dü-G 9213.
14) HStA-Dü-G 9213, Bl. 31 f.

Kapitel 7: Konflikte am Arbeitsplatz

Die H.J.-Oberhausen übersendet der Gestapo zwei Denunziationsschreiben der Babcock-Werke (11. Juni 1941), in: HStA-Dü-G 9213, Bl. 15 ff.

Denunziationsschreiben der Gutehoffnungshütte, Oberhausen-Sterkrade an die Gestapo vom 25. 7. 1941, in: HStA-Dü-G 9213, Bl. 111.

Denunziationsschreiben des Arbeitsamtes Oberhausen an die Gestapo vom 30. Juli 1941, in: HStA-Dü-G 9213, Bl. 139.

Produktionsausfall durch Feierschichten beim Oberhausener Zinkwerk Altenberg A.G., Schreiben vom 10. u. 12. Juli 1941, in: HStA-Dü-G 9213, Bl. 33 ff.

Aus dem monatlichen Lagebericht des Düsseldorfer Oberlandesgerichtspräsidenten an das Reichsjustizministerium vom 3. März 1942, in: BA, R 22/3363, Bl. 203 f.

Kapitel 8: Konflikte mit der H.J.

Schreiben der H.J.-Düsseldorf an die Gestapo vom 16. April 1942, in: HStA-Dü-G 23599, Bl. 24.

Bericht der NSDAP-Ortsgruppe Gerresheim an die NSDAP-Kreisleitung Düsseldorf vom 17. Oktober 1942, in: HStA-Dü-G 23599, Bl. 66 f.

Schreiben der NSDAP-Ortsgruppe Wersten an die NSDAP-Kreisleitung Düsseldorf vom 13. Juli 1943, in: HStA-Dü-G 23599, Bl. 154.

Bericht eines Mülheimer H.J.-Untersuchungsführers vom 7. Juli 1941, in: HStA-Dü-G 9213, Bl. 42 f.

Schreiben der NSDAP-Ortsgruppe Düsseldorf-Grafenberg an die Gestapo vom 17. Juli 1943, in: HStA-Dü-G 23599, Bl. 154.

Kapitel 9: Partisanen in Köln

Aus einem Lagebericht des Kölner Generalstaatsanwalts an das Reichsjustizministerium vom 30. Januar 1945, in: BA, R 22/3374, Bl. 158–161.

Tagesrapporte der Stapostelle Köln vom 26. November und 20. Dezember 1944, in: HStA-Dü-G-Generalia, RW 34.

Kapitel 10: Unterdrückung und Verfolgung

Schreiben der NSDAP-Gauleitung Düsseldorf an die Gestapo vom 7. Oktober 1941, in: HStA-Dü-G 9213, Bl. 198.

Fehlgeleitete Sorge. Das Oberhausener Arbeitsamt übermittelt der

Gestapo am 9. August 1941 das Schreiben eines besorgten Vaters, in: HStA-Dü-G 9213, Bl. 161 f.

»Bäumchen, die angebunden werden müssen«, Schreiben eines Düsseldorfer Unternehmers an die Gestapo vom 1. Dezember 1942, in: HStA-Dü-G 23599.

Bericht über eine Razzia des Düsseldorfer H.J.-Streifendienstes, 15. Oktober 1942, in: HStA-Dü-G 23599, Bl. 50.

Vernehmung eines Lehrlings auf der August-Thyssen-Hütte, Duisburg-Hamborn, 10. Juli 1944, in: HStA-Dü-G 37026, Bl. 26 f.

»Bekämpfung jugendlicher Cliquen«. Erlasse des Reichsführers SS und Chef der deutschen Polizei vom 25. Oktober 1944, des Jugendführers des deutschen Reiches vom 10. Dezember 1944 und des Reichsjustizministers vom 26. Oktober 1944, in: BA, R 22/1177, Bl. 514 ff., 546 ff.

Bericht des Essener Landgerichtspräsidenten an das Reichsjustizministerium über eine Besichtigung des Jugend-KZ Moringen, vom 31. Juli 1944, in: BA, R 22/1191, Bl. 583–586.

Kapitel 11: Subkultur und Protestverhalten von Jugendlichen im Dritten Reich

Cliquen- und Bandenbildung unter Jugendlichen. Denkschrift der Reichsjugendführung, September 1942, in: BA, R 22/1177, Bl. 325–395.

Kapitel 12: Didaktische Überlegungen

Aus einem Schreiben der NSDAP-Kreisleitung Duisburg an die Gestapo-Außenstelle Duisburg vom 8. Oktober 1943, in: HStA-Dü-G 37026, Bl. 11.

Abbildungen

1 u. 2: HStA-Dü-G 48897.
3 u. 4: HStA-Dü-G 3692.
5 u. 6: BA Koblenz, NS 19/neu 219, Bl. 68, 71, 72.